SICHUAN DAXUE ZHEXUE SHEHUI KEXUE XUESHU ZHUZUO CHUBAN JIJIN CONGSHU
四川大学哲学社会科学学术著作出版基金丛书
教育部“新世纪优秀人才支持计划”资助项目（NCET-06-0783）
国家自然科学基金资助项目（70771069，70471069）

知识链组织之间的冲突与冲突管理研究

◎顾 新 吴绍波 全 力 著

四川大学出版社

责任编辑:陈克坚
责任校对:王　锋
封面设计:墨创文化
责任印制:李　平

图书在版编目(CIP)数据

知识链组织之间的冲突与冲突管理研究 / 顾新，吴绍波，全力著. —成都：四川大学出版社，2011.1
(四川大学哲学社会科学学术著作出版基金丛书)
ISBN 978-7-5614-5142-7

Ⅰ.①知…　Ⅱ.①顾…②吴…③全…　Ⅲ.①知识经济-应用-企业管理-研究　Ⅳ.①F270

中国版本图书馆 CIP 数据核字（2010）第 260310 号

书名　知识链组织之间的冲突与冲突管理研究

著　　者　顾　新　吴绍波　全　力
出　　版　四川大学出版社
地　　址　成都市一环路南一段 24 号 (610065)
发　　行　四川大学出版社
书　　号　ISBN 978-7-5614-5142-7
印　　刷　郫县犀浦印刷厂
成品尺寸　148 mm×210 mm
印　　张　12.25
字　　数　329 千字
版　　次　2011 年 1 月第 1 版
印　　次　2016 年 4 月第 2 次印刷
印　　数　1 601～2 600 册
定　　价　38.00 元

◆读者邮购本书,请与本社发行科联系。
电话:(028)85408408/(028)85401670/
(028)85408023　邮政编码:610065
◆本社图书如有印装质量问题,请
寄回出版社调换。
◆网址:http://www.scupress.net

丛书序

四川大学（以下简称川大）是中国近代创办的最早一批高等教育机构中的一个。近十余年来，又经两次“强强合并”，成为一所学科覆盖面较广、综合实力较强的综合性大学。一百多年来，川大的人文社会科学在学校日益壮大的过程中，从国学研究起步，接受现代科学的洗礼，不同的学术流派融合互动，共同成长，形成了今日既立足于中国传统，又积极面向世界的学术特征。

作为近代教育机构，四川大学的历史要从 1896 年设立的四川中西学堂算起。但具体到人文社会科学研究，则可以追溯到清同治十三年（1874）由张之洞等人创办的四川尊经书院。在短短二十几年的办学历史中，书院先后培养出经学家廖平、思想家吴虞等一大批在近代中国学术思想史上影响巨大的学者，也因此使四川成为国内研究经、史、文章等中国传统之学的重镇。此后，在 20 世纪相当长的一段时间里，以国学为主要研究对象的近代“蜀学”成为川大人文社会科学研究的主流，拥有张森楷、龚道耕、林思进、向楚、向宗鲁、庞俊、蒙文通、刘咸炘、李植、李培甫、伍非百等一大批国内知名的学者。

近代蜀学在研究内容上以传统学术为主，在观念与方法上则立意求新。廖平经学思想曾经作为 19 世纪晚期变法维新的基本理论依据之一，知识背景上也不乏西学色彩。20 世纪 20 年代成长起来的一批学者如庞俊、刘咸炘等人，更是亲自参与了中国传统学术向现代学术的转变。其中，蒙文通由经向史，同时又广涉四部之学，在晚年更是力图从唯物史观的角度探索中国社会与思想的演进，最能代表这一学术传统包容、开放并具有前瞻性的眼光。

自 20 世纪 20 年代开始，现代社会科学的深入研究也逐渐在川大开展。1922 年至 1924 年吴玉章在此教授经济学课程，鼓励学生通过社会科学的研究，思考“中国将来前途怎样走”的问题。1924 年，学校设立了 10 个系，在人文社会科学 6 个系中，除了延续着蜀学风格的中文系外，教育、英文、历史、政治、经济 5 个系均着力于新的社会科学研究。这一科系的设置格局一直持续到 30 年代初的国立四川大学时期。

川大的另一源头是私立华西协和大学（以下简称华大）。作为教会学校，华大文科自始即以“沟通中西文化与发扬中西学术”为宗旨，而尤擅长于西式学问。其中，边疆研究最放异彩。1922 年创办的华西边疆研究学会（West China Border Research Society）及其会刊《华西边疆研究学会杂志》（*Journal of the West China Border Research Society*）在国际学术界享有盛誉。华西大学博物馆以“搜集中国西部出土古物、各种美术品，以及西南边疆民族文物，以供学生课余之参考，并做学术研究之材料”为目标，在美籍学者葛维汉（David Crockett Graham）的主持下，成为国内社会科学研究的另一基地。

华大社会科学研究的特点：一是具有较强的国际色彩，二是提倡跨学科的合作，三是注重实地踏勘。这种对边疆文化、底层文化和现实问题更为关注的学术风格，与国立川大校内更注重“大传统”和经典研习的学术风格形成了鲜明对比。双方各有所长，其融合互补也成为 20 世纪三四十年代两校人文社会科学发展的趋向。从 20 世纪 30 年代中期开始，华大一方面延请了庞俊、李植等蜀学传人主持中文系，加强了其国学研究的力量；另一方面致力于学术研究的中国化。一批既经过现代社会科学的训练，又熟悉中国古典文化的中国学者如李安宅、郑德坤等成为新的学术领袖。

1935 年，任鸿隽就任国立四川大学校长后，积极推动现代科学的发展。1936 年 5 月，川大组建了西南社会科学调查研究处，在文科中首倡实地调研的风气，也代表了川大对西南区域跨学科综合性研究的发端。此后，经济学、社会学、民族学、考古学等领域的学者组织了大量的实地考察工作，掌握了西南地区社会文化的第一手资料。在历史学方面，较之传统史学而言更注重问题导向和新材料之扩充的“新史学”也得到了蓬勃发展，并迅速成为国内史学界的重镇。20 世纪 30 年代后期开始，川大校内名师云集。张颐（哲学）、朱光潜（美学）、萧公权（政治学）、赵人儁（经济学）、徐中舒（历史学）、蒙文通（历史学）、赵少咸（语言学）、冯汉骥（考古学、人类学）、闻宥（民族学、语言学）、任乃强（民族学）、胡鉴民（民族学）、彭迪先（经济学）、缪钺（历史学）、叶麐（文艺心理学）、杨明照（古典文学）等一批大师级学者均在此设帐，有的更任教终身，为川大文科赢得了巨大声誉。

在不同学术流派的融合中，川大人文社会科学形成了自己的特点：一方面具有传统学术通观明变之长，另一方面又具有鲜明的现代学术意识。1952 年，在院系调整中，随着华大文科的并入，更使川大人文社会科学进入了飞速发展的新时期。半个多世纪以来，在继续保持传统优势学科如古典文学、语言学、历史学、考古学、民族学发展的基础上，新的学科如宗教学、理论经济学、敦煌学、比较文学、城市史等也成长起来，涌现出了一大批在国内外学术界受到极高赞誉的学者，为川大文科未来的进一步发展打下了良好的基础。

2006年是川大建校110周年，为了继续发扬深厚的学术传统，推动人文社会科学研究的新繁荣，学校决定设立"四川大学哲学社会科学学术著作出版基金"，资助川大学者尤其是中青年学者原创性学术精品的出版。我们希望这套丛书的出版，有助于川大学术大师的不断涌现和学术流派的逐渐形成，为建设具有中国特色、中国风格、中国气派的哲学社会科学作出贡献。

摘　要

知识链（Knowledge Chain）是指以企业为创新的核心主体，以实现知识共享和知识创造为目的，通过知识在参与创新活动的不同组织之间流动而形成的链式结构。知识链由拥有不同知识资源的组织构成，这些组织包括：核心企业（盟主）、大学、科研院所、供应商、经销商、客户甚至竞争对手。知识链是企业与供应商、客户、大学、科研院所甚至竞争对手在知识流动过程中建立的一种战略合作伙伴关系。知识链管理（Knowledge Chain Management，简称 KCM）是指核心企业在知识链的酝酿、构建、运行和解体的整个过程中，通过优化组织之间的知识流动过程，促进组织之间的交互学习，实现知识共享和知识创造，从而将各成员的知识优势集成为知识链整体知识优势的过程。

自知识链组建之日起，组织之间的冲突便相伴而生。在知识链的运行过程中，知识流动与知识共享涉及不同的组织、部门和个人，由于不同主体的差异性，知识链组织之间不可避免会发生各种各样的冲突。知识链组织之间的冲突是两个或两个以上的知识链成员组织之间由于不相容（incompatible）的行为或目标所产生的矛盾积累到一定程度所表现出的一种不和谐状态。冲突的发生是知识链组织之间的关系不协调的结果，表现为冲突行为主体之间的矛盾激化和行为对抗。知识链组织之间的冲突对知识链运行绩效具有重要影响。知识链组织之间的冲突具有二重性，即既具有建设性，又具有破坏性。知识链有效运行的关键在于知识链组织之间的冲突管理。知识链组织之间的冲突管理是以冲突各方的相互依赖关系为基础、相互对立关系状况的转化为重点，诱发冲突的正面效应，制约其负面效应。有效实施冲突管理，发挥冲突建设性的一面，可以增强知识链的凝聚力，促使整个知识链的革新和变化，增强知识链的适应能力，从而提高知识链运行的绩效；反之，若冲突管理不当，将导致冲突不断扩大，影响知识链组织之间的合作关系，产生破坏性的后果，形成巨大的损耗和摩擦，造成知识链的高成本和低效率，甚至导致知识链解体。

目前，国内外冲突管理研究范围多集中在组织内部，缺乏对组织之间冲突管理的系统研究。而关于知识链组织之间冲突与冲突管理领域的理论研究尚属空白。因此，知识链组织之间冲突与冲突管理研究不仅是知识管理的一个新领域，也是知识链管理实践的客观需要。本研究有助于丰富和发展知识链管理理论和冲突管理理论，为我国企业在知识链管理过程中实施有效的冲突管理提供理论指导，具有重要的理论价值和广泛的应用前景。

本研究针对知识链运行过程中的冲突问题，构建知识链组织之间冲突管理的理论体系，探讨知识链组织之间冲突管理的策略。具体内容如下：

（1）界定了知识链组织之间冲突的概念、特征和类型，构建了知识链组织之间冲突动因三维模型。运用结构方程分析利益、知识和结构三个因素对知识链组织之间冲突的影响路径。研究发现，利益因素和知识因素对冲突有正相关性，结构因素通过对知识因素的影响间接对知识链组织之间冲突产生影响。

（2）建立了知识链组织之间冲突分析模型。运用冲突分析理论，分析冲突分析的构成要素，确定冲突分析的建模过程及步骤，给出全局稳定结局的求解过程；从知识共享的角度，阐释了知识链组织之间冲突的形成机制。

（3）评价了知识链组织之间的冲突水平。从知识链组织之间冲突动因三维模型和冲突存在形式两方面构建知识链组织之间冲突水平层次结构模型，在给出变量界定和测度指标的前提下，运用模糊综合评价和层次分析法对知识链组织之间冲突水平进行定量评价。

（4）构建了知识链组织之间合作与冲突协调的稳定性框架。建立知识链组织之间合作与冲突博弈的收益矩阵，分析知识链组织之间合作的稳定性结构条件，将知识链组织之间的合作与冲突协调归结为创造收益与分配收益的问题，建立了合作与冲突协调机制理论框架，即知识链要实现冲突协调的稳定性结构，必须从两方面入手：一是增大合作所创造的协同价值，提高组织参与合作的期望；二是减少合作组织的机会主义收益，使组织之间的收益分配更合理。

（5）研究了知识链组织之间利益冲突协调及机会主义行为控制机制。提出了“契约机制—自实施机制—第三方冲突管理机制”三种冲突协调机制。契约机制分析了利益分配冲突协调和知识分工协调机制，自实施机制包含关系契约机制和信任机制，第三方冲突管理机制是契约机制与自实施机制在冲突协调中的重要补充。

（6）研究了知识链组织合作创新过程中关系强度调节机制和协同机制两个价值创造机制。实证分析了关系强度与知识链组织之间合作效率的关系，提出了调节关系强度的措施。阐述了知识链知识协同的过程机制，从技术轨道形成的视角分析了知识链组织合作创新中的外部环境协同机制。

（7）构建了知识链组织之间冲突管理策略模型。通过增加冲突水平变量，将二维冲突管理策略扩展为三维冲突管理策略，构建了知识链“自身实力—对手实力—冲突水平”三维冲突管理策略模型。

（8）构建了知识链组织之间冲突管理专家系统。运用人工智能理论，构建了具有系统案例和规则两级推理机制的知识链组织之间的冲突管理专家系统。明确了知识表示方法和推理方式，完善了冲突知识的获取、表达机制，建立了知识库，设计了精确的案例推理策略和基于模糊理论的规则推理策略。

关键词：知识链；知识链管理；组织之间的冲突；冲突管理

Abstract

The knowledge chain refers to the alliance established through knowledge flows among various cooperative innovation organizations, where enterprises are regarded as the innovation core body, to realize knowledge sharing and knowledge creation. The knowledge chain comprises organizations with different knowledge resources, such as the core enterprise (the leader of the alliance), universities, institutes, suppliers, dealers, consumers and even competitors. The knowledge chain is a kind of strategic partnership which is formed in the process of knowledge flow between the enterprises, the suppliers, the customers, universities, institutes and even the competitors. Knowledge Chain Management (KCM) refers to the process of the core enterprise' integrating each knowledge chain member's knowledge advantages into the knowledge chain's knowledge advantages by optimizing the process of inter-organizational knowledge flow, promoting inter-organizational learning and realizing knowledge sharing and knowledge creation in the whole process of the knowledge chain's gestation, establishment, operation and disaggregation.

Inter-organizational conflicts accompany the knowledge chain from the first day when it comes into existence. In the operation of the knowledge chain, knowledge flow and knowledge share involves different organizations, departments and individuals. The otherness of different organizations is deemed to lead to inter-organizational conflicts between the knowledge chain members. The knowledge chain's inter-organizational conflict is an unharmonious relationship between two or among more than two knowledge chain members created by a certain degree of contradiction accumulation due to incompatible behaviors or purposes. The conflicts results from uncoordinated relationship between the knowledge chain members, and manifest as intensifying contradiction and antagonizing behaviors. The knowledge chain's inter-organizational conflicts (the KCIC) have important influence on the knowledge chain's operation performance. KCIC have twoness, that is to say, it may be constructive or destructive. The key to the effective operation of the knowledge chain lies in the management of KCIC. The knowledge chain's inter-organizational conflict management (the KCICM) is based on the interdependence of involved parties, focuses on the transformation of contradictory relationship so as to induce positive effects and restrict negative effects. Effective conflict management can bring conflicts into constructive play, strengthen inter-organizational cohesion, promote innovation and change in the knowledge chain, and increase the knowledge chain's adaptability so as to improve the knowledge chain's operational performance. Otherwise, improper conflict management will result in conflicts' continuously expanding, poor inter-organizational cooperative relationship, destructive result, enormous consumption and friction, the knowledge chain's high cost and low efficiency, and even disaggregation of the knowledge chain.

At present most domestic and foreign studies focus on the internal conflicts in single organizations, and lacks systematic study on inter-organizational conflicts. Few scholars research on the knowledge chain's inter-organizational conflicts and its management is. Therefore the research on the KCIC and the KCICM is not only a new field of knowledge management, but also the requirement of the practice of knowledge management. This study is of important theoretic value and of a bright future for application. Theoretically, this research can enrich the theory of knowledge-chain management and the theory of inter-organizational cooperation and conflicts management. Practically, this study can be used to guide the inter-organizational conflicts management in the knowledge chain management, to supply approaches to solve the problem of cooperation and conflict, and improve the inter-organizational cooperation efficiency and the probability of successful cooperation in knowledge chain.

This study aims at the conflicts in the operation of the knowledge chain, constructs the system for the KCICM, and probes into the strategy of KCICM. The details are as follows:

(1) This book studies the concept, characteristics and motivation of the knowledge chain's inter-organizational conflicts, and construct a Three-Dimensional Model of the KCIC. We conclude: that interest factor and knowledge factor has a significant positive correlation with the KCIC, and the

structural factor has indirect impact on the KCIC by influencing the knowledge.

(2) This book constructs a conflict analysis model of knowledge chain. On the basis of conflict analysis theory this book analyses the inscape of conflict analysis, defines the process and procedures of the modeling of conflict analysis, brings forward the resolution to the whole stable sequel, and explains the formation mechanism of KCIC.

(3) This book evaluates the conflict level of knowledge chain. Based on the Three-Dimensional Model of the KCIC and the existence patter of conflicts this book builds a hierarchy model of conflict level, defines the variables and measurement index, and makes quantitative assessment of the level of the KCIC.

(4) This book constructs a framework of stability model of the knowledge creation inter-organizational cooperation and conflict coordination. This book applies game matrix to study the stability mechanism of coordinating the inter-organizational cooperation and conflicts in the knowledge chain, and constructs a theoretic framework of conflict coordination, i. e. value-creation, interest coordinating and opportunism controlling in the knowledge chain, and puts forward two mechanisms for the stable operation of the knowledge chain: on one hand, the knowledge chain should increase the income of value creation in cooperation process, on the other hand, the knowledge chain should distribute the interest optimally among its members and control the opportunism.

(5) This book studies the interest and opportunistic

behavior control mechanism in knowledge chain. The book brings forward three conflict coordinating mechanisms, i. e. contract mechanism. The contract mechanism includes interest distribution conflict coordinating mechanism and knowledge division and coordination mechanism; the self-enforcing includes relational contract coordination mechanism and trust coordination mechanism; the third party conflict coordination mechanism is to be adopted when the bilateral conflict coordination is invalid.

(6) This book studies the regulation mechanism of the relationship intensity in knowledge chain. This book applies the method of statistical analysis to the empirical study on the relation between the tie strength and the cooperation efficiency; brings forward the measures to adjust the relationship intensity; describes the process mechanism of knowledge coordination in the knowledge chain, and analyzes the coordinating mechanism between the knowledge chain and the external environment in the course of inter-organizational cooperation.

(7) This book constructs a strategic model for the KCICM. By adding the variables of conflict level, the paper extend the bi-dimensional strategy model for conflict management into three-dimensional strategy model for conflict management, i. e. Three-dimensional (self's strength, competitor's strength and conflict level) conflict management strategy model.

(8) This book constructs the expert system of the KCICM. Applying artificial intelligence theory, the paper constructs an expert system of the KCICM with two-grade reasoning mechanism, i. e. case-based and rule-based reasoning mechanism, describes the methods for knowledge expression and

reasoning, improves mechanism of knowledge acquisition and knowledge expression, set up database, and designs accurate case-based reasoning strategy and rule-based reasoning strategy on the basis of fuzzy theory.

Keywords: Knowledge Chain, Knowledge Chain Management, Inter-organizational conflicts, Conflicts management

目　录

表目录

图目录

第1章 绪　论

本章分析研究背景，在相关研究的基础上，提出了知识链组织之间冲突与冲突管理的研究框架。

1.1 背景

知识链管理起源于知识管理研究，是在组织（企业）知识管理的基础上发展起来的。1998年，Richard A. Spinello首次提出了知识链，认为“知识链的两个基本构成是认知和响应，企业必须拥有知识，同时也必须具备作用于知识的能力和主动性”①。知识链可分为两个层面：组织内部的知识链和组织之间的知识链。

目前，国外和国内绝大多数知识链管理的研究都是针对组织内部的知识链。就组织内部而言，知识在不同的个体之间、团队之间流动形成了知识链，通过实施知识链管理，可以促进组织学习，实现组织内部的知识共享和知识创造，形成组织的竞争优势。这方面研究的代表人物有Richard A. Spinello（1998）、

① Richard A. Spinello. The knowledge chain [J]. Business Horizons, 1998, (November—December): 4—14

C. W. Holsapple 和 M. Singh（2001）①、陈志祥、陈荣秋和马士华（2000）②、刘冀生和吴金希（2002）③、宋建元和张钢（2004）④、温有奎（2004）⑤、Clyde Holsapple 和 Kiku Jones（2005）⑥ 等。

然而，知识链并非仅局限在组织内部。随着知识流动范围的不断扩大，知识流动往往跨越组织边界，形成组织之间的知识链。当前，组织之间的知识链呈现出良好的发展势头。由于知识的更新速度不断加快，企业自身所拥有的知识存量有限，为保持竞争优势，越来越多的企业与供应商、客户、大学、科研院所甚至竞争对手建立战略合作伙伴关系，通过构建组织之间的知识链，促进知识流动，实现知识共享和知识创造。尽管国外学者已经研究了组织之间的知识流动和知识共享，但尚未开始研究组织之间的知识链。我国学者已在组织之间知识流动研究的基础上，开展组织之间的知识链研究。这方面研究的代表人物有张杰（1999）⑦、常荔、邹珊刚和李顺才（2001）⑧、顾新（2003）⑨、徐

① C. W. Holsapple, M. Singh. The knowledge chain model: activities for competitiveness [J]. Expert systems with Application, 2001 (20): 77-98

② 陈志祥，陈荣秋，马士华．论知识链与知识管理［J］. 科研管理，2000，21（1）：14-18

③ 刘冀生，吴金希．论基于知识的企业核心竞争力与企业知识链管理［J］. 清华大学学报：哲学社会科学版，2002，17（1）：68-72

④ 宋建元，张钢．组织网络化中的知识共享——一个基于知识链的分析［J］. 研究与发展管理，2004，16（4）：25-30

⑤ 温有奎．个人与组织知识转化的知识链机理［J］. 情报科学，2004，22（3）：286-29

⑥ Clyde Holsapple, Kiku Jones. Exploring secondary activities of the knowledge chain [J]. Knowledge and Process Management, 2005, 12 (1): 3-31

⑦ 张杰．商业生态系统中的知识链［J］. 决策借鉴，1999（1）：28-30

⑧ 常荔，邹珊刚，李顺才．基于知识链的知识扩散影响因素研究［J］. 科研管理，2001，22（5）：122-127

⑨ 顾新，郭耀煌，李久平．社会资本及其在知识链中的作用［J］. 科研管理，2003，（5）：44-48

建锁、王正欧和李淑伟（2003）[①]、徐建锁和王正欧（2003）[②]、温有奎和徐国华（2004）[③]、顾新（2008）[④] 等。

本研究探讨组织之间知识流动形成的知识链，以下所称知识链均是指组织之间的知识链。知识链（Knowledge Chain）是指以企业为创新的核心主体，以实现知识共享和知识创造为目的，通过知识在参与创新活动的不同组织之间流动而形成的链式结构。知识链管理（Knowledge Chain Management，简称 KCM）是指核心企业在知识链的酝酿、构建、运行和解体的整个过程中，通过优化组织之间的知识流动过程，促进组织之间的交互学习，实现知识共享和知识创造，从而将各成员的知识优势集成为知识链整体知识优势的过程。[⑤]

自知识链组建之日起，组织之间的冲突便相伴而生。在知识链的运行过程中，知识流动与知识共享涉及不同的组织、部门和个人，由于不同主体的差异性，知识链组织之间不可避免会发生各种各样的冲突。冲突的发生是知识链组织之间的关系不协调的结果，表现为冲突行为主体之间的矛盾激化和行为对抗。

知识链组织之间的冲突是两个或两个以上的知识链成员组织之间由于不相容（incompatible）的行为或目标所产生的矛盾积累到一定程度所表现出的一种不和谐状态。知识链组织之间的冲

---

① 徐建锁，王正欧，李淑伟．基于知识链的管理［J］．天津大学学报：社会科学版，2003，5（2）：133－136

② 徐建锁，王正欧．基于知识链和 DEA 方法的管理策略研究［J］．情报科学，2003，21（7）：688－690，706

③ 温有奎，徐国华．知识链管理研究［J］．情报学报，2004，23（4）：476－479

④ 顾新．知识链管理——基于生命周期的组织之间知识链管理框架模型研究［M］．成都：四川大学出版社，2008

⑤ 顾新．基于生命周期的组织之间知识链管理框架模型研究［D］．西南交通大学博士后工作报告，2004

突具有以下含义：第一，知识链组织之间的冲突是不同组织因组织之间知识流动过程中的分歧而产生的行为对立或矛盾的相互作用状态。第二，知识链组织之间的冲突体现了相互依赖的两个或两个以上组织之间的关系特征，不相关的组织之间不会发生冲突。第三，知识链组织之间的冲突主体是组织，冲突客体可以是知识、利益、权力、资源、目标、方法、意见、价值观、程序、信息和关系等。知识链中存在两个或两个以上冲突主体。第四，知识链组织之间的冲突是一个过程，体现了知识流动过程中组织之间的相互作用，反映了组织之间合作的状况、背景和历史。第五，冲突各方既存在相互对立关系，又存在相互依赖关系，知识链组织之间的冲突体现了这两种关系的对立统一。

导致知识链组织之间发生冲突的原因是多种多样的。首先，不同组织之间在目标、管理模式、文化等方面存在差异，必然产生分歧。当这种分歧发展到一定程度时，就会导致冲突。其次，知识链组织之间相互依存，这种相互依存的性质和范围经常处于重新限定的动态过程之中，冲突不可避免。再次，知识链组织之间的知识流动过程非常复杂，要求组织之间紧密合作。当不同组织致力于多种目标时，必然导致冲突。最后，知识链的外部环境经常处于不断变革中，组织之间步调一致是暂时的，不一致是长期的。此外，不同组织价值观的差异、权责不清、沟通不畅等都会引发知识链组织之间的冲突。

知识链组织之间的冲突对知识链运行绩效具有重要影响。知识链组织之间的冲突具有二重性，即既具有建设性，又具有破坏性。建设性冲突往往是利益分配不平衡的表现，迫使组织之间通过互相妥协让步和互相制约监督来调节利益关系，使各方利益尽可能得到满足，维持知识链的相对平衡，使各组织在新的基础上得到发展。破坏性冲突达到一定程度后，会造成知识链组织之间的不和，破坏合作关系，从而影响知识链整体目标的实现，甚至导致知识链解体。冲突的影响不仅取决于冲突自身的特性，在很大程度上还取决于冲突管理的取向、方法和策略。若不能有效解决知识链组织之间的冲突，就不可能实现知识链的有效运行。

知识链有效运行的关键在于知识链组织之间的冲突管理。知识链组织之间的冲突管理是以冲突各方的相互依赖关系为基础、相互对立关系状况的转化为重点，诱发冲突的正面效应，制约其负面效应。知识链组织之间的冲突管理并不局限于平息或消除冲突纠纷。一方面，要抵制和防范破坏性冲突的发生，积极限制和消除冲突的破坏作用；另一方面，要保持或激发适度的良性冲突，充分利用冲突带来的创新机会和建设性冲突的有效能量，实现知识链的目标。知识链组织之间的冲突管理也不等同于知识链组织之间的冲突解决，原因在于：一方面，为了预先防范与消除冲突隐患，冲突管理比冲突解决更具有预见性、谋划性和针对性；另一方面，更重要的是因为知识链组织之间的冲突并非都是破坏性的，也可能是建设性的。

知识链组织之间冲突管理的内容主要包括：(1) 界定和分析冲突的实质内容（目标、利益、价值、程序等），寻找解决问题的对策；(2) 避免不必要的冲突；(3) 化解冲突，减少破坏性冲突的影响；(4) 在总的冲突水平（程度）适度的情况下，监控冲突，利用冲突的正面效应；(5) 在总的冲突水平太低的情况下，适时地诱发冲突，以激发士气；(6) 采用适当的方法和技巧，控制或转化冲突的方向、水平或属性。

有效实施冲突管理，发挥冲突建设性的一面，可以增强知识链的凝聚力，促使整个知识链的革新和变化，增强知识链的适应能力，从而提高知识链运行的绩效；反之，若冲突管理不当，冲突将不断扩大，影响知识链组织之间的合作关系，产生破坏性的后果，形成巨大的损耗和摩擦，造成知识链的高成本和低效率，甚至导致知识链解体。

知识链中的组织、群体乃至个人能否学习、掌握和提高冲突管理的知识和技能，能否及时、正确、有效地实施冲突管理，趋利避害地驾驭冲突，直接影响着知识链目标的实现，关系到知识链中组织、群体和个人的生存和发展。知识链各组织应坦然面对组织之间的各种冲突，针对不同性质的冲突，采用不同的冲突管理策略。

迄今为止，国内外关于知识链中组织之间冲突与冲突管理的研究才刚刚起步。对知识链组织之间的冲突和冲突管理进行深入、系统的理论研究，不仅是知识管理的一个新领域，也是知识链管理实践的客观需要。因此，有必要研究知识链组织之间冲突产生的原因，制定科学有效的知识链冲突管理策略，加强知识链组织之间的合作，进而提高知识链的运行效率。

1.2 国内外研究现状及分析

关于知识链的研究如前所述，在此不再赘述。由于当前知识链研究中尚未涉及冲突与冲突管理问题，因此，以下主要对冲突管理方面的研究进行综述。

冲突是一种无所不在的社会现象，不仅存在于正式组织的各项活动之中，而且存在于人类社会活动的各种形式、各个层面、各个领域和所有主体之中。冲突一直是政治学、社会学、心理学和行为科学等学科的研究对象。相比而言，管理学对冲突的研究起步较晚。近年来，对冲突的存在、性质、影响及其理论研究价值等已得到管理学界的广泛认同，国内外管理学界关于冲突的研究方兴未艾，正经历着一个从无到有，从零散、局部的认识到全面、系统研究的过程（邱益中，1996）。

由于人们对冲突的成因、过程和后果的认识不同，使得社会学、人类学、经济学、政治学、哲学、管理学、心理学等学科对冲突有着不同的诠释。Thomas 认为，冲突是“一方感到另一方损害了或打算损害自己利益时所开始的一个过程”。Fink 认为，冲突是“在任何一个社会环境或过程中两个以上的统一体被至少一种形式的敌对心理关系或敌对互动所连结的现象”。Torner 将冲突定义为“双方公开与直接的互动，冲突中每一方的行动都是旨在禁止对方达到目标”。Afzalur Rahim（1992）认为：“只有存在冲突的时候，才会有自我意识和行为意识；也只有在这样的条件下，才会出现理智的行为。”[①] Wall 和 Canister（1995）认为：“冲突是一种过程，在这个过程中一方感知自己的利益受到另一方的反对或者消极影响。”[②] Stephen Robbins（1997）将冲突定义为一种始于一方感觉到另一方对自己关心的事情产生消极影响或将要产生消极影响的过程。[③]

冲突分为五个不同的层次[④]：一是个体冲突（personal），即冲突发生在个体自身；二是人际冲突（interpersonal）；三是群际冲突（intergroup），即群体与群体之间的冲突；四是组织之间的冲突（interorganizational）；五是国家或民族之间的冲突（international）。

就组织而言，自组织诞生之日起，冲突便相伴而生。在组织的存续和发展过程中，由于组织内部人与人之间、团体与团体之

---

① M. Afzalur Rahim. Managing conflict in organization [M]. Praeger Publisher，1992：4

② Wall J A Jr，Callister R R. Conflict and its management [J]. Journal of Management，1995，21 (3)：515－558

③ 斯蒂芬·P·罗宾斯．组织行为学 [M]. 北京：中国人民大学出版社，1997：386－394

④ Deutsch M. Sixty years of conflict [J]. The International Journal of Conflict Management，1990 (1)：237－263

间以及组织与组织之间相互作用的不协调，必然导致冲突的产生。因此，组织冲突是难以避免的。

组织冲突可以分为组织内部冲突和组织之间的冲突。其中，组织内部的冲突又可以分为：个体冲突、人际冲突和群际冲突。不同层次的冲突相互联系，相互作用。

由于冲突涉及面广，为突出重点，本研究仅就组织冲突进行综述。当前有关组织冲突与冲突管理的研究分为两个方面；一是组织内部的冲突与冲突管理研究；二是组织之间的冲突与冲突管理研究。其中，当前冲突管理研究主要集中在组织内部的冲突，而组织之间的冲突与冲突管理尚未得到足够的重视。

1.2.1 组织内部的冲突与冲突管理的研究现状

尽管古典管理理论的创立者们已经意识到组织冲突的存在，但没有专门进行研究。现代管理学者广泛开展冲突研究始于 20 世纪 60 年代。相比于西方管理学者的研究，我国管理学界对组织冲突的研究尚处于起步阶段。20 世纪 80 年代后期，我国港台地区一些学者开始了有关组织冲突的研究。20 世纪 90 年代中后期，祖国大陆学者开始涉足这一领域。①

关于组织冲突的系统研究，邱益中（1998）系统全面地阐述了冲突性质、分类、产生原因、冲突诊断、冲突化解及冲突激励等。② 郭朝阳（2000）讨论了与企业有关的冲突，特别是企业内部冲突的一般理论、如何进行冲突管理、谈判和第三方干预冲突管理方法以及我国企业中的冲突问题。③ 王琦、杜永怡和席西民

---

① 邱益中．国内外学者对企业组织冲突问题的研究［J］．外国经济与管理，1996（5）：3－6

② 邱益中．企业组织冲突管理［M］．上海：上海财经大学出版社，1998

③ 郭朝阳．冲突管理——寻找矛盾的正面效应［M］．广州：广东经济出版社，2000

(2004) 分析了组织冲突产生的动因、冲突的升级与消减、冲突对组织的效应、组织冲突管理等问题的研究进展，提出用和谐管理理论研究组织冲突问题的思路。[①]

关于组织冲突动因，理查德·E·沃尔顿（1992）剖析了管理中的人际冲突问题，如人际冲突及其因素和周期的分析与诊断，控制、解决各种人类冲突的原理、模式方法、安排等。[②] Wall 和 Callister（1995）将冲突的原因分为个人因素和个人之间因素两大类，并将后者又分为认知、沟通、行为、结构、先前的交互行为五类，分析了冲突的原因、核心过程和效果。[③] Robbins（2000）将组织冲突的动因分为沟通、结构和个人因素三类。[④] John Darling 等（2001）认为，导致冲突产生的原因是多方面的，如目标、期望、价值观、行为过程和建议的不同。[⑤] 刘仁军（2001）通过问卷调查，分析了组织冲突水平的衡量标准、管理层次、生命周期阶段、业务流程依存性等组织结构因素与组织冲突的关系，提出了关于组织冲突和组织结构因素等方面的政策建议。[⑥] 彭熠和和丕禅（2002）分析了我国企业组织冲突管理的必要性、企业组织冲突的主要动因，提出我国企业组织冲

---

① 王琦，杜永怡，席酉民．组织冲突研究回顾与展望［J］．预测，2004（3）：74－80，26

② ［美］理查德·E·沃尔顿．冲突管理［M］．石家庄：河北科学技术出版社，1992

③ Wall J A Jr，Callister R R. Conflict and its management［J］．Journal of Management，1995，21（3）：515－558

④ 斯蒂芬·P·罗宾斯．组织行为学精要［M］．北京：机械工业出版社，2000：251－257.

⑤ John R Darling，W Earl Walker. Effective conflict management：use of the behavioral style model［J］．Leadership and Organization Development Journal，2001，22（5）：230－240

⑥ 刘仁军．组织冲突的结构因素研究［J］．南开管理评论，2001（4）：30－37

突管理的基本原则和对策。[①] 侯贵生和张鹏柱（2002）将影响国际合资企业冲突的主要因素归结为：与母公司相关的因素、合作体系的构建两大类和基础性因素——文化的相容程度，认为这些因素影响着合作伙伴之间合作的状况，并共同影响着合资企业的冲突水平，最终影响着合资企业的运行状况和母公司的满意度。[②] 赵斌（2007）分析了组织新聘员工与原有员工冲突动因及其消减的研究。[③] Kjell B（2009）通过分析 208 份调查问卷，提出了组织内部四种冲突动因，即个体情绪和个体认知、任务认知和任务情绪都将诱发冲突。[④]

关于冲突的过程，Louis R. Pondy（1967）将冲突的产生和变化的过程划分为 5 个不同的发展阶段：潜在的对立或不一致，认知和个性化，行为意向，行为，以及结果，建立了组织冲突的理论雏形。[⑤] Van de Vliert（1984）研究冲突的预防和升级。[⑥] Pruitt 和 Rubin（1994）认为，冲突升级具有以下特点：由轻微到严重；争论扩散；各方更加投入到冲突之中；目标改变，从追求个人利益到破坏或惩罚他人。冲突升级有三种模型，即“进攻

---

① 彭熠，和丕禅．我国企业组织冲突的动因分析及管理对策［J］．中国软科学，2002（9）：59－64

② 侯贵生，张鹏柱．中外合资企业内部冲突的影响因素［J］．经济理论与经济管理，2002（2）：50－54

③ 赵斌，李新建．组织新聘员工与原有员工冲突动因及其消减的实证研究［J］．商业经济与管理，2007，185（3）：27－32

④ Kjell B. Hjertø，Bard Kuvaas. Development and empirical exploration of an extended model of intra-group conflict［J］．International Journal of Conflict Management，2009，20（1）：4－30

⑤ Pondy L R. Organizational conflict：concepts and models［J］．Administrative Science Quarterly，1967（12）：296－320

⑥ Van de Vliert E. Conflict prevention and escalation［A］．In Drenth P J，Thierry W，de Wolff CJ，eds. Handbook of Work and Organizational Psychology［C］．New York：John Wiley，1984：521－551

者—防御者模型”(the aggressor-defender model)、“冲突螺旋模型”(the conflict spiral model)和“结构变化模型”(the structural change model)。这三种模型之间并不是互斥的,每一种模型可以用来理解冲突升级的某个方面。① Rubin(1994)认为,引入第三方虽然有利于冲突的解决,但可能存在一些弊端:①第三方可能会打断本来已经启动的冲突解决过程;②第三方往往会在处理冲突中加入自己的兴趣、判断、利益等;③引入第三方也可能使本来已经逐渐冷却的冲突由于第三方的调解又重新燃起。② 刘明霞(2001)构建了一个组织冲突行为的动态模型,以理解组织冲突行为的形成和变化过程。她认为,冲突是企业组织中不可避免的一种现象,组织冲突行为在冲突发展过程中起着关键的影响作用。③ Gerard(2006)通过对 183 名测试者的观察,提出在处理一般冲突时,个人的处理方式是判定情况,而不是最初定下的计划。④

关于团队冲突,Lee,D.R.(1987)提供了一个技术团队的管理者应具备的解决冲突的知识和方法,以防止过度安全的或最佳的冲突水平。⑤ Karen A.Jehn(1999)认为,过程冲突所产生的责任不确定、能力的相互怀疑、利益分配的不协调将导致团队

---

① Pruitt D G,Rubin J Z,Kim S H. Social conflict:escalation,stalemate and settlement [M]. New York:McGraw-Hill,1994

② Rubin J Z. Models of conflict management [J]. Journal of Social Issues,1994 (50):33-45

③ 刘明霞.企业组织冲突行为的动态分析 [J]. 外国经济与管理,2001,23 (8):11-16

④ Gerard A,Cynthia D,David F. Choice of conflict-handling strategy:A matter of context [J]. The Journal of Psychology,2006,140 (3):269-288

⑤ Lee,D.R. Managing team conflict effectively [A]. Proceedings of IEEE Conference on Management and Technology Management of Evolving Systems [C]. 1987:245-248

的分化，各种冲突加剧，对团队的绩效产生负面影响。[①] Karen 和 Elizabeth（2001）提出采用动态分析方法，分析冲突出现的时间段以及在此时间段内的冲突类型，使绩效和各种冲突紧密联系在一起。[②] Karen A. Jehn（2001）的研究表明，团队的价值观和氛围对团队的绩效非常关键，团队存在自己的工作价值观和文化。[③] 曾德明、周青和秦吉波（2005）构建了 R&D 团队冲突管理的分析框架和控制机制。[④] 张钢和倪旭东（2007）通过对团队创新的分析，模拟实验了知识差异和知识冲突下创新能力的高低。[⑤] 万涛（2007）在系统梳理项目团队中产生冲突原因的基础上，利用团队中存在的任务履行冲突与团队成员在情感上冲突之间的关联关系，分析了利用团队成员在情感上的相互支持关系，来促进任务履行中冲突的协调机制。[⑥]

关于协同设计中的冲突管理技术，Brazier 等（1995）关注在设计过程中产生的冲突和冲突管理如何建模的问题。[⑦] 李祥、

---

① Karen A. Jehn. Managing conflict in a diverse workplace [J]. Managerial Excellence Through Diversity，1999（5）：166－184.

② Karen A. Jehn，Elizabeth A. Mannix. The dynamic nature of conflict：A longitudinal study of intragroup conflict and group performance [J]. Academy of Management Journal，2001（11）：231－254

③ Jehn，K. A qualitative analysis of conflict types and dimensions in organizational groups [J]. Administrative Science Quarterly，2001（42）：530－557

④ 曾德明，周青，秦吉波. 高新技术企业 R&D 团队柔性冲突管理机制研究 [J]. 管理评论，2005，17（2）：22－26

⑤ 张钢，倪旭东. 知识差异和知识冲突对团队创新的影响 [J]. 心理学报，2007，39（5）：926－933

⑥ 万涛. 项目团队的冲突协调机制及其博弈分析 [J]. 科技进步与对策，2007，24（3）：172－176

⑦ Brazier，F. M. T.，van Langen，P. H. G.，Treur，J. Modelling conflict management in design：an explicit approach [J]. Artificial Intelligence for Engineering Design，Analysis and Manufacturing [J]. 1995，9（4）：353－366

袁国华、周雄辉和阮雪榆（2000）提出了基于集成的协同设计冲突消解模型。[①] 徐文胜、熊光楞和钟佩思（2001）提出并建立了并行工程冲突管理研究的体系框架。[②] 郝永平、王崇海、宁汝新和刘永贤（2002）给出了冲突管理系统的体系框架和拓扑结构，探讨了冲突的分层处理系统和解决冲突的最优体系结构。[③] 孟秀丽、易红、倪中华和倪晓宇（2005）将冲突对象分为参数层、特征层、结构层和方案层 4 个层次，着重研究了方案层次的冲突消解。[④]

关于跨部门冲突，Seiler（1963）认为，冲突容易导致部门将时间和精力用于如何在冲突中取胜而不是实现组织的目标。[⑤] 许碧芬（2000）利用实证研究方法，验证了实际冲突理论（Realistic Conflict Theory）、社会认同理论（Social Identity Theory）与接触假说（Contact Hypothesis）三种理论对跨部门冲突的解释力。[⑥] 秦颖、武春友和王茜（2003）通过实证研究，分析了跨部门冲突的原因、主要表现及时代意义，提出了处理跨

---

① 李祥，袁国华，周雄辉，阮雪榆．基于集成的协同设计冲突消解系统研究［J］．计算机集成制造系统，2000，6（4）：61－64

② 徐文胜，熊光楞，钟佩思．并行工程冲突管理总论［J］．计算机集成制造系统，2001，7（1）：2－6

③ 郝永平，王崇海，宁汝新，刘永贤．基于协同环境下的冲突管理机制研究［J］．计算机集成制造系统——CIMS，2002，8（4）：299－302

④ 孟秀丽，易红，倪中华，倪晓宇．基于多目标决策的协同设计冲突消解方法研究［J］．计算机集成制造系统，2005，11（5）：625－629

⑤ Seiler J A. Diagnosing interdepartmental conflict［J］．Harvard Business Review，1963（41）：121－132

⑥ 许碧芬．组织结构与跨部门冲突关系之研究——营造业之实证分析［A］．// 第四届两岸中华文化与经营管理学术研讨会论文集［C］．北京：中国人民大学与成功大学联合出版，2000.7

部门冲突的对策。[①] José Antonio（2005）考察了西班牙公司在新产品制造中跨职能部门的冲突以及处理冲突的策略。[②]

关于冲突管理的模型，Thomas（1976）发展了冲突的两个模型：冲突的动态过程模型和冲突的结构模型。[③] Blake 和 Mouton 最早引入冲突管理方式的二维模型，从“关心人”和“关心生产”两个维度，将冲突管理方式区分为五种：竞争（competing）、合作（collaborating）、妥协（compromising）、逃避（avoiding）和宽容（accommodating）。之后，Thomas、Rahim、Wall 和 Canister 对该模型进行了不同程度的修改。Wall 和 Canister 发现，至少有 9 种测度冲突管理方式的技术，其中使用最多的是 Kilman 和 Thomas 设计的 MODE（Management－of－Differences Exercise）和 Rahim 设计的 ROCI（Rahim Organizational Conflict Inventory）。张朋柱、方程和万百五（2002）将组织内的冲突归为三种对策模型，建立了基于渴望紧张评价的对策仿真模型，研究在满足个体理性的决策准则的情况下，在重复对策中如何产生合作与非合作行为以及个体理性与群体理性如何相互作用。[④] 陈旭鸣（2008）通过建立多策略博弈关系和多类型代理人模型，研究了知识密集型组织的冲

---

① 秦颖，武春友，王茜．企业组织中跨部门冲突理论研究［J］．大连理工大学学报：社会科学版，2003，24（2）：67－73

② José Antonio Varela，Pilar Fernández，M. Luisa Del Río and Belén. BandeCross－Functional conflict，conflict handling behaviours and new product performance in spanish firms［J］．Creativity and Innovation Management，2005，14（4）：355－365

③ Thomas K W. Conflict and conflict management［A］．In：Dunnette M D，Hough L M，eds. Handbook of Industrial and Organizational Psychology［C］．Palo Alto：Consulting Psychologists Press，1976：889－935

④ 张朋柱，方程，万百五．组织内冲突的重复对策模型［J］．管理科学学报，2002，5（2）：6－13

突管理机制。[①] James Speakman 和 Lynette Ryals（2010）构建了一个在外部环境变化时面对多种、同时发生的多维冲突管理策略模型。[②]

关于文化冲突与整合，徐全军（2002）用企业知识理论解释并购后的无形资源整合问题。在界定企业无形资源及其冲突的基础上，探索了无形资源冲突的内在原因，提出了无形资源整合的模型和方法。[③] 张海涛和唐元虎（2003）在分析企业并购后冲突产生根源的基础上，提出了冲突管理的动态模型。[④] 彭玉冰和戴勇（2005）通过企业购并中出现的高失败率现象，引出企业并购中的文化冲突问题。在分析企业并购过程中文化冲突的原因、过程及其具体表现形式后，通过解剖案例，提出了中国企业并购中文化整合的具体内容和步骤。[⑤] 于兆吉和姚秀敏（2007）研究了企业并购人力资源层次性冲突及其对策。[⑥] John Oetzel 等（2008）通过对768份来自中国、日本、德国和美国的调查问卷进行统计分析，得出企业中不同文化之间的冲突，以及不同国度

---

① 陈旭鸣．知识密集型企业员工的冲突管理机制探讨［J］．科学学与科学技术管理，2008（8）：177－182

② James Speakman，Lynette Ryals. A re－evaluation of conflict theory for the management of multiple，simultaneous conflict episodes［J］. International Journal of Conflict Management，2010，21（2）：186－201

③ 徐全军．企业并购后无形资源冲突整合的知识分析［J］．南开管理评论，2002，（4）：7－11

④ 张海涛，唐元虎．企业并购后冲突管理的知识分析［J］．科学学与科学技术管理，2003（5）：91－95

⑤ 彭玉冰，戴勇．中国企业购并中的文化冲突与整合［J］．学术研究，2005（8）：31－35

⑥ 于兆吉，姚秀敏．企业并购人力资源层次性冲突及其对策［J］．科技咨询导报，2007（30）：186－187

的人员面对冲突时的不同表现。① Lorna Doucet 等（2009）通过对中国和美国企业管理者的研究，提出了因为文化背景不同而引发的对冲突管理策略选择的差异。②

关于冲突对组织绩效的影响，Robbins 将有关冲突的观点归纳为三类："传统观点"、"人际关系观点"和"相互作用观点"，并称之为"冲突观念的变迁"。③ L. Dave Brown（1987）发现，冲突水平与组织绩效之间存在一定关系，只有冲突保持在适度的水平，才能对绩效产生积极的影响。④ Rahim（2000）认为，如果管理得当，组织中的冲突是有益的，可以提高组织绩效。冲突管理在于设计有效的策略，以使功能失调性冲突最小化，而使冲突的建设性功能最大化。⑤ Dechurch 和 Marks（2001）认为，"基于任务"（task-based）或"与任务相关"（task-related）的冲突往往能够提高组织绩效。⑥ 方玉红（2006）考察了冲突管

---

① John Oetzel，Adolfo J. Garcia，Stella Ting－Toomey. An analysis of the relationships among face concerns and facework behaviors in perceived conflict situations：A four－culture investigation [J]. International Journal of Conflict Management，2008，19（4）：382－403

② Lorna Doucet，Karen A. Jehn，Elizabeth Weldon . Cross－cultural differences in conflict management：An inductive study of Chinese and American managers [J]. International Journal of Conflict Management，2009，20（4）：355－376

③ Wall J A Jr，Callister R R. Conflict and its management [J]. Journal of Management，1995，21（3）：515－558

④ Brown，L. D.，J. G. Covey. Development organizations and organization development：Implications for a new paradigm，in W. Pasmore and R. Woodman，Research in organization change and development，Vol. I，Greenwich，CT：JAI Press，1987

⑤ Rahim M A. Empirical studies on managing conflict [J]. International Journal of Conflict Management，2000，11（1）：5－8

⑥ Dechurch L A，Marks M A. Maximizing the benefits of task conflict：the role of conflict management [J]. The International Journal of Conflict Management，2001，12（1）：4－22

理、团队绩效以及工作满意度。[①] Markus Vodosek（2007）分析了文化多样性和组织内部冲突的关系，认为文化多样性与关系、过程和任务冲突正相关，多文化交融可以降低冲突的发生，并提高业绩。[②] 宝贡敏和汪洁（2008）通过对128个项目团队的研究，发现团队领导者的促进、指挥角色通过任务冲突对团队学习产生正相关；领导的创新型行为部分通过任务冲突，影响团队学习。[③] 卢俊义和程刚（2009）研究了组织内部的创业团队认知冲突与组织绩效的关系，结果表明，创业团队认知冲突与组织绩效正相关。[④] 王明琳、周生春（2009）以家族企业为研究对象，分析了目标冲突、过程冲突、关系冲突以及集权程度、代际传承、利他主义等对企业绩效的影响。[⑤] 陈晓红、赵可和陈建二（2009）通过333份调查问卷的分析，实证研究表明：面对冲突采取合作行为可提高创新绩效，而回避冲突则降低绩效。[⑥]

关于冲突的评价，汤发良（1998）采用Fuzzy集合论与AHP法相结合的思路，对企业内部冲突状态进行综合量化测度，建立了一个定量测度我国企业内部冲突状态的数学模型——二级

① 方玉红．冲突管理、团队绩效以及工作满意度的研究［J］．浙江金融，2006（9）：56－57

② Markus Vodosek．Intragroup conflict as a mediator between cultural diversity and work group outcomes［J］．International Journal of Conflict Management，2007，18（4）：345－375

③ 宝贡敏，汪洁．团队任务冲突与团队领导行为及团队学习的关系研究［J］．心理科学，2008，31（6）：1417－1420

④ 卢俊义，程刚．创业团队内认知冲突、合作行为与公司绩效关系的实证研究［J］．科学学与科学技术管理，2009（5）：117－123

⑤ 王明琳，周生春．家族企业内部冲突及其管理问题探讨［J］．外国经济与管理，2009，31（2）：58－64

⑥ 陈晓红，赵可，陈建二．员工冲突管理行为对工作满意度和创新绩效影响的实证研究［J］．系统管理学报，2009（2）：211－215

模糊层次综合评判模型。[①]

关于冲突策略的研究。所谓冲突策略，即冲突处理方式，特指冲突双方在面对不同冲突时采取的行为倾向。早期的研究者按照一维模型来考察冲突策略，一端是合作（cooperation），另一端是竞争（competition）。后来，Blake 和 Mouton[②] 从领导理论的研究中受到启发，最早在人际冲突策略的研究中引入二维变量，从关心人和关心任务两个不同角度在二维空间定义了 5 种基本的策略类型：问题解决（problem－solving）、安抚（smoothing）、强迫（forcing）、退让（withdrawal）和分享（sharing）。随后，Thomas[③] 在这一理论基础上从关心自己、关心他人两个纬度，提出了回避（avoiding）、迁就（accommodating）、妥协（compromising）、竞争（competing）和合作（collaborating）5 种经典冲突策略。各策略定义分别为：回避——低度竞争、低度合作，迁就——低度竞争、高度合作，妥协——中度竞争、中度合作，竞争——高度竞争、低度合作，合作——高度竞争、高度合作。之后，经过 Rahim 和 Bonoma[④]、Cosier A 和 Ruble[⑤]、Van de 和 Euwenma[⑥] 等的深入研究，二维模式得到了进一步丰富和发展。张勇、张玉忠和马跃峰

---

① 汤发良．我国企业内部冲突状态的评价测度模型［J］．中国管理科学，1998，6（2）：40－51

② Blake R，Mouton J S. The managerial grid［M］．Huston，TX：Gulf，1964

③ Thomas K W. Conflict and conflict management［A］．In Dunnette M D，Hough L M，eds. Handbook of Industrial and Organizational Psychology［C］．Palo Alto：Consulting Psychologists Press，1976：889－935

④ Rahim M A，Bonoma T V. Managing organizational conflict：a model for diagnosis intervention［J］．Psychological Reports，1979，44：1323－1344

⑤ Richard Cosier A，Thomas Ruble L. Research on conflict－handling behavior：an experimental approach［J］．Academy of Management Journal，1981，24（4）：816－831

⑥ Van de Vliert，Euwenma M C. Agreeableness and activeness as components of conflict behaviors［J］．Journal of Personality and Social Psychology，1994，66：674－687

(2006) 针对传统二维冲突模型在指导组织间冲突时存在的不足，通过引入环境变量，构建了一个跨国冲突策略三维模型，并以实例应用，说明了模型的使用方法。该模型很好地弥补了二维模式存在的缺陷，为企业决策者提供了一个科学而合理的决策方法。[①] 张勇和张玉忠（2006）基于186家企业的问卷调查，对多种类型企业的冲突策略倾向进行考察，研究结果表明，不同企业在面对冲突时，大多数选择妥协和回避策略，而选择竞争和迁就策略的几率较低。[②] 陈晓红和刘智勇（2008）从群决策的基本理论入手，明确了群决策中群的含义、群决策中冲突过程和层次，提出“关心自己—关心他人—关心决策任务”三维群决策冲突管理模型，并详细设计了决策变量和冲突管理模式。[③]

1.2.2 组织之间的冲突与冲突管理的研究现状

关于供应链企业间的冲突管理，宋华（2002）探讨了供应链冲突发生的深层原因，提出了供应链冲突的解决方案——能力均衡与规制机制。[④] 胡继灵和方青（2004）分析了供应链企业间冲突的内涵、特性和诱因，阐述了供应链企业冲突处理的模式，提出了供应链企业冲突处理的策略和方法。[⑤] 胡继灵和杨丽伟

---

① 张勇，张玉忠，马跃峰．企业跨国冲突策略三维模型研究［J］．运筹与管理，2006，15（5）：143－148

② 张勇，张玉忠．企业组织间冲突策略选择的影响因素［J］．经济管理，2006（17）：53－56

③ 陈晓红，刘智勇．群决策冲突管理三维模型研究［J］．统计与决策，2008（3）：13－15

④ 宋华．供应链管理中企业间的冲突和合作机制分析［J］．中国人民大学学报，2002，3（4）：65－71

⑤ 胡继灵，方青．供应链企业冲突处理机制研究［J］．科技进步与对策，2004（2）：68－70

(2004) 剖析了供应链企业间冲突的二重性。① 雷昊 (2004) 认为，供应链成员间关系的不对称引起各方权力的不平衡，权力冲突将最终导致供应链联盟关系的破裂。② 郑称德和赵曙明 (2003) 将后成本供应链管理出现的问题视为组织间由于合作引起的横向功能冲突，提出了构建第三方供应链管理机制的设想。③ 葛龙和李公民 (2007) 分析了供应链中企业的冲突与合作，构建了信息共享不合作系统 (CIUR) 下供应商、制造商、销售商三者的利益分配模型。④

关于渠道冲突，Steve Spinelli 和 Sue Birley (1996) 在交易成本经济学的理论框架内，研究特许经营中的冲突理论，解释冲突对关系具有正面的或负面的效应。⑤ 庄贵军和周筱莲 (2002) 以渠道行为理论中权力、冲突与合作的讨论为基础，实证性地探讨了中国工商企业之间的行为关系。⑥ 陈涛和程龙 (2005) 运用渠道冲突理论，分析了东风雪铁龙的渠道冲突现状，提出了处理东风雪铁龙渠道冲突的基本策略。⑦ 安实、许星剑和郝文杰 (2005) 通过构建生产商和零售商同时决策博弈模型和生产商主

---

① 胡继灵，杨丽伟．供应链企业冲突研究 [J]. 科技进步与对策，2004 (9)：97-99

② 雷昊．供应链中的权力冲突分析 [J]. 科技进步与对策，2004 (11)：68-69

③ 郑称德，赵曙明．基于冲突理论的第三方供应链管理机制研究——后成本时期供应链管理研究 (II) [J]. 生产力研究，2003 (4)：241-243

④ 葛龙，李会民．企业供应链管理中的冲突分析与合作联盟研究 [J]. 生产力研究，2007 (14)：129-131

⑤ Steve Spinelli，Sue Birley. Toward a theory of conflict in the franchise system [J]. Journal of Business Venturing，1996 (11)：329-342

⑥ 庄贵军，周筱莲．权力、冲突与合作：中国工商企业之间渠道行为的实证研究 [J]. 管理世界，2002 (3)：117-124

⑦ 陈涛，程龙．东风雪铁龙营销渠道冲突分析 [J]. 管理现代化，2005 (5)：44-46

导博弈模型来解释渠道冲突的成因，并对两者进行分析和比较。[①] Catherine Welch 和 Ian Wilkinson（2005）认为，在对企业之间关系的营销研究中，力量和冲突是中心。[②] 何谦（2006）采用模糊综合层次评价法，构建渠道冲突原因的评价模型。运用该模型分析了电子产品销售渠道冲突，找出影响渠道冲突的最主要的原因。[③]

关于战略联盟合作伙伴的冲突管理，胡永铨（2002）探讨和分析了我国企业实施战略联盟中遇到的文化冲突问题，提出了解决文化冲突的具体策略模型。[④] 陈震红和董俊武（2004）分析了战略联盟伙伴之间冲突产生的六大主要原因及其类型和特征，论述了联盟伙伴破坏性冲突管理的适应性策略、联盟伙伴建设性冲突管理的激发性策略和联盟伙伴已发冲突的反应性策略。[⑤] 林莉和周鹏飞（2004）认为，形成知识联盟的关系资本，用整合的方法管理联盟冲突，能在实现知识学习的同时，防止企业核心知识资产的外泄。[⑥] 袁健红和施建军（2004）认为，技术联盟中的一个重要问题是合作者之间存在的潜在冲突以及如何恰当地去处理

---

① 安实，许星剑，郝文杰．营销渠道冲突根源的博弈分析［J］．哈尔滨工业大学学报，2005，37（10）：1406－1409

② Catherine Welch，Ian Wilkinson. Network perspectives on interfirm conflict：reassessing a critical case in international business［J］．Journal of Business Research，2005（58）：205－213

③ 何谦，康松林．渠道冲突的模糊综合层次评价［J］．商业研究，2006，482（10）：50－51

④ 胡永铨．企业战略联盟中的文化冲突与管理策略［J］．科技进步与对策，2002（3）：9－11

⑤ 陈震红，董俊武．战略联盟伙伴的冲突管理［J］．科学学与科学技术管理，2004（3）：106－109

⑥ 林莉，周鹏飞．知识联盟中知识学习、冲突管理与关系资本［J］．科学学与科学技术管理，2004（4）：107－110

冲突。[①] 曾晓丽和钟书华（2005）通过分析目标、职权和个性等冲突，探讨了保持技术联盟稳定性的一般方法。[②] Chee Wee Tan 等（2005）认为，组织间知识联盟的知识活动中存在冲突，通过在组织之间分层次应用知识管理的冲突观，建立了基于类型和性质的知识冲突两维框架。[③] Niki Panteli 和 Siva Sockalingam（2005）研究了三个独特的虚拟联盟的结构形式及产生信任和最小化保留的冲突策略。[④] 曹志来（2007）研究了企业横向战略联盟形成与冲突的演变动力，主要分析了成本、R&D 合作、并购目标和联盟环境等因素演化对企业横向战略联盟形成与冲突的影响，提出了企业应采取的战略反应。[⑤] 程戈（2009）分析了基于动态联盟的利益冲突关系表达方式以及其中国墙模型构建。[⑥] 冉茂瑜（2009）分析了我国产学研合作的主要冲突，从文化、制度、资金和渠道四个方面分析了冲突动因。[⑦]

关于虚拟企业的冲突管理，高阳和周伟（2003）分析了虚拟

---

① 袁健红，施建军．技术联盟中的冲突、沟通与学习［J］．东南大学学报：哲学社会科学版，2004，6（4）：56－61

② 曾晓丽，钟书华．企业技术联盟中的冲突及其化解［J］．科技进步与对策，2005（1）：87－89

③ Chee Wee Tan，Shan Ling Pan，Eric Tze Kuan Lim，Calvin Meng Lai. Managing knowledge conflicts in an interorganizational project：A case study of the infocomm development authority of singapore［J］. Journal of the American Society for Information Science and Technology，2005，569（11）：1187－1199

④ Niki Panteli，Siva Sockalingam. Trust and conflict within virtual inter－organizational alliances：A framework for facilitating knowledge sharing［J］. Decision Support Systems，2005，（39）：599－617

⑤ 曹志来．横向战略联盟的形成与冲突——以北京"7+1"高科技饲料联合体为案例［J］．财经问题研究，2007（10）：31－36

⑥ 程戈，金海，邹德清，赵峰．基于动态联盟关系的中国墙模型研究［J］．通信学报，2009，30（11）：93－100

⑦ 冉茂瑜，顾新．我国产学研合作冲突分析及管理［J］．科技管理研究，2009，29（11）：454－456

企业组建和运作过程中的冲突问题，建立了结合冲突预防和冲突消解策略的集成体系结构模型。① 张后斌（2003）分析了虚拟企业收益分配的基本原则及其冲突的可拓模型。② 刘慧敏、王刊良和田军（2007）分析了虚拟科研团队中存在的不同类型的信任和冲突及其对于知识共享的影响效果，探讨了它们在虚拟科研团队形成发展过程中的变化趋势。③ 周晶晶和龙君伟（2007）分析了虚拟企业的文化冲突，提出了文化整合策略。④ 单子丹和高长元（2008）分析了高技术虚拟企业之间的冲突，建立了高技术虚拟企业协商模型。⑤ 高长元和单子丹（2009）分析了高技术虚拟企业的冲突动因以及表现形式，建立了冲突对高技术虚拟企业联盟收益影响的模型。⑥

关于组织之间的知识产权冲突，周竺和黄瑞华（2004）认为，产学研合作中各方的知识产权冲突是影响知识流动的重要因素。⑦ 祁红梅和黄瑞华（2004）研究了动态联盟形成阶段知识产权冲突的内容及产生的原因，提出了基于利益、契约和信任的激

---

① 高阳，周伟．虚拟企业冲突预防与消解的研究［J］．中南大学学报：社会科学版，2003，9（6）：805－808

② 张后斌．虚拟企业收益分配冲突的可拓模型及其协调研究［J］．广东工业大学学报，2003，20（1）：95－100

③ 刘慧敏，王刊良，田军．虚拟科研团队中的信任、冲突与知识共享的关系研究［J］．科学学与科学技术管理，2007，28（6）：159－163

④ 周晶晶，龙君伟．虚拟企业的文化冲突与共融［J］．科学与管理，2007，27（10）：50－52

⑤ 单子丹，高长元．基于多主体多目标多阶段的高技术虚拟企业协商机制研究［J］．现代管理科学，2008（12）：69－71

⑥ 高长元，单子丹．高技术虚拟企业的冲突类型及其形成机理研究［J］．科技进步与对策，2009，26（13）：61－66

⑦ 周竺，黄瑞华．产学研合作中的知识产权冲突及协调［J］．研究与发展管理，2004，16（1）：90－94

励框架。① 祁红梅、黄瑞华和彭晓春（2005）针对盟主和合作伙伴之间存在的冲突，运用委托代理理论，建立道德风险模型，得出最优合同的特征。② 苏世彬和黄瑞华（2005）利用冲突分析模型，从理论上论证了知识产权的专有性和知识共享性所引发的冲突产生的必然性。③

关于客户方和承包方的冲突，Vaaland（2004）研究在客户方和承包方关系持续紧张的情况下，双方的合作如何改善。通过识别冲突事件和分析双方感知上的差异，可以减少关系中的冲突。④

1.2.3 当前研究的不足

从目前所收集的国内外文献资料来看，组织冲突管理研究尚处于起步阶段，有大量问题亟待解决，主要表现在：

一是对组织之间的冲突管理研究重视不够。目前，国内外组织冲突管理研究范围多集中在组织内部。事实上，冲突不仅存在于组织内部，同样存在于组织之间。

二是偏重于定性研究。当前的研究大多以概念性、描述性、框架性的定性研究为主，所提出的模型也多属概念模型，尚缺乏

① 祁红梅，黄瑞华．动态联盟形成阶段知识产权冲突及激励对策研究［J］. 研究与发展管理，2004，16（4）：70－76

② 祁红梅，黄瑞华，彭晓春．基于合作创新的知识产权冲突道德风险分析［J］. 科学管理研究，2005，23（1）：16－19

③ 苏世彬，黄瑞华．合作联盟知识产权专有性与知识共享性的冲突研究［J］. 研究与发展管理，2005，17（5）：69－74，86

④ Terje I. Vaaland. Improving project collaboration：start with the conflicts［J］. International Journal of Project Management，2004（22）：447－454

必要的定量分析方法。

三是缺乏对组织之间冲突管理的系统研究。目前，有关研究只是针对组织之间冲突管理中的某个局部问题，组织之间冲突管理理论体系尚未建立。

四是迄今为止，国内外关于知识链组织之间冲突管理领域的理论研究尚属空白，因而不能为企业实施知识链管理提供理论指导和决策依据。

本研究拟在项目负责人所主持的国家自然科学基金项目《基于生命周期的组织之间知识链管理的框架模型》3（编号：70471069）的基础上，开展进一步研究，探讨知识链组织之间冲突与冲突管理的理论和方法，以便为企业知识链管理实践提供理论指导和决策依据。

1.3 研究框架

1.3.1 提出本研究的理由

针对上述冲突管理研究中存在的问题，本研究分析知识链组织之间冲突与冲突管理，构建知识链组织之间冲突管理理论框架体系。

本研究的提出基于以下理由：

第一，组织之间的冲突不同于组织内部的冲突。组织内部的冲突和组织之间的冲突具有不同的特点，表现在：

1）从参与者来看，组织内部冲突的局中人为个人、团队，团队既可以是正式的，如组织的职能部门或项目团队，也可以是非正式的，如基于同乡、同学或战友等社会关系形成的非正式团队。组织之间冲突的局中人为不同的组织。个人、团队和组织是不同的利益主体。

2）从约束和激励机制来看，组织内部冲突过程由组织的管理者制定约束和激励机制，组织之间冲突则依靠合同或契约来约束和激励。

3）从冲突的解决方式来看，组织内部不同的个体之间、不同的团队之间如果发生冲突，既可以相互协商，又可以由组织的管理者进行仲裁，通过行政手段解决。组织之间如果发生冲突，除相互协商解决外，只有由法院或仲裁机构通过法律手段来解决。

第二，组织之间的冲突比起组织内的冲突更为复杂，涉及因素更多，影响更大，组织之间的冲突管理不能简单套用组织内部的冲突管理。因而研究组织之间的冲突与冲突管理对于丰富和发展冲突管理理论具有重要意义。

第三，知识链作为组织之间知识流动过程中形成的一种合作模式，知识链组织之间的冲突既具有一般组织之间冲突的共性，又有其特殊性。知识链组织之间的冲突与组织之间知识流动过程密切相关，在知识链组织之间的知识流动过程中难免会发生各种冲突，如知识共享冲突、知识产权冲突等。

第四，知识链有效运行的关键在于知识链组织之间的冲突管理。知识链组织之间的冲突会影响知识链的运行和发展，有的冲突是积极的、具有建设性的，有的冲突则具有明显的破坏性。有效实施冲突管理，可以提高知识链运行的绩效；反之，若冲突管理不当，将影响知识链组织之间的合作关系，甚至导致知识链解体。

对知识链组织之间的冲突和冲突管理进行深入、系统的理论研究，不仅是知识管理的一个新领域，也是知识链管理实践的客观需要。因此，有必要开展知识链组织之间冲突与冲突管理研究。

1.3.2 研究意义

本研究具有重要的科学意义和学术价值，表现在：

1）本研究有助于丰富和发展知识链管理理论，推动知识链管理理论在我国的研究与发展。迄今为止，国内外关于知识链管理的研究尚处于萌芽阶段，有关理论还很不成熟。本项目将冲突管理理论应用于知识链中，从而丰富和发展了知识链管理理论。因此，本研究对于构建知识链管理的理论框架体系、促进管理科学的发展具有重要理论价值。

2）本研究有助于丰富和发展冲突管理理论。知识链作为组织之间合作的一种新模式，解决知识链管理实施过程中存在的冲突问题，可以为组织之间冲突管理理论注入新思想。

3）本研究有助于丰富和发展知识管理理论。知识链管理是知识管理的一个重要组成部分，研究知识链管理，有助于完善知识管理理论体系，促进知识管理研究的不断深入。

4）本研究可以为我国企业在实施知识链管理过程中，进行有效的冲突管理提供理论指导。当前，我国一些企业、大学和科研院所等已自觉或不自觉地进行着知识链管理实践，知识链组织之间冲突的加剧已成为知识链运行过程中的普遍问题。然而，相当多的组织及其管理者在冲突管理的思想认识、理论指导和管理技能上明显准备不足，导致合作过程中对冲突问题处置不当，影响知识链组织之间的合作关系。因而，本研究具有重要的现实意义和广泛的应用前景。

综上所述，本研究在理论上与实践上都是非常必要的。相信知识链组织之间的冲突与冲突管理研究必将成为管理科学研究的一个新的热点和前沿。同时，也希望通过本研究推动知识链管理理论的发展及其在我国的推广和应用。

1.3.3 研究目标、研究内容、研究方法和技术路线

1.3.3.1 研究目标

本研究针对知识链运行过程中存在的冲突问题，在知识管理、冲突管理、冲突分析以及博弈论等理论和方法指导下，构建知识链组织之间冲突管理的理论体系，探讨知识链组织之间冲突管理的策略，为我国知识链实施冲突管理提供理论指导和政策建议。

1.3.3.2 研究内容

具体研究内容如下：

1）界定知识链组织之间冲突的内涵、特征和类型，分析知识链组织之间冲突产生的原因，建立知识链组织之间的冲突动因模型。

2）建立知识链组织之间的冲突分析模型。

3）评价知识链组织之间的冲突水平，以控制冲突水平，提高知识链的绩效。

4）建立知识链组织之间合作与冲突的稳定性框架模型，构建知识链组织之间“价值创造——利益协调及机会主义行为控制”冲突协调的理论框架。

5）研究知识链组织之间利益协调及机会主义行为控制，包括契约机制、自实施机制、第三方管理机制。

6）研究知识链组织之间合作的价值创造机制，包括关系强度调节机制和协同机制。

7）构建知识链组织之间的“自身实力—对手实力—冲突水平”三维冲突管理策略模型。

8）构建知识链组织之间冲突管理专家系统。

1.3.3.3 研究方法

具体研究方法如下。

（1）知识链组织之间的冲突动因研究

根据经典组织冲突理论，分析引起冲突的众多因素，分析知识链组织之间冲突产生的原因；借鉴社会学中结构博弈理论和思想，将除了利益和知识因素外的其他因素都归结到结构因素中，构建基于利益、结构和知识因素的冲突动因三维模型。

运用结构方程，通过调查问卷的方式，使用 SPSS16.0 和 AMOS16.0 软件对调查问卷数据进行分析，验证知识链组织之间冲突动因三维模型，明确利益因素、知识因素和结构因素对知识链组织之间冲突的影响路径。

（2）知识链组织之间的冲突分析

运用冲突分析理论，建立知识链组织之间的冲突分析模型。分析冲突分析的构成要素，确定冲突分析的建模过程及步骤，给出全局稳定结局的求解过程；从知识共享的角度，阐释了知识链组织之间冲突的形成机制。

（3）知识链组织之间的冲突水平评价研究

由于冲突难以被精确观察和描述，为了解决知识链组织之间冲突水平定量分析的问题，运用模糊综合层次评价方法，以定量和定性相结合的方式，评价知识链组织之间的冲突水平。首先，从知识链组织之间冲突动因三维模型和冲突存在形式两个方面，构建知识链组织之间冲突水平层次结构模型；然后，运用模糊综合评价法，确定冲突水平隶属度。

（4）知识链组织之间的合作与冲突的稳定性框架模型

运用博弈论，构建知识链组织之间合作与冲突博弈的收益矩阵，揭示知识链组织之间合作中的冲突形成，分析知识链组织之间合作的稳定性结构条件，分析知识链组织之间合作的稳定性结构条件，将知识链组织之间的合作与冲突协调归结为创造收益与分配收益的问题，建立知识链组织之间合作与冲突协调机制理论框架，即知识链要实现冲突协调的稳定性结构，必须从两方面入手：一是增大合作所创造的协同价值，提高组织参与合作的期望；二是减少合作组织的机会主义收益，使组织之间的收益分配更合理。

（5）知识链组织之间合作与冲突协调的契约机制研究

通过收集知识链组织之间合作的合约样本，提炼出知识链组织之间合作契约的基本框架。通过数理建模方法，分析知识链组织之间的利益冲突协调和知识分工协调。

（6）知识链组织冲突协调的自实施机制研究

自实施机制主要包括关系契约与信任机制。在关系契约的研究中，主要通过建立博弈模型，揭示组织之间的冲突，运用数学分析、归纳、推理的方法，分析影响关系契约可自执行性的因素。在信任机制的研究中，主要从知识流动入手，阐述信任机制在冲突协调中的作用，提出提升信任的途径。

（7）知识链组织之间合作的关系强度调节机制研究

运用社会网络理论，分析关系强度对知识链组织之间合作效率的影响；运用统计分析方法，量化组织之间合作的关系强度；运用主成分分析方法，提取关系强度的构成因子，并通过回归分析，探索关系强度对合作效率的影响，提出调节关系强度的措施。

（8）知识链组织之间合作的协同机制研究

通过建立概念模型，阐释知识链知识协同的过程机制；从技术轨道形成的视角入手，通过案例分析，分析知识链组织合作创新中技术轨道形成的外部环境协同机制，说明技术因素、市场因素与政府政策因素在外部环境协同中的重要作用。

（9）知识链组织之间的冲突管理策略模型研究

通过增加冲突水平变量，将二维冲突管理策略扩展为三维冲突管理策略，构建知识链“自身实力—对手实力—冲突水平”三维冲突管理策略模型。使用模糊综合层次评价法和灰色系统理论对模型变量进行定量分析和评价，完成冲突管理策略选择。

（10）知识链组织之间冲突管理专家系统研究

在知识链组织之间的冲突动因模型、冲突评价和冲突策略模型的基础上，运用人工智能理论，构建具有系统案例和规则两级推理机制的知识链组织之间的冲突管理专家系统。明确知识表示方法和推理方式，完善冲突知识的获取、表达机制，建立知识库，设计精确的案例推理策略和基于模糊理论的规则推理策略，以解决冲突由于复杂性、非线性和不确定性而难以使用数学模型表达的问题。

1.3.3.4 技术路线

技术路线如图 1－1 所示。

1.3.4 内容结构

第 1 章，绪论。分析研究背景和国内外研究现状，提出知识链组织之间的研究框架。

第 2 章，知识链组织之间冲突与冲突管理概述。分析知识链组织之间冲突的涵义与特征以及知识链组织之间的冲突管理。

第 3 章，知识链组织之间冲突动因的理论分析。分析知识链组织之间冲突产生的原因，从利益、知识和结构三方面建立知识链组织之间的冲突动因三维模型。

第 4 章，知识链组织之间冲突动因的实证分析。利用结构方程，验证利益、知识和结构冲突动因三维模型。

第 5 章，知识链组织之间的冲突分析。建立知识链组织之间的冲突分析模型，并作稳定性分析。

第 6 章，知识链组织之间的冲突水平评价。建立知识链组织之间的冲突层次模型，评价知识链组织之间的冲突水平。

第 7 章，知识链组织之间合作与冲突的稳定性框架模型。构建知识链组织之间合作与冲突博弈的收益矩阵，分析知识链稳定

收集、整理和翻译文献
知识链组织之间冲突的类型、作用
知识链组织之间冲突产生的原因
知识链组织之间的冲突分析模型
知识链组织之间的冲突水平评价
知识链组织之间的合作与冲突机制
知识链组织之间的冲突管理策略
知识链组织之间的冲突管理理论体系
验证理论、模型的合理性
合理否?
否
是
修正
完成研究报告，进行成果鉴定

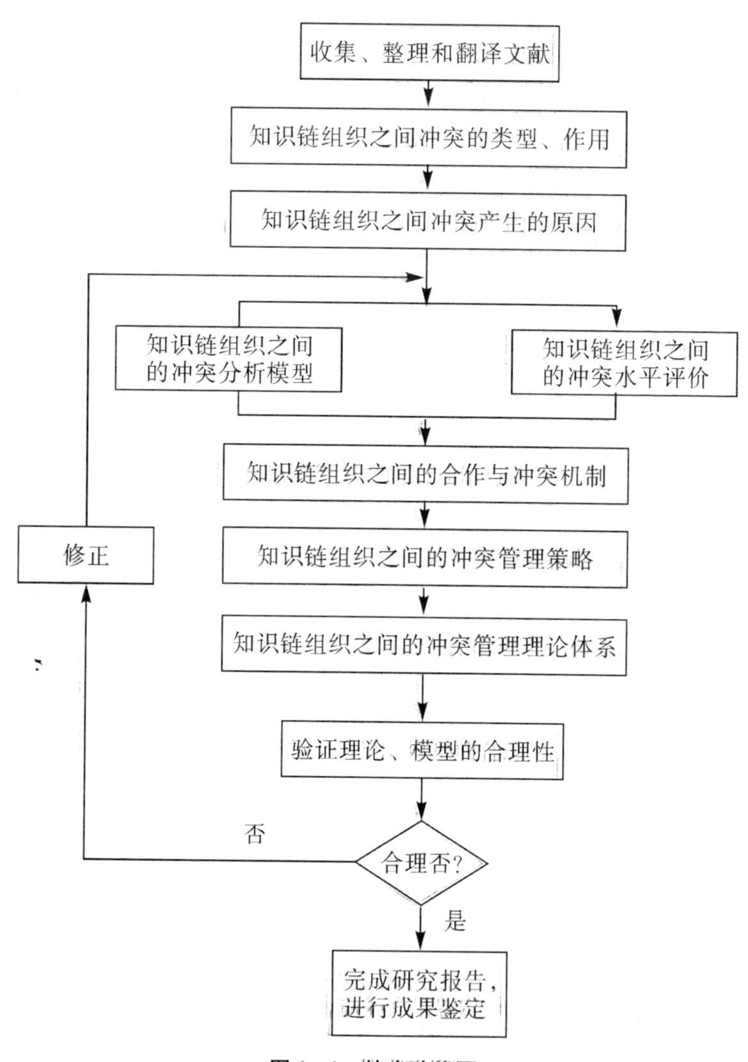

图 1-1　**技术路线图**

运行的影响因素。

第8章，知识链组织之间合作与冲突协调的契约机制。提出知识链组织之间的合作契约的一般框架，重新认识契约的功能，研究知识链组织之间利益分配冲突协调的契约机制和知识分工冲突协调的契约机制。

第9章，知识链组织之间合作与冲突协调的自实施机制。分析知识链组织冲突协调的关系契约机制和信任机制。

第10章，知识链组织之间合作与冲突协调的第三方管理机制。分析知识链引入第三方管理机构进行冲突协调管理的机构设置、必要性，研究第三方冲突管理机构对知识链进行利益协调的两种方法：模糊层次分析法和Shapley值法。

第11章，知识链组织之间合作的关系强度调节机制。提出关系强度的概念，实证分析关系强度与知识链组织合作效率的关系，提出关系强度的调节措施。

第12章，知识链组织之间合作的协同机制。分析知识链组织的知识协同机制和外部环境协同机制。

第13章，知识链组织之间的冲突管理策略。通过对综合冲突、冲突管理以及知识链组织之间冲突特性的分析，构建知识链组织之间冲突管理策略的三维模型。

第14章，知识链组织之间的冲突管理专家系统。构建具有系统案例和规则两级推理机制的知识链组织之间的冲突管理专家系统。

第 2 章　知识链组织之间冲突与冲突管理概述

本章分析了知识链组织之间冲突的涵义，提出了知识链组织之间冲突的一些基本特征，包括客观性特征、普遍性特征、程度性特征、动态性特征、二重性特征。对知识链组织之间的冲突作了分类，研究了冲突在不同发展阶段的形态，概述了知识链组织之间冲突管理的内容、作用等。

2.1　知识链组织之间冲突的内涵

知识链组织之间的冲突是指两个或两个以上的知识链成员组织之间由于互不相容的目标、利益或行为所产生的矛盾积累到一定程度所表现出的一种不和谐状态。

知识链组织之间的冲突具有以下涵义：第一，知识链组织之间的冲突是不同组织因组织之间知识流动过程中的分歧而产生的行为对立或矛盾的相互作用状态。第二，知识链组织之间的冲突体现了相互依赖的两个或两个以上组织之间的关系特征，不相关的组织之间不会发生冲突。第三，知识链组织之间的冲突主体是组织，冲突客体可以是知识、利益、权力、资源、目标、方法、意见、价值观、程序、信息和关系等。知识链中存在两个或两个以上的冲突主体。第四，知识链组织之间的冲突是一个过程，体现了组织之间知识流动过程中的相互作用，反映了组织之间合作的状况、背景和历史。第五，冲突各方既存在相互对立关系，又存在相互依赖关系，知识链组织之间的冲突体现了这两种关系的对立统一。

知识链组织之间冲突具有如下特征。

（1）客观性

冲突是一种客观存在的社会现象，它存在于社会关系的各个领域和层面之中。没有冲突的人际关系、工作关系和组织关系是不存在的。知识链从根本上来说是一种涉及多个主体之间知识流动和知识共享的组织形式，因而也不可避免地客观存在着各种各样的冲突。任何两个知识链组织之间都会有冲突，只是冲突的程度和性质有所区别。

（2）普遍性

知识链组织之间的冲突具有普遍性，贯穿在知识链形成、发展、解体的全过程中，发生在知识链的各个层次，如核心企业与成员组织之间、成员组织与成员组织之间。知识链组织之间的冲突是知识链中各种矛盾相互作用的产物。由于矛盾无时不在，无处不在，因而冲突在知识链运作中也处处存在，并贯穿于知识链运作过程的始终。知识链组织之间冲突的普遍性也从另一个角度揭示了矛盾的客观性和现实性，这也是为什么在知识链运作过程中应当重视冲突管理的原因。

（3）动态性

知识链组织之间的冲突不是一成不变的，而是随着知识链的运行而动态地演变。知识链本身是一种动态性的网络合作体，它同传统企业一样，同样存在着生命周期，在其生命周期的整个发展过程中，随着时间的推移，不但冲突的表现形式不同，而且冲突的强度也不一样，呈现出动态的变化。

（4）二重性

知识链组织之间的冲突具有二重性，即既有建设性的冲突，又有破坏性的冲突。建设性冲突是积极的，可以产生三个方面的积极作用：①凝聚作用。通过冲突、矛盾和斗争有助于相互间消除分歧、协调行动，并增强合作伙伴之间的联盟归属感。②认知功能。通过对冲突的观察可以发现更多深层次的问题，为知识链的良性运作提供预警。③激活功能。通过有建设性的创意、理念、假设和现有观念、方法、习惯之间的冲突，可保持知识链的活力与不断创新[①]。建设性冲突往往是利益分配不平衡的表现，它迫使组织之间通过互相妥协让步和互相制约监督来调节利益关系，使各方利益尽可能得到满足，维持知识链的相对平衡，使各组织在新的基础上得到发展。破坏性冲突则是消极的，它达到一定程度后，会使知识链运作失调，组织之间的合作伙伴关系恶化，知识链运行效率降低，甚至导致知识链的解体。因此，在对知识链的冲突管理中，一方面，要保持或激发适度的建设性冲突，充分利用建设性冲突带来的创新机会和有效能量，实现知识链的目标；另一方面，要抵制和防范破坏性冲突的发生，积极限制和消除冲突的破坏作用，维持知识链的平稳运行。

2.2 知识链组织之间冲突的分类

知识链组织之间的冲突既具有复杂性，又具有多样性。根据冲突本身的特性及主导因素的不同，可将知识链组织之间的冲突分为：动机冲突、过程冲突、知识冲突和学习冲突。

---

① 陈震红，董俊武．战略联盟伙伴的冲突管理［J］．科学学与科学技术管理，2004（3）：106－109

2.2.1 动机冲突

动机冲突是知识链组织之间最难解决的根本性冲突。虽然各组织以追求知识共享和知识创造这一总体目标而结成知识链，但各组织参与知识链的动机不尽相同，以目标冲突和利益冲突为代表。

在知识链的发展过程中，经常会出现目标冲突：一是各组织参加知识链的目标本身存在冲突，但在知识链组建初期由于共同利益的存在而没有显现出来，随着知识链的运行，这种根本性的目标冲突便逐渐显露，并开始扩大，甚至变得不可调和；二是虽然各组织的目标在开始时是一致的，但随着时间的推移和情况的变化，开始一致的目标也逐渐分裂成互相对立的目标，产生冲突。

参与知识链的各组织之间存在利益冲突。由于本位主义的存在，各组织加入知识链总是想使自己的利益最大化，但由于知识链组建目的在于实现整体最优，期望达到一种利益的相对平衡状态，因此，各组织的利益不可能实现最大化，任何组织谋求自身利益的最大化都必然会破坏这种平衡状态，损害其他成员组织的利益，从而产生激烈的冲突对抗。

2.2.2 过程冲突

知识链运行过程本身就是一个充满风险的过程。合作伙伴是否会共享所需的知识资源，合作伙伴之间是否存在着较大的文化差异，是否存在着相互沟通和交流的障碍，合作伙伴是否明确自身的权利与义务，绩效评价机制是否合理，合作伙伴之间是否彼此信任……这些都是知识链运行过程中的不确定因素，由此而产生的各种冲突称之为过程冲突。过程冲突在很大程度上是运作因素和与人有关的因素的矛盾，涉及对于权利和义务的立场及与人有关的责任心、沟通和信任。①

2.2.3 知识冲突

知识链是由拥有不同知识结构的组织构成的，这些拥有不同知识结构的组织在一起合作，最有可能产生一种基于知识异质性而触发的知识冲突。正是这种知识的异质性，在构成不同类型知识拥有者之间彼此学习、借鉴、交流基础的同时，也蕴涵着潜在冲突的可能性②。冲突的结果可能是良性的，即适当的知识冲突能够提高组织决策质量、实现异质性知识的公开和共享，从而激发知识学习与创新；同样，冲突的结果也可能是恶性的，即知识冲突导致组织之间的知识偏见、知识获取和转移的迟滞、知识共享的困难，以至于降低组织之间的凝聚力，严重影响知识链绩效。知识冲突具有产生、发展、转换、结果四个环节，在冲突产生阶段，良性知识冲突与恶性知识冲突都表现为知识碰撞，而在发展阶段两者才开始朝着不同的方向发展。知识冲突的发展过程参见图 2-1。③

2.2.4 学习冲突

知识链中因组织之间学习能力的不同以及各组织“学习与保护”思想的存在而导致的冲突称为学习冲突。学习冲突有它存在的客观性。知识链各组织由于学习能力的不同，其吸收合作方知识资源的速度也有快慢差异。当学习能力强的一方吸收合作方知

---

① 郑楠，杜跃平．合作创新联盟伙伴冲突成因与冲突管理策略的探讨［J］．华东经济管理，2005，19（9）：109—113

② 张钢，倪旭东．组织中的知识冲突研究［J］．科学学与科学技术管理，2007（1）：160—110

③ 张钢，倪旭东．知识冲突过程：一个案例研究［J］．研究与发展管理，2006，18（5）：66—73

识资源的速度远远大于对方吸收自身知识资源的速度时，就会遭到合作方的抵制，进而产生冲突。知识链各组织在组建知识链时，不仅希望能学习合作方尽量多的知识以转化为自身的知识资源，同时还希望能保护自身的核心知识资源不被合作方学习去，这种“学习与保护”思想的存在同样会引发组织之间的学习冲突。

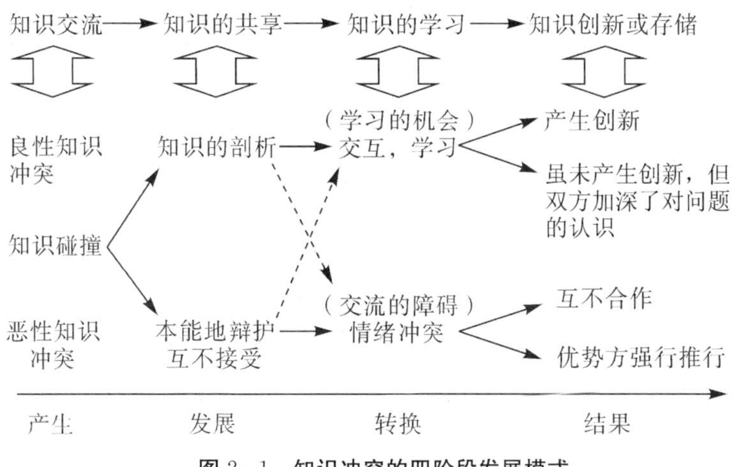

图 2—1　知识冲突的四阶段发展模式

2.3　知识链组织之间的冲突存在形态

冲突在本质上是一个矛盾产生、发展和变化的动态过程。实际的冲突情形一般是从冲突的相关主体的潜在矛盾映射为彼此的冲突意识，再酝酿成彼此的冲突行为意向，然后表现出彼此显性的冲突行为，最终造成冲突的结果与影响，这样一个逐步产生、发展和变化的互动作用过程。组织冲突是由相互依赖、相互作用的不同冲突主体之间的差异性和矛盾性所引起的一种对抗情形的产生、发展与变化的过程。[①]

美国行为科学家庞地（Louis R. Pondy）把冲突的产生和变化历程划分为五个可以辨认的不同发展阶段：潜在的对立或不一致，认知和个性化，行为意向，行为和结果。[②] 根据其观点，冲突在不同的发展阶段有其不同存在形态，依次为潜在冲突、知觉冲突、意向冲突、行为冲突和结果冲突。同样，在知识链生命周期冲突的发展过程中也存在着这五种冲突形态，冲突的演变过程可以看做是这五种循序渐进的不同冲突存在形态的升级与变化过程，如图 2－2 所示：

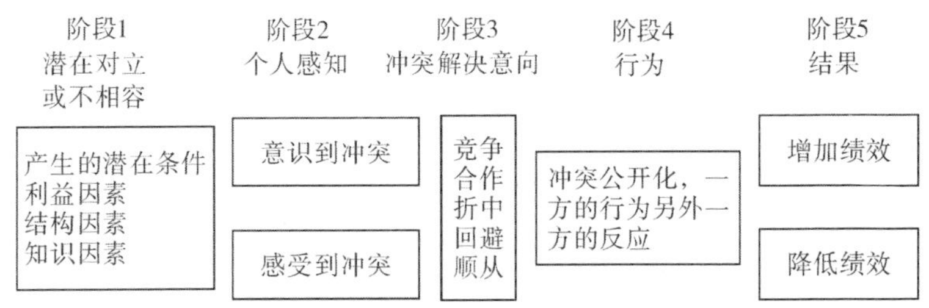

图 2－2　冲突的存在形态和演变过程

2.3.1　潜在冲突

潜在冲突是指在冲突的萌芽阶段或冲突的潜伏期所表现出来的一种冲突形态。潜在冲突的形成主要是由于在将要发生交互关系和互动过程的不同主体之间，存在或积累了一些能够引发冲突的前提条件。这些前提条件并非一定会导致冲突的产生，但一旦发生冲突，这些前提条件却是冲突的根源，是冲突产生的必要条

① 马新建．冲突管理：基本理念与思维方法的研究［J］．大连理工大学学报：社会科学版，2002，23（3）：19－25

② 斯蒂芬·P·罗宾斯．组织行为学［M］．北京：中国人民大学出版社，1997

件。当引发冲突的前提条件积累到一定程度，形成交互作用，主体之间较大的潜在矛盾或主体之间潜在的对立和不一致处理不当时，冲突便会产生，冲突的发展与演变过程也就由此开始，互动主体之间潜在的冲突（潜在的对立或不一致）就会逐渐转化为显性的冲突（显性的对立或不一致）。

2.3.2 知觉冲突

知觉冲突是指在冲突的认知阶段所存在的一种特有冲突形态，是冲突主体对冲突的条件和根源——潜在冲突的认识和感觉。冲突主体逐渐意识到交互双方客观存在的对立或不一致，并对这种对立或不一致产生相应的知觉，开始推测辨别双方之间是否会有冲突，是什么类型的冲突，是什么性质的冲突等。冲突的主体也已体验到紧张或焦虑，从而使冲突问题与矛盾明朗化，潜在冲突向显在冲突发生变化。在冲突过程中，冲突的主体会在感知潜在冲突的基础上去认识和界定冲突，形成个性化的冲突认知和定性，极大地影响到后续的冲突行为意向和冲突的可能解决办法。[①]

2.3.3 意向冲突

意向冲突是冲突的行为意向阶段所表现出来的一种冲突形态。冲突主体主要凭着自身的主观认知作出究竟应采取何种行为的决策或特定行为意图取向的选择，即冲突主体在感知到双方存在对立或不一致的基础上，依据自己对知觉冲突的认知、定义和判断，开始酝酿和确定自己在处理冲突中的行为策略以及各种可能的冲突处理方式。当然，这种策略和处理方式多是站在特定立

① 马新建．冲突管理：基本理念与思维方法的研究［J］．大连理工大学学报：社会科学版，2002，23（3）：19－25

场，以谋求有利于自身的冲突发展结局而展开的。由于主客观及内外环境等多种因素的变化、作用和影响，冲突主体的行为意向与冲突的实际行为两者虽然关系密切，但并不总是一回事，两者之间并不存在必然的因果关系，一定的冲突行为意向并不导致相应的实际冲突行为。但即便如此，冲突主体恰当或不恰当的行为意向选择还是会对其做出正确或不正确的冲突行为产生很大的影响，从而造成不同性质和作用的冲突结果。在合作型组织形态中，很多冲突的升级或恶化的基本原因之一，便在于冲突主体把彼此之间的问题，进行了错误归因或错误地选择了对待对方的行为意向。①

2.3.4 行为冲突

行为冲突是在冲突的行为阶段或冲突的公开表现阶段显现出来的一种冲突形态。在行为冲突阶段，不同的冲突主体在自己冲突行为意向和其他因素的导引影响下，正式作出一定的冲突行为，来贯彻自己的意志，试图阻止或影响对方目标的实现。冲突的主体在此阶段自觉或不自觉地采取了公开的冲突处理行为，从而使潜在的冲突演变为明显可见的公开冲突。此时的冲突行为往往带有刺激性、对立性和互动性，包括了不同冲突主体的指责、争辩、对抗活动等，往往一方有所行为，另一方就会作出反应行为，双方处于一种公开可见的相互作用与施加影响的动态过程，从而形成了人们最容易认识、感受和强调的冲突形态。②

---

① Kuenne RT. Conflict management in mature rivalry [J]. Journal of Conflict Resolution，1989，33：554－566

② 马新建．冲突管理：基本理念与思维方法的研究［J］．大连理工大学学报：社会科学版，2002，23（3）：19－25

2.3.5　结果冲突

结果冲突是在冲突的结果影响阶段所表现出的一种冲突形态。在此阶段，冲突主体之间的冲突行为导致了两种不同性质的冲突结局。一是功能正常的建设性冲突，它促进了组织绩效的提高，使组织良性发展并最终获得一定量的组织成果；二是功能失调的破坏性冲突，它损害了组织的绩效，降低了组织运行的效率，并有可能导致组织的分崩离析。显然，由破坏性冲突带来的冲突结果对于组织各方都是不利的，从而造成“输—输”结局。而即使是建设性冲突，由于在最终形成的组织成果归属方面会存在“是否合理分配”的争议，因此，其最终结局有可能是“赢—赢”局面，也有可能是“赢—输”局面。不论何种冲突结局，不同的冲突主体都会有不同的损益结果。当结局致使自身利益受到损害或使自身利益达不到期望值时，冲突主体便会作出对抗性的反应行为，形成结果冲突。

2.4　知识链组织之间的冲突管理

知识链组织之间的冲突对知识链运行绩效具有重要影响。知识链组织之间的冲突具有二重性，即既具有建设性，又具有破坏性。建设性冲突往往是利益分配不平衡的表现，迫使组织之间通过互相妥协让步和互相制约监督来调节利益关系，使各方利益尽可能得到满足，维持知识链的相对平衡，使各组织在新的基础上得到发展。破坏性冲突达到一定程度后，会给知识链组织之间造成不和，破坏合作关系，从而影响知识链整体目标的实现，甚至导致知识链解体。冲突的影响不仅取决于冲突自身的特性，在很大程度上还取决于冲突管理的取向、方法和策略。若不能有效解决知识链组织之间的冲突，就不可能实现知识链的有效运行。

知识链有效运行的关键在于知识链组织之间的冲突管理。知识链组织之间的冲突管理是以冲突各方的相互依赖关系为基础、相互对立关系状况的转化为重点，诱发冲突的正面效应，制约其负面效应。知识链组织之间的冲突管理并不局限于平息或消除冲突纠纷，一方面，要抵制和防范破坏性冲突的发生，积极限制和消除冲突的破坏作用；另一方面，要保持或激发适度的良性冲突，充分利用冲突带来的创新机会和建设性冲突的有效能量，实现知识链的目标。知识链组织之间的冲突管理也不等同于知识链组织之间的冲突解决，原因在于：一方面，为了预先防范与消除冲突隐患，冲突管理比冲突解决更具有预见性、谋划性和针对性；另一方面，更重要的是因为知识链组织之间的冲突并非都是破坏性的，也可能是建设性的。

知识链组织之间冲突管理的内容主要包括：①界定和分析冲突的实质内容（目标、利益、价值、程序等），寻找解决问题的对策；②避免不必要的冲突；③化解冲突，减少破坏性冲突的影响；④在总的冲突水平（程度）适度的情况下，监控冲突，利用冲突的正面效应；⑤在总的冲突水平太低的情况下，适时地诱发冲突，以激发士气；⑥采用适当的方法和技巧，控制或转化冲突的方向、水平或属性。

有效实施冲突管理，发挥冲突建设性的一面，可以增强知识链的凝聚力，促使整个知识链的革新和变化，增强知识链的适应能力，从而提高知识链运行的绩效；反之，若冲突管理不当，冲突将不断扩大，影响知识链组织之间的合作关系，产生破坏性的后果，形成巨大的损耗和摩擦，造成知识链的高成本和低效率，甚至导致知识链解体。

知识链中的组织、群体以及个人能否学习、掌握和提高冲突管理的知识和技能，能否及时、正确、有效地实施冲突管理，趋利避害地驾驭冲突，直接影响着知识链目标的实现，关系到知识链中组织、群体和个人的生存和发展。知识链各组织应坦然面对组织之间的各种冲突，针对不同性质的冲突，采用不同的冲突管理策略。

第3章　知识链组织之间冲突动因的理论分析①

本章从组织内部、组织之间以及环境等因素对知识链组织之间冲突动因进行分析，建立了利益、结构和知识因素三维冲突动因模型。

3.1　知识链组织之间冲突动因识别

导致知识链组织之间发生冲突的原因是多种多样的。借鉴传统的组织理论和组织内部冲突成因理论，从知识链组织内部、组织间关系以及外部环境三个方面，分析知识链组织之间的冲突形成原因。

3.1.1　组织内部因素

知识链是由拥有不同知识资源的组织组成的，由于这些组织内部结构和组织文化存在差异，核心能力、管理模式等方面的不同，导致了组织行为的不和谐。

① 全力，顾新．知识链间组织冲突动因模型研究［J］．科学学与科学技术管理，2009（12）：92－96，132

3.1.1.1　组织个性差异

个性差异是指人与人之间在稳定特征上的不同。同理，在知识链中的组织与组织之间存在个性差异。

现实中不可能出现相同的组织，每一个组织拥有的特征不同。组织具有各自不同的发展经历，面对不同的挑战和机遇，造就了不同于其他组织的特性。组织是否具有某种与其他组织不同的特征，与其他组织拥有的相同特征上的差异程度即为组织个性差异。

某些组织表现为锐意进取，鼓励创新，勇于开拓新市场；而另外一些组织表现为稳扎稳打，小心谨慎，紧随竞争对手等。组织的特性在特定市场、时间上可能显示出优势，在另一市场则表现为劣势。同样，个性差异较小的组织在许多方面容易达成共识，个性差异显著的组织之间就不易接受对方。

不同的组织在组成知识链的过程中，相互学习，充分发挥组织特性上的优势，有助于实现知识链目标。同样，个性差异也是知识链组织之间冲突发生的诱因。

3.1.1.2　组织结构差异

组织结构是“组织在特定的目标之下，对实现该组织目标所必需的活动加以分工和协调而呈现出来的某种格局或形式”①，是“组织各部分的排列顺序、空间位置、聚集状态、联系方式以及各要素相互关系的一种模式。对一个特定的组织来说，最佳的组织结构形式依赖于它所面临的特定环境”②。组织结构在组织中起着“框架”作用，人流、物流、信息流的正常流通，组织目标的实现都必须依赖于组织结构。

核心企业（盟主）、科研院所、大专院校、供应商、经销商、

① 林金忠．企业组织的经济学分析［M］．北京：商务印书馆，2004：256

② 斯蒂芬·P·罗宾斯．管理学［M］．第 4 版．北京：中国人民大学出版社，2002：59

客户甚至竞争对手都是组成知识链的主体。知识链主体拥有多样的组织结构。在不同的组织结构中，组织资源（人力、资本、物流、知识等）组合形式和流动方式具有独特性。在知识链中，组织需要克服不同组织结构带来的知识流动和创新的障碍。

同时，决策权契约化和制度化通过组织结构来表征，组织通过纪律、制度和契约化的激励来控制其雇员的行为即组织控制。不同的组织结构中，决策的过程和激励不同，面对相同问题，不同组织可能会作出不同决策，若决策难以协调，将会爆发冲突。

组织结构的固有缺点也会导致知识链组织之间的冲突。首先，组织中分工不同的部门，以本部门利益为工作目标，本位主义会使其忽视整体利益，乃至知识链中其他组织的利益，甚至会把知识链其他组织或部门作为实现本部门利益的障碍，不惜损害知识链整体利益。同时，知识链中不同层级之间的冲突也受到本位主义的影响。另外，知识链出现问题，需不同组织、不同部门、不同层级间合作寻找根源和解决办法时，这些组织、部门相互指责，认为问题是由他人造成的，而自身毫无责任，从而产生激烈的冲突。知识链中不同组织的观点、看待问题的立场、自身利益的不同和对立是知识链组织之间冲突产生的原因之一。

3.1.1.3　组织文化差异

组织文化是“一个组织中共有的价值体系，是指组织成员中共有价值观、信念和行为准则的集合体，它影响着雇员个人的偏好与行为”①。然而，“组织所遵循的价值观、信念和准则等构成文化基础的东西都很难被观察和衡量”②。文化代表了组织内的行为指针，不能由契约明确下来，但却制约和规范着组织的管理

① 斯蒂芬·P·罗宾斯．管理学［M］．第4版．北京：中国人民大学出版社，2002：59

② 戴维·贝赞可．公司战略经济学［M］．北京：北京大学出版社，1999：87

者和员工。知识链是建立在不同组织基础之上的，不同的组织总想让知识链去适应自有的组织文化，因为如果让组织去适应知识链，那样成本是相当巨大的，没有组织愿意这样去做，这就如同没有组织愿意为了某个个人而改变他已有的组织文化一样。于是，不同的组织拥有的不同文化在知识链这个平台上开始碰撞。为了让知识链目的得以完成，不同的组织在冲突中妥协、斗争、挣扎。

当知识在知识链中流动的时候，隐形的行为准则会影响知识传递的形式和新知识产生的方式。不同组织文化产生不同的激励制度①，当面对利益和问题的时候，受到不同的组织文化的影响，组织会作出不同的决策，导致知识链组织行动的分歧。

知识链组织之间价值观的不同也会引起冲突。不同的价值观决定了组织目标的差异。在知识链发展过程中，某些组织的目标能够部分或全部实现，如对利益的追求，而同时另一些组织目标不能部分或全部实现，如对新技术的追求。因为目标实现程度的不同，会引起知识链组织之间的不平衡，必然引起冲突。

不同的外界环境和所处的竞争状况会造就组织不同的价值观和价值取向，在社会责任和义务上的差异也会导致冲突。

3.1.1.4 组织核心能力刚性

核心能力刚性的概念是巴顿于1992年提出来的。她指出："核心能力刚性是企业由于核心能力的长期积累而产生一种难以适应变化的惰性。"② 其本质是一种路径依赖现象。由四个纬度构成：物理系统、技能与知识、管理系统以及价值观。这些方面

① Dubinsky. A. J., Kotabe. M., Lim. C. Differences in motivational perceptions among U. S, Japanese, and Korean sales personnel [J]. Journal of Business Research, 1994 (30): 50-56

② Leonard-Barton, D. Core capabilities and core rigidities: A paradox in managing new product development [J]. Strategic Management Journal, 1992 (13): 111-125

在不同组织中表现各异。核心能力本质又体现了企业内部的隐性知识体系，具有难以改变性，导致了核心刚性的产生。[①] 由于难以改变的隐形知识的存在，组织会对知识创新进行压制，不容易接受新知识，特别是当新技术和知识动摇组织一贯行为的时候，组织表现出较大的组织惯性。知识链中，组织需要向其他组织分享其已有的知识，甚至是组织赖以生存的核心知识时，其表现出来的行为会引起知识链组织之间的不协调。面对产生的新知识，不同组织也会表现出差异。

3.1.1.5 有限资源

投入到知识链中的资源是有限的，为了争夺对这些资源的控制权，知识链中的组织也会产生冲突。

不同组织按照计划向知识链投入资源，但是变化总是与计划相悖。为了维持知识链新知识的产出，需要加大投入，而又无法预测市场回报时，继续投入还是维持现状或退出，无论任何决策都将影响到知识链中的其他组织，这些决策可能无法被认同。

各组织按照约定向知识链投入资源，但是，组织发现这些资源挪作他用能够获得更多回报，组织可能单方面撤出或者减少投入。当此类投机行为被发现时，组织之间将会爆发冲突。知识链无法得到足够资源支持，就无法创造新知识。

3.1.2 组织间的因素

在知识链组织之间由于契约的不完备性、组织间沟通阻塞、社会资本多寡、组织间关系等因素也会造成知识链组织之间的冲突。

3.1.2.1 知识链的不完备契约

完备的契约可以消除机会主义行为。但是由于有限理性、难

---

① 邹国庆，徐庆仑．核心能力的构成维度及其特性［J］．中国工业经济，2005（5）：96－103

以衡量绩效和不对称的信息，以及制定完备契约成指数增长的交易费用[①]，所以，组成知识链的条约一定是不完备契约。当知识链中的一方发现有可能投机时，不能经受利益的诱惑，而施行机会主义行为。当被发现时，利益受损方会要求获得补偿，而既得利益者不会轻易放弃，那么冲突就发生了。

3.1.2.2　组织间沟通

“沟通是一种信息传递的过程，低水平的沟通往往造成协作困难，从而产生冲突。”[②] 在接受、传递信息时，知识链组织行为也随之改变。

信息本身模糊不清，传递者对信息理解和认知的错误，传递过程中信息损耗，使用不适宜的信息传递工具，信息发送和接受者人为因素（价值观、认知程度的差异）造成的信息误解，发送和接受双方的不信任的态度等都会引起信息传递无效。[③] 传递无效的信息往往会造成知识链组织之间行为不一致。

“知识链中，知识在组织间流动，不同的知识被组织共享和学习从而创造出新知识。知识在知识链中交流，组织吸收其他组织拥有的而自己缺乏的知识，这需要组织有目的性地主动学习，同时又要向知识链提供自己的特有知识，为知识链作贡献，通过互相学习创造出新的知识。”[④] 知识流动是极其复杂和不确定的，为了保证知识流动的畅通，就需要组织间良好的沟通。当知识流动受阻时，会引起知识链组织之间的分歧，多次接触不能及时消

---

① 戴维·贝赞可．公司战略经济学．北京大学出版社［M］，1999：571，613，87

② PondyL R. Organizational conflict：concepts and models［J］. Administrative Science Quarterly，1967，12：296－320

③ 邱益中．企业组织冲突管理［M］．上海：上海财经大学出版社，1998：42－59

④ 顾新，李久平，王维成．知识流动、知识链与知识链管理［J］．软科学，2006，20（2）：10－12，16

除分歧时，组织间的不和谐会发展到冲突。

沟通不应只局限于保持知识流动畅通，还应使知识链组织共享信息，在信息传递中避免出现扭曲和误判。良好的沟通能够使不同组织行为趋于一致。

3.1.2.3 组织间社会资本

“社会资本是指两个以上的个体或组织通过相互联系和相互作用过程中所形成的社会网络关系来获取稀缺资源并由此获益的能力。社会资本只是指获取资源的能力，资源本身不是社会资本，社会资本具有特定的经济价值。”①

知识链组织通过社会资本建立关系网络以获取稀缺资源和知识。知识链内部良好的社会资本有利于建立相互信任的组织间关系，利用知识的流动和创新，促进合作。然而，不良的社会资本会增加知识链组织之间的猜疑和不信任，阻碍知识共享，增加知识链流动中的不确定性，组织之间的关系不稳定，增加了冲突产生的几率。

知识链中的组织也拥有不同的外部社会资本，这些社会关系也影响着知识链的稳定。组织通过外部社会资本获取稀缺资源，当这些社会资本能够获取的利润大于知识链获取的利润时，组织会作出影响知识链中社会资本的行为，乃至引起知识链解体。

3.1.2.4 权力与政治

权力斗争是一个更为普遍的冲突来源②。当“一方权力被另一方削减或者权力失衡会导致较弱一方对较强一方加以抵制，甚

① 顾新，郭耀煌，李久平．社会资本及其在知识链中的作用［J］．科研管理，2003（5）：44－48

② Blalock H M Jr. Power and conflict：Toward a general theory［M］. Newbury Park ：Sage，1989

至把冲突看做提高权力的一种途径"①。

组织在知识链中争夺权力，本质是争夺稀缺资源，因为这些稀缺资源能够为组织服务，获取利润。在知识链中，组织曾经的习惯和传统、势力、影响力都有变化，组织的权力得到挑战，这些往往都是形成冲突的诱因。

所谓政治是主体为获得利益和结果利用已有的权力来影响决策的行为。"政治生活及其所引起的冲突通常是有关个人和组织经受痛苦的根源。"② 大多数学者认为③④，政治是本位主义极端化的行为，可能包括与习惯和道德相违背的行为，例如为了自身利益最大化进行敲诈和威胁。"政治活动是一种自然的组织程序，用于解决不同利益群体的分歧，恰当的政治活动有助于组织目标的实现。"⑤⑥。虽然这些都是组织内部冲突理论，但是同样适用于知识链组织之间的冲突，只是行为主体换成了组织，组织为了获得权力一样会有政治活动。

权威重复是指面对问题，权利不明确，由谁作出决策没有明确的定义而造成冲突。⑦ 这在知识链这样的松散联盟中更为突出。

---

① Ferguson EA, Cooper J. When push comes to power: A test of power restoration theory's explanation for aggressive conflict escalation [J]. Basic and Applied Social Psychology, 1987 (8): 273-293

② 阿恩特·佐尔格，马尔科姆·沃纳．组织行为手册 [M]. 清华大学经济管理学院，编译．沈阳：辽宁教育出版社，1999：315-328

③ Kumar P, Ghadially R. Organizational politics and its effects on members of organizations [J]. Human Relations, 1989, 42: 305-314

④ Vredenburgh DJ, Maurer J G. A process frame work of organizational politics [J]. Human Relations, 1984, 37: 47-66

⑤ Drory A, Romm T. The definition of organizational review [J]. Human Relations, 1990, 43: 1133-1154

⑥ Moroz P, Kleiner BH. Playing hardball in business organizations [J]. IM, 1994 (122): 9211

⑦ 席酉民．管理研究 [M]. 北京：机械工业出版社，2000：227-228

破例是指某些组织利用权力对既有惯例和制度的破坏，当这些破坏被发现时与他人产生冲突。比如知识链中，主体组织利用对知识的控制，要求改变利润分配方式，从而造成与其他成员的冲突。

3.1.2.5　组织间关系

知识链合作各方之间的相互依赖关系，是知识流动得以维持的基础。在知识流动过程中，不同组织之间的交易成本一般要高于组织内部各部门之间的交易成本。一旦合作中的一方掌握了其他合作者所能贡献的生产要素，或找到质量更高、成本更低的替代生产要素，为降低交易成本和生产要素组合的成本，就必然将合作中的“多余者”逐出，从而导致生产要素的重新组合①，即当知识链组织之间掌握的知识、生产要素不具有差异时，其相互依赖的程度就会降低，冲突逐渐增多。

3.1.3　环境因素

知识链组织处在一个大市场的环境中，多变的外部环境、大量的信息以及来自行业的竞争时刻威胁着知识链。

3.1.3.1　动态变化的环境

环境变化如此之快，知识不断更新，组织如果放慢对自有知识的更新，就会被市场所抛弃。随着组织内外环境的变化，各成员组织作为知识链中的一个节点，不断地输入与输出知识。只要知识链存在，知识流动就不会停止。知识链中的知识层次、水平和价值是不断发展变化的。因此，知识链是一个动态的开放系统。环境的变化会对知识链组织产生不同的影响，组织采取不同的行为。当这些行为无法协调时，会导致冲突的产生。

3.1.3.2　组织间不对称信息

环境在变化，信息量在不断增加。知识链中组织获得不对称

① 王方华．知识管理论［M］．太原：山西经济出版社，1998

信息，会产生冲突。当一方获得不对称信息后，可能产生投机行为，扭曲或者误传该信息，甚至损害对方利益。特别是在知识链中掌握核心技术知识的组织阻断信息流动，其他合作方会受到巨大打击，乃至知识链的崩溃。

由于知识链中的组织结构、文化、激励、管理等方面的不同，当面对相同的信息时，所作出的反应不同。在沟通受限不能达成共识的情况下，知识链组织之间就会产生摩擦，降低知识创造的能力。

3.1.3.3　竞争

竞争来自于知识链外部，也来自于知识链内部。知识链组织之间有相互依赖，也存在着竞争。当外部竞争加强的时候，知识链组织之间的合作更加紧密，因为只有知识链才能让组织在最小投入下获得更多的知识，形成竞争优势；当外部竞争减弱的时候，竞争主要来源于内部组织间，知识链组织为了占有更多的市场，与内部其他成员间的冲突必然增多。

组织间行为不一致是导致知识链组织之间的冲突产生的主要原因。知识链组织是互相独立的经济实体，为了在竞争中保持优势而联合在一起，因此，利益是知识链组织的焦点。这里的利益不仅指一般化的知识和产品，还包括合作过程中所产生的诸如专利权、技术诀窍、商标、商誉、营销渠道以及顾客忠诚度等无形资产。为了分得更多的利益，组织作出不一致的行为。当这些行为不可调和时，就产生了冲突。知识链组织之间有了冲突，可以通过谈判等沟通系统，采取理性的行为，对利益进行再次分配，从而减少有害冲突对知识链组织的冲击。

3.2 知识链组织之间冲突动因模型

知识链是联盟的一种，其成员为了某一共同目标在签署的协议和框架内联合起来，按照协议运作，但是各主体具有很大的自主性。比如DVD联盟，数十个组织联合起来发明并制定了DVD标准，同时在市场上出售各自的DVD产品，知识链组织既合作又有竞争。在这种矛盾的情况下，知识链组织通过各种手段解决不断发生的冲突，促使各方行为趋于和谐。

知识链组织成员间冲突动因纷繁复杂，如组织结构差异、文化差异、核心刚性、有限资源、社会资本、外部多变的环境等都是产生冲突的原因。如果构建一个包括所有影响因素的模型来说明知识链组织成员之间的冲突动因，这既不现实，也不实用。

本研究选择利益、结构和知识因素作为冲突动因的三个维度，原因在于：多个经济主体构成知识链，为了各自的利益最大化，当组织之间利益不协调时必定产生冲突；组织间结构是否便于知识流动、各种信息交流同样影响着冲突。本研究引入结构化理论的“结构”定义，将知识链组织成员占有的规则和资源，包括组织结构、文化、核心优势、社会资本、占有人力科技资源、资金等归于一个动因；知识链存在的价值在于共享知识和创造知识，那么，知识在冲突中就扮演了重要的角色，所以，选择知识作为第三个动因。

3.2.1 利益因素

利益冲突是人类社会最古老的冲突，也是最根本的冲突。物质世界里的资源稀缺性和组织产出的有限性决定了利益冲突的客观存在。知识链组织之间的冲突可视为为了争夺稀缺资源的零和游戏。

利益是整个知识链存在和消亡的根本原因。利益包括利益分配、权力分配、既得利益、预期利润和知识产权等。作为独立的经济人，每个组织都是趋利的，组织争夺利益分配时，肯定会产生冲突①②。利益分配包括资源的调配和经济利益的分配。权力分配包括社会地位高低和政治资本支配。

在知识链的生命周期内，知识链用于分配的收益和资源与组织的实际需求或欲望之间存在很大差距，每个组织都想得到更多收益，于是组织间争夺有限的资源和利益的冲突便发生了，而且这种冲突无法避免。由利益分配引起的组织间冲突包括不信任已有的利益分配方式和利益分配必然存在不合理性。由于组织根据以往经验和（或）认知上的差异会对利益分配方式不信任。在知识链中如果存在利益分配方式的不公平，那么组织就会因此失去对知识链的信任。

本位主义在知识链中仍然存在。失去外界对比和约束的情况下，组织总认为自身在知识链中是最重要的，贡献最大，获得也应该最多，出现问题时也不应该由自身来承担责任。过分的本位主义将造成不和谐行为，诱发冲突，加深误解。

组织对权力的争夺也会爆发知识链组织之间的冲突。就如同上一节中对权力与政治的分析。什么是权力？要认清权力的本质，我们先来看两位学者对权力的定义。韦伯（Max Weber）的定义是："权力是在一种社会关系中，一个行动者能处在某个尽管有反抗也要贯彻他自己的意志的地位上的概率。"陶奈（R. H. Tawney）的定义则是："一个人（或一群人）按照他所愿意的方式去改变其他人或者群体的行为，以及防止他自己的行为

① 席酉民．管理研究［M］．北京：机械工业出版社，2000：227－228

② Kuenne RT. Conflict management in mature rivalry［J］. Journal of Conflict Resolution，1989，33：554－566

按照一种他所不愿意的方式被改变的能力。”① 主体按照自己的意愿让对方行为的能力这就是权力的本质。在知识链这种松散的联盟中，权力的定义本来就不完善，为了争夺权力，各方都使出浑身解数，都不愿意就范，冲突也就在所难免。同样，权力分配的不公，如同利益分配不公一样，获得权力就意味着获得利益，在知识链中组织不会轻易放弃权力，并对权力加以运用来影响为获得欲求结果所做的决策，为组织谋求更大的利益。

资源的稀缺性是知识链无法回避的问题，组织联合起来成立知识链的目的也就是了获得更多的资源，创新价值。因此，知识链建立为利益而来，也为了利益而分裂。以 DVD 联盟为例：1994 年 12 月，以 Philips 和 Sony 为首的阵营，与以 Toshiba 和 Time Warner 为首的阵营开始了 DVD 规格之争。1995 年 9 月 15 日对于 DVD 来说是一个关键的日子，两大阵营终于达成了统一 DVD 标准的协议。在最后关头，索尼公司作出了重大的、关键性的让步，放弃了已有的光盘结构，同意采取东芝公司独具匠心且较为先进的双盘对接的光盘结构，而东芝公司则相应的在数据信号的调制、处理等部分技术上向拥有丰富的 CD 生产、开发经验的索尼妥协。可见，知识链组织为了利益出现分歧，又为了利益消除分歧。

3.2.2 结构因素

本部分中将引用社会科学中关于结构的概念，说明知识链组织之间冲突的结构因素。知识链组织之间的冲突可以看做是组织之间的博弈游戏。本研究在引入“结构控制—占有标识—占有状况”的分析框架②的前提下，对知识链组织之间结构因素造成的

① 彼德·布劳．社会生活中的交换与权利［M］．孙非，张黎勤，译．北京：华夏出版社，1988：135

② 王水雄．结构博弈——互联网导致社会扁平化的剖析［M］．北京：华夏出版社，2003

冲突进行分析。

要了解结构分析框架，首先需要明确什么是结构？吉登斯（Thony Giddens）指出："结构究竟是在某一固定系列范围内一系列可以允许转换的生成框架，还是指左右这一生成框架的转换规则，这个问题在结构主义思想传统中总含糊不清。把结构看做是这种转换的规则和资源，至少它最基本的意思是这样……在社会研究中，结构指使社会系统中的时空'束集'在一起的那些结构化特性。正是这种特性，使得千差万别的时空跨度中存在着相当类似的社会实践，并赋予它们以'系统性'的形式。总之，社会化理论的'结构'指的是社会再生产过程里反复涉及的规则与资源；社会系统的制度化特性就有结构性特征，就是指各种关系已经在时空向度上稳定下来。"①

社会结构包括规则和资源，就是吉登斯文中所表明的结构主义思想中对结构的定义。但是吉登斯对社会结构并没有作出详细说明。在此对组织社会资源作出详细的定义，即社会资源包括明确的、可以契约化的、被多数人认可的有形的和无形的规则、习惯和资源。知识链组织之间冲突的结构因素应该表述为：结构不是单纯的组织管理机构组成和组织控制机制，还应包括更广泛的范围，指组织与生俱来的或者在成长过程及与社会互动的行为中建立和积累的，能够契约化和规范化，被多数人认可的，组织之间的关联模式。

结构可以外在物质化成为有形的资源表现出来，也可以是规则、习惯、传统等可以进行表述和操作的抽象符号。无形和有形资源，包括物质资源和社会资源都是结构的内容，是融入人类意识的社会互动过程中产生的"关联"模式。组织在结构分析框架

① 安东尼·吉登斯．社会的构成［M］．李猛，李康，译．北京：三联书店，1988：79

内进行博弈时，就要对自己拥有的这些资源和规则进行标识，而标识又是通过占有标识进行表征的。比如组织相互依存度、权威大小、社会资本多寡、信息共享程度、谈判机制等因素，这些规则和资源可以被外在物质化，通过组织占有物进行标识。

结构标识（Structure Marking）是指“行为主体通过外物来对他人互动和其他社会行为所沉积的，具有一定规范性的结构进行表征的行为”。结构标识物（Mark of Structure）指“在该行为和活动中所应用或构建的外物。参与者通过各种方式引入某种结构，以标定自身与行为对象在其中的相对位置的行为，可以定义为结构运作（Structure Operating）”①。

占有标识（Possession Marking）指“通过一定的符号、物体、行为乃至语言将某一对象与自己或他人联系起来，表明该对象的归宿的行为”。占有标识物（Mark of Possession）指“在其过程中所使用的表现为实物的东西。占有标识的意义在于，它可以向对方传达交易量的占有信息，对行为可选择范围的占有信息，乃至对可运作结构的占有信息”②。

现实中，参与博弈的组织对结构控制总是倾向于有实物标识的“关联模式”，如果没有实物标识，结构控制很脆弱，不能让对方清楚了解自身拥有的资源，而影响对方的决策和行为。组织会有意识或者无意识地去破坏对手的结构标识。

为了说明“结构控制—占有标识—占有状况”的结构分析框架，以囚徒困境为例。假设：两个囚徒被捕，警察分开进行询问，警察并无证据，若有人招认，警方才能取得罪证。若两人都选择沉默，被处判 1 年监禁；如果两人都招认，被处判 3 年监禁；若一人沉默，一人招认，沉默者会被判处 7 年监禁，招认者

①②王水雄．结构博弈——互联网导致社会扁平化的剖析［M］．北京：华夏出版社，2003：7－16

被释放。囚徒困境收益如表 3—1 所示：

表 3—1　囚徒困境

囚徒 1 / 囚徒 2	沉默	招认
沉默	−1，−1	−7，0
招认	0，−7	−3，−3

在经典博弈论中，囚徒的最佳选择为纳什均衡（招认，招认）收益为（−3，−3）。假设囚徒 1 与囚徒 2 需要结构控制，即囚徒 1 与囚徒 2 有某种密切的关系，比如他们是兄弟。当囚徒被询问，了解到不同行为带来的不同后果时，他们不能只考虑自身利益，这种考虑所涉及的内容便是结构。在此例中，囚徒所考虑的结构便是兄弟感情，囚徒会为亲情关系进行结构控制，占有标识物为血缘亲情。囚徒在考虑行为时要为对方着想，也就是亲情的结构控制限制了他们的行为。在考虑结构因素的前提下，囚徒困境的解为（沉默，沉默），收益为（−1，−1）。同样，假设囚徒直接的关系通过实物占有标识，比如财产等，最后的解也会随着占有标识物的不同而改变。

在知识链组织之间存在着这样的结构控制。参与知识链的组织通过具体的个体之间的“关联模式”相互影响，而且这种关联模式是多种多样。组织无时无刻利用直接的表达或是间接的暗示向对方表达着关联模式，并直接或者间接影响对方。当这种关联模式产生偏差时冲突就会随之而来。知识链组织成员作为理性行为者，当冲突发生时，组织表明占有标识，进行结构化博弈，获得在知识链中相应的地位，达到利益平衡点。拥有更强占有标识物的组织在知识链内部拥有更强的话语权。

结构通过占有标识向对方进行表征和展示，是向对方进行信息传递，同样会面临信息误解的困境。信息误解的原因是：占有标识物本身就模糊不清或者太过抽象，组织占有的标识物（外在表象的规则和资源）不能清楚表达给对方；双方认知的限制，对表达的占有标识了解上出现偏差；表征过程中的传媒工具出现误差；组织因为误解、敌对等行为，人为阻碍占有标识的表达等都会造成结构控制偏离组织本来意愿。因此，沟通在结构运作中也显得相当重要。沟通往往在组织冲突中起着相当重要的作用①②，当沟通出现障碍时，会干扰对方理性行为，组织间就会形成分歧，偏离均衡点。另外，当结构控制进行中，组织阻碍沟通，决策者无法获得发生或者将要发生问题的任何信息，随着问题的发展，冲突产生的可能性也随之加大。

以 1995 年 DVD 标准统一为例，20 世纪 90 年代初，美国电影制片业顾问委员会起草了一份代表好莱坞七大电影制片公司的愿望书，也就是说推动开发 DVD 是好莱坞的片商。当愿望书发表的时候打破了 DVD 联盟原有的“关联模式”，产生了新的结构。Sony 本来就拥有好莱坞七大片商之一的哥伦比亚公司，而僵持的另外一方拥有好莱坞的 Time Warner，双方都拥有与对方较量的筹码，在结构博弈中双方僵持不下，DVD 没有统一标准。1995 年在电影和电脑商的大力敦促下，终于达成统一规格，因为第三方代表了更广大片商的利益，第三方的加入改变了知识链原有的结构模式，促使双方让步，圆满解决了 DVD 标准之争。

3.2.3 知识因素

知识在不同的组织间流动，不同类型知识的拥有者之间彼此学习、借鉴、交流，创造新知识的同时也会引发冲突。

---

① 邱益中．企业组织冲突管理［M］．上海：上海财经大学出版社，1998

② Wall J A J r，Callister R R. Conflict and its management［J］．Journal of Management，1995，21（3）：515－558

3.2.3.1 知识共享性与知识产权专有性的矛盾

知识链各成员组织知识资产的投入是其形成的基础，知识的共享与创造是其追求的目标。在运作中，如果每个组织都把自有知识产权完全共享，知识链便能获得最大收益。但如果每个组织都完全共享了自有知识产权，则将面临知识产权专有性丧失的风险，在合作解体后，自身原有的优势将可能不复存在，在未来的竞争中就有可能处于不利的地位；反之，如果不共享自有知识产权，而共享了其他组织的知识产权，尽管合作不能达到整体最优，但对于不共享自有知识产权的组织来说，它所获得的利益将大于其他组织，从而能在未来的竞争中处于更加有利的位置。[①] 因此，一些组织在提供共享内容时，出于对自身专有知识产权的保护，可能会表现出以下的行为：①将其部分知识产权或核心知识资产予以保留；②数据库开放不完全，如展示显性知识而保留隐性知识，展示通用知识而隐藏专有知识；③隐瞒部分信息，如技术的不成熟点、专利的有效性、国内外同类技术商品化率或扩散情况等；④传递无效、虚假甚至错误信息，如将专利申请号改为专利登记号，夸大市场前景，提高专利技术水平评价度等；⑤用以共享的是不成熟技术，尚需进一步投入时间和经济成本才能确知技术的全部情况，如中试的投入与风险，替代性技术的进展，潜在竞争对手的情况等。[②] 这势必会引发组织成员追求知识共享与知识产权专有之间的必然冲突。

3.2.3.2 知识学习和知识保护的矛盾

知识链组织中一种特有的冲突现象是知识链的参与者不仅想

---

① 苏世彬，黄瑞华．合作联盟知识产权专有性与知识共享性的冲突研究［J］．研究与发展管理，2005，17（5），69－74，86

② 祁红梅，黄瑞华．动态联盟形成阶段知识产权冲突及激励对策研究［J］．研究与发展管理，2004，16（4）：70－76

从合作伙伴那里获得有用的、互补的技术诀窍或知识产权，使合作伙伴拥有的技能和互补知识资源内部化，同时还想保护自己的核心知识资源防止被合作伙伴单方面吸收和利用，因而导致“学习和保护”的潜在冲突。从理论上来说，要使知识链获得成功，知识要在合作伙伴之间流动与分享是一件显而易见的事，但事实并非如此。合作者并不总是给对方以学习的机会，他们经常不让对方接触自身优化的知识或技术，或者阻碍知识流入到知识链之中。尤其是如果知识和技术对于某一方来说有极其重要的战略性，为防止由于知识的模仿而带来自身竞争优势的丧失，这个合作者就会尽可能地减少另一方学习这种知识的机会。因此，在知识链的实际运行中，虽然合作者知道知识链的成功很大程度上取决于知识有效的流动与共享，但是为了保护自身利益不受损害，他们往往还是会故意地阻挠合作方的学习，从而造成知识学习与知识保护之间的冲突。①

3.2.3.3 知识学习能力的差异

知识链各成员组织凭借自身的知识资产资源和知识优势吸引合作方，实力均势是建立知识链的前提条件。由于各方学习能力的不同，吸收知识的速度也会产生快慢差异。随着时间的推移，学习能力强的一方通过较学习能力弱的合作方更快速的学习，吸收合作方更多的知识资源，进而内化为自身的实力，相形之下，学习能力弱的一方在相同的时期内只能吸收学习能力强的合作方相对少得多的知识资源，这样无疑就造成了“实力均势失衡”。学习能力强的一方吸收学习能力弱的一方的知识资源越多，对学习能力弱的一方的依赖性就越小，当学习能力强的一方吸收完学习能力弱的一方所有的知识资源时，学习能力强的一方就可能单

① 袁健红，施建军．技术联盟中的冲突、沟通与学习［J］．东南大学学报：哲学社会科学版，2004，6（4）：56－61

方面终止联盟，造成学习能力弱的一方原有的知识优势减弱甚至消失。显然，学习能力弱的一方是不愿意这种对自身极为不利的情形发生的，因此，在知识链组织之间相互学习的过程中，学习能力弱的一方为了达到“动态实力均势”，总是千方百计延缓学习能力强的一方的学习进度，从而造成知识流动的阻滞，形成组织之间的“学习冲突”。

3.2.3.4　知识结构的差异

知识链是一种“整合”拥有不同知识结构主体的互动式的合作型组织。这种“整合”有意识地把拥有不同知识结构的主体安排在一起，以期产生一种知识的“创造性摩擦”，进而产生知识创造。但把拥有不同知识结构的主体放在一起，不一定就会产生创新，有可能产生的是一种基于知识异质性而触发的知识冲突。正是这种知识的异质性，在构成不同类型知识拥有者之间彼此学习、借鉴、交流基础的同时，也蕴涵着潜在冲突的可能性。冲突的结果可能是良性的，即适当的知识冲突能够提高组织决策质量、实现异质性知识的公开和共享，从而激发知识学习和创新；同样，冲突的结果也可能是恶性的，即知识冲突导致组织中的知识偏见以及知识获取和转移的迟滞、知识共享的困难，以至于降低组织凝聚力，严重影响组织绩效。①

3.2.3.5　知识流动过程中的质量损失

知识资源在知识链中各组织之间流动时，由于诸多因素的影响，会使知识资源出现一定程度的质量损失。一方传递初始知识资源可能是完整的，但在另一方所接收的知识资源可能残缺不全。具体而言，导致知识转移过程中出现质量损失有以下几种原因：一是知识链各成员组织传播知识的能力、积极性不同，拥有

---

① 张钢，倪旭东．组织中的知识冲突研究［J］．科学学与科学技术管理，2007（1）：106－110

的知识产权数量、质量也不同，导致传递出的知识质量参差不齐，漏损、失真现象时有发生；二是成员组织所拥有的大部分隐性知识多以言传身教的方式传播，难以实现编码化和载体化，从而阻碍知识的转移和传播；三是知识链构建的知识传递渠道的容量、速度和保真性直接决定了知识传递的完整性和及时性，倘若知识传递渠道构建不理想，必然会使知识发生一部分质量损失；四是源自组织内外部环境的各种不确定因素也会影响到知识传递的质量；五是知识接收方态度、能力的不同，即使接收同一知识，吸纳质量也会有极大差异。知识流动与转移过程中质量损失这一客观现象的存在，引发了合作伙伴共享知识时的种种冲突，如相互怀疑对方过度保护知识、知识传递不及时、故意扭曲知识、知识质量不高等，共享冲突必然出现。①

3.2.3.6 知识估价的模糊性

引发知识链中冲突的另一个重要因素是知识估价的难题。在知识链成立初期，一方面，由于知识资产作为创造性脑力劳动的成果，自身不可能绝对成熟，因而知识资产价值和用途本身存在不确定性；另一方面，当知识没有得到运用之前不可能清楚地知道知识的价值，因此，在对合作方的知识进行估价时，难以确定合作方知识的潜在价值，也就不会轻易共享己方的知识。知识链所创造的知识，由于未来市场需求的不确定性，其未来价值同样无法事先预知。因此，即使在形成知识链之前合作契约上已详细规定了合作方之间知识创造的程度和速度，但在知识链的实际运作过程中各方知识产生的程度和速度仍存在很大的不确定性，有可能远远达不到契约的要求。由于知识估价的模糊性，使知识链组织之间的合作契约往往难以顺利实施或变得十分滞缓，从而带

① 祁红梅，黄瑞华．动态联盟形成阶段知识产权冲突及激励对策研究［J］．研究与发展管理，2004，16（4）：70－76

来知识流动、共享、创造的不畅，引起组织之间的冲突。

3.2.3.7 知识的显性和隐性

波兰尼、纳尔逊和温特、Nonaka 等从知识的显性和隐性出发认知知识[①②③]，Bhagat 等将知识分为简单知识与复杂知识[④]，Long 和 Fahey 将知识分为个人、结构和社会的知识[⑤]，Spender 将知识分为自发知识、有意识的知识、客观知识、集体知识[⑥]，Lam 将知识分为头脑知识、具体知识、嵌入知识、编码知识[⑦]等。由于知识链组织之间组成链式结构后，组织贡献出知识，并分享来自于其他组织的知识，而知识只能存在于个体思维中，组织在贡献和学习知识的过程中，只是个体拥有知识的外在物化形式的体现，那么易于外在化的知识更利于传播和被他人学习，所以，显性和隐性知识的分类便于说明知识在组织中被共享和交流的程度。知识差异性成为产生知识冲突的根源。[⑧] Ting－Peng Liang（2007）通过研究也指出知识的多样性会直接导致冲突，

---

① 波兰尼．个人知识［M］．贵阳：贵州人民出版社，2000

② 理查德·R·纳尔逊，悉尼·G·温特．经济变迁的演化理论［M］．北京：商务印书馆，1997

③ Nonaka，I. A dynamic theory if organizational knowledge creation［J］. Organization Science，1994（5）：4－37

④ Bhagat， R. S. Kedia， B. L. Harveston， P. D. Triandis， H. C. cultural variations in the cross－border transfer of organizational knowledge：An integrative framework［J］. Academy of Management Review，2002

⑤ Long，D. W. D. and Fahey，L. Diagnosing cultural barriers to knowledge management［J］. The Academy of Management Executive，2000（14）：113－127

⑥ Spender，J－C. Making knowledge the basis of a dynamic theory of the firm［J］，Strategic Management Journal，Winter Special Issue. 1996（17）：45－62

⑦ Lam，A. Tacit knowledge，organizational learning and societal institutions：an integrated framework［J］. Organization Studies. 2000，21：487－513

⑧ 张钢，倪旭东．组织中的知识冲突研究［J］．科学学与科学技术管理，2007（1）：106－110

并影响组织绩效。①

显性知识是指客观存在的，能够通过编码使用书面方式进行清晰表述的，并能够记载于各种介质上的知识。显性知识能够被传播和学习，其本质是来源于个体的智力，是能够被客观记录的，当记录后其具有时间空间稳定性。

隐性知识是指存在于个人头脑中，虽然能够通过语言或者其他方式表述，但是并不能清晰地记载于媒介之上的知识。隐性知识是完全依靠“人”作为载体，不能被传播、共享、表达的知识，其受到个人所处的环境、经历、世界观、价值观的约束，是不能被简单复制的知识。隐性知识是显性知识的来源，是具有鲜明个人色彩的知识，是在实践中总结出来的经验性的知识，在时间空间上并不稳定，是创造新知识的基础。②

知识的显性和隐性的性质决定了知识的学习和共享难易程度，显性知识易于在不同个体和团队间流动，易被他人学习，在共享中不易产生对知识的歧义。同时，显性知识是可度量的，易于评价对方在合作中的贡献。知识外化是指将隐性知识提炼加工创造出新的显性知识，如对熟练工人在生产过程中获得的窍门、心得进行加工和度量，形成对知识链有价值的新知识；知识内化是指个体学习显性知识并将显性知识转变为个体的知识，它需要学习知识，并在头脑中将知识分解、吸收、利用并作为新知识的基础。知识外化增加了知识链知识的容量，而知识内化促进了新知识的产生，促进了知识链整体知识水平的提高。显性知识在知识链的不同组织、部门、层级、团队和个体间流动、传播、共

① Ting-Peng Liang，Chih-Chung Liu，Tse-Min Lin，Binshan Lin. Effect of team diversity on software project performance [J]. Industrial Management & Data Systems，2007，107 (5)：636-653

② 郭瑜桥，金生，王咏源. 隐性知识与显性知识的界定研究 [J]. 西南交通大学学报：社会科学版，2007 (6)：118-121

享，称为知识融合；隐性知识在知识链中的学习和共享称为知识群化。知识融合和知识群化是知识链创造新知识的基础，增长了知识价值，完善了知识链知识学习框架。知识的显性程度说明了知识的传播性质，越易于学习和共享的知识，其显性程度越高；反之，显性程度低。

3.3　知识链组织之间冲突的利益、结构、知识三维模型

利益、结构、知识三个因素是知识链组织之间冲突的主要因素，三者既相互独立又相互影响，忽略任何一种因素都不能完全认识知识链组织间的冲突。因为作为理性的个体，组织在知识链中仍然是以追求利益最大化为首要目标。当多方利益分配不均时，个体会尽量利用其拥有的资源进行博弈即结构运作[①]，在利益博弈中获得有利地位。同时，在知识链运作过程中，组织也表现出知识趋利性，这不仅表现在对原有组织知识的排他性，也表现在对新创造知识的占有欲。在知识链创造新知识的过程中，知识链组织成员都拥有知识链所需要的知识，这些知识本属于特定的个人或者组织，其共享、学习、融合的过程是困难的，容易引发知识冲突。为了调和组织对新知识的占有关系，知识链组织之间只有通过缔造合约来解决，然而合约的约束是有限的，组织间仍然会为了知识产生冲突。通过对这三个主要因素的综合分析，构建知识链成员组织之间冲突动因三维模型如图 3—1 所示：

---

① 王水雄．结构博弈——互联网导致社会扁平化的剖析［M］．北京：华夏出版社，2003：6—14

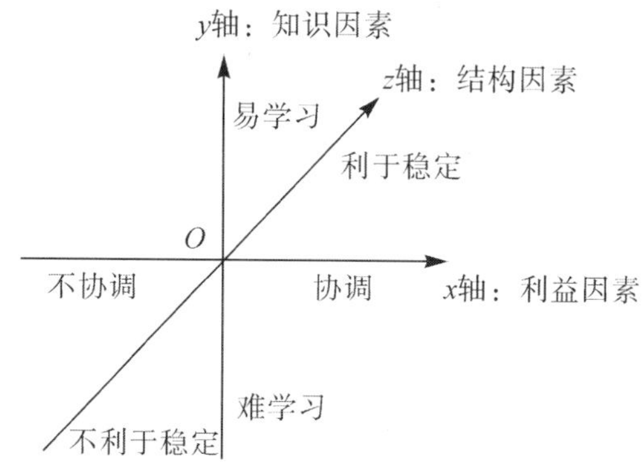

图 3—1　知识链组织之间冲突三维动因模型示意图

从知识链组织之间的冲突动因三维模型示意图中可以推导出如下 8 种情况：

表 3—2　利益不协调时的冲突状态

（利益不协调）

知识因素 结构因素	易于学习	难于学习
不稳定	冲突程度中	冲突程度高
稳定	冲突程度弱	冲突程度中

表 3—3　利益协调时的冲突状态

（利益协调）

知识因素 结构因素	易于学习	难于学习
不稳定	冲突程度中	冲突程度高
稳定	冲突程度弱	冲突程度中

3.3.1　利益不协调时的冲突状态

利益产生分歧，组织会对合作方失去信任，从而人为设置各种妨碍知识流动和共享的障碍，保护自有知识，这违背了知识链建立的初衷。

3.3.1.1　组织间结构不稳定，知识难于学习

冲突程度高，结构不稳定，组织间沟通不畅，信息传递受阻，知识难以在各主体间流动，学习困难，组织人为设置的知识障碍可能减少。关键在于管理者不能获取足够的信息，不知道问题出在哪里。

3.3.1.2　组织间结构不稳定，知识易于学习

冲突程度中等，知识容易学习，但是利益不协调，组织中出现人为设置的障碍，知识流动受阻，共享知识减少。而且由于结构影响，信息传递不畅，出现问题时得不到及时反映。知识学习中出现分歧也没法得到纠正，管理者理性行为受限，知识管理面临巨大的挑战。

3.3.1.3　组织间结构稳定，知识难于学习

冲突程度中等，结构稳定，隐性知识难以在主体间传播和学习。当出现学习分歧时容易得到纠正，增加知识共享程度。因为组织间利益不协调，人为设置障碍对知识进行保护。

3.3.1.4　组织间结构稳定，知识易于学习

冲突程度弱，结构特征稳定，知识易共享和学习，学习中产生分歧的机会减少。组织加大对自有知识的保护力度，利益因素是产生冲突的主要原因。

3.3.2　利益协调时的冲突状态

知识链组织之间通过博弈，各方获得满意的利益分配。组织投入适当的资源进入知识链，加快创造新知识。在以下 4 种情况

中，结构对沟通的阻碍和知识本性是产生冲突的原因。

3.3.2.1　组织间结构不稳定，知识难于学习

冲突程度高，结构易变化，外在因素不明确，信息传递受阻，不能及时反映出现的问题。知识以隐性知识为主，学习和共享程度降低，学习过程中容易产生对知识认知的歧义，不利于创造新知识。

3.3.2.2　组织间结构不稳定，知识易于学习

冲突程度中等，知识组成以显性知识为主，结构因素是冲突的主要因素。知识容易学习和交流，不易产生对知识认知的分歧。结构因素对沟通的阻碍也阻碍了知识的传播。

3.3.2.3　组织间结构稳定，知识难于学习

冲突程度中等，结构稳定，知识共享程度高，但由于知识构成以隐性知识为主，加大了学习的难度。

3.3.2.4　组织间结构稳定，知识易于学习

冲突程度弱，结构利于沟通和创新，知识显性程度很高，产生冲突的几率降低。如果发生冲突后，处理容易，可激发产生更多的新知识。

第4章　知识链组织之间冲突动因的实证分析

本章应用结构方程理论，分析利益、结构、知识三因素与知识链组织之间的冲突线性结构关系（Linear Structure Relation，LISREL）。以问卷为调查工具，利用 AMOS 软件分析探讨变量间的因果关系，并验证知识链组织之间利益、知识和结构的三维动因模型的拟合程度。

4.1　结构方程概述

结构方程分析，也叫做结构方程建模（Structural Equation Modeling，简称 SEM），是“在已有的理论基础上，应用与之相应的线性方程系统表示该理论的一种统计分析方法”[①]。SEM 是通过变量的协方差矩阵来分析变量之间关系，用于研究分析因果关系模式的统计方法。[②] 结构方程模型（SEM）包括多种统计技术，如路径分析，验证性因子分析，带潜变量的因果关系模型，

① 孙连荣．结构方程模型（SEM）的原理及操作［J］．宁波大学学报：教育科学版，2005，27（2）：31－34

② 侯杰泰，温忠麟，成子娟．结构方程模型及其应用［M］．北京：教育科学出版社，2004：13－16

甚至方差分析和多重线性回归。

20 世纪 70 年代，Jŏreskog（1973）和 Wiley（1973）通过对传统统计方法的研究和概括提出了结构方程模型。其后，社会科学等多个研究领域开始使用结构方程，被称为统计学三大发展之一。[①] 结构方程是“一种验证一个或多个自变量与一个或多个因变量之间一组相互关系的多元分析程式，其中自变量和因变量既可是连续的，也可是离散的”（Ullman ，1996）。[②] 结构方程模型是验证性方法，广泛使用于心理学、组织行为学、管理学、教育学等多种学科中。

结构方程模型分析的基本步骤是：首先基于理论定义模型，假定潜在变量具有因果关系，然后确定怎样测量建构，收集数据，通过软件对观察变量之间的协方差进行验证。软件拟合指定模型的数据，并产生包括整体模型拟合统计量和参数估计的结果。如果假设模型的拟合度较好，那么说明潜在变量间的因果关系是成立的，反之因果关系不成立。

SEM 具有以下特点：[③④]

1）考虑整体模型的指标，而不是单一参数；

2）SEM 基于大样本分析；

3）允许自变量和因变量含有测量误差，测量和验证性因子分析模型能净化误差，使得潜在变量间的关联估计较少地被测量

---

① Andersonjc，Gernin DW. Structural equation modeling in practice：A review and recommended two - step approach［J］. Psychological Bulletin，1998，103：411－423

② Bollen，Kenneth J. Scott Long. Testing structural equation models［M］. New Bury Park，CA：Sage，1993：136－162

③ Bollen K A，Long J S（Eds）. Testing structural equation models［M］. Nesbury Park，CA：Sage，1993：1－9

④ 侯杰泰，温忠麟，成子娟. 结构方程模型及其应用［M］. 北京：教育科学出版社，2004

误差污染；

4）允许潜在变量由多个观测变量构成，并可估计指标变量的信度及效度；

5）回归系数，均值和方差同时比较，即使多个组间交叉；

6）拟合非标准模型的能力，包括灵活处理追踪数据，能够处理自相关误差结构的数据库（时间序列分析），非正态分布变量和缺失数据的数据库；

7）通过 SEM，可以分析变量间潜在的、相互依存的或者相互影响的因果关系。

4.1.1　AMOS 软件简介

AMOS 即 Analysis of Moment Structures，由 James L. Arbuckle 所发明。AMOS 适合进行协方差分析（Analysis of Covariance Structure），是一种处理结构方程模型的软件。AMOS 可以同时分析许多变量，是一个功能强大的统计分析工具。AMOS 以可视化、鼠标拖曳的方式来建立模型（路径图），表示变量之间的关系，不需要撰写程序命令，数据分析效率很高。同时利用 AMOS 所建立的 SEM 会比标准的多变量统计更准确。此外，AMOS 还可以检验数据是否符合所建立的模型，以及进行模型探索（逐步建立适当的模型）。

AMOS 被广泛应用于心理学、医学、社会科学、教育、营销、组织行为学等领域。AMOS 特别适用于解释不能直接测量的构念（construct）之间的因果关系①。

本研究使用 SPSS 16.0 和 AMOS 16.0 对数据进行处理。SPSS 进行一般性数据统计，AMOS 进行 SEM 建模和模型验证、

① 侯杰泰，温忠麟，成子娟．结构方程模型及其应用［M］．北京：教育科学出版社，2004

修订。

4.1.2 建立结构方程

在 SEM 中设定三种类型的变量。无法测量的变量称为潜在变量（latent variable）；可以直接进行测量的变量称为观察变量（observed variable），此种变量能够被观察和测量；每个观察变量都有误差变量（unique variable），是以观察变量来衡量潜在变量的误差值方差。

AMOS 是测量协方差结构（convariance structure），验证潜在变量间的因果关系的技术，包括测量模型（measurement model）、结构模型（structural mode1）两部分。测量模型是将观察变量与潜在变量联系起来，结构模型表示潜在变量之间的因果关系和未能解释的变异。

测量模型和结构模型方程式如下：①

测量模型：$Y=\lambda\eta+\varepsilon$ (4－1)

$X=\lambda\xi+\delta$ (4－2)

结构方程：$\eta=\beta\eta+\gamma\xi+\zeta$ (4－3)

结构模型定义了潜在变量与潜在依变量直接的线性关系。结构方程中 η、ξ 是向量类型，γ、β 是回归类型。测量方程中 Y、X 为内生观测变量向量和外生观测变量向量，λ 是回归类型，ε 和 δ 是方差和协方差类型。η 是内生潜变量，ξ 是外生潜在变量，γ 是外生潜在变量与内生潜在变量的关系，β 是内生潜在变量与内生潜在变量的关系，ζ 为潜在变量模型的误差向量。

4.1.3 SME 模型评价

结构方程模型通过模型拟合度进行评估，若拟合度越高，表

① 荣泰生．AMOS 与研究方法［M］．重庆：重庆大学出版社，2009：1－12

明模型越合理。AMOS 是以卡方（χ^2）进行判断，$P>0.05$ 即表明模型拟合度良好。

SEM 拟合度主要从三方面进行检验：基本拟合度（preliminary fit criteria）、内在拟合度（fit of internal structural of mode1）和整体拟合度（over all model fit）。基本适合度是检测系统误差、模型误差等，内在拟合度是体现估计参数的显著程度和效度，整体拟合度判定假设模型与观察变量的匹配度。

本研究选定整体模型拟合度为主要指标：

1）卡方值 CMNI（χ^2）：验证模型与观察变量的拟合度（Goodness of Fit），CMNI=χ^2 值越大，表示该模型的拟合度越差；反之，若 χ^2 越小，则模型适合度越佳，且 $P>0.05$。

2）卡方值与其自由度（Degree of Freedom，df）的比值（χ^2/df=CMIN/df）：χ^2/df 表示每减少一个自由度所降低的卡方值，一般来说，以 χ^2/df 的比值小于 3 为标准，表明模型整体适合度好。

3）拟合度指数 GFI（Goodness of Fit Index）：GFI 指标衡量理论与观察共变结构中之变异量与共变量的匹配程度。$0.9<$ GFI<1，且越接近 1 越好，表明整体模型拟合度越好。

4）调整自由度的拟合优度指数 AGFI：将 GFI 指标以模型自由度与其相对的变量个数比值，调整修正后所得到的较稳定的 AGFI 指标，$0.9<$AGFI<1，且越接近 1 越好。

5）均方根残差（Root Mean Square Residual，RMR），一般来说，$0<$RMR<0.05，越接近 0，表明样本数据与假设协方差矩阵中要素的评价误差越小，从而整体拟合优度越好。

6）比较适合指标（Comparative Fit Index，CFI）：CFI 是通过与独立模型相比较来评价拟合程度，即使对于小样本估计模型拟合时也能做得很好。其值介于 0～1 之间，一般 $0.9<$CFI<1，且越接近 1，表明模型拟合程度越好。

7）近似误差均方根估计（RMSAE Estimate）：计算观察与估算之间差异的指标，其值须小于 0.1，越接近 0 越好。

依据相关文献，将适配指标的判断准则整理如表 4－1 所示：①

表 4－1　SEM 判断标准

判断指标	参数	判断标准
基本拟合度	Lambda *X*	0.5～0.95
Lambda *Y*	0.5～0.95	
内在拟合度	TCD（*X*）	大于 0.5
TCD（*Y*）	大于 0.5	
t－value 绝对值	1.645 以上	
整体拟合度	卡方值	P－value 大于 0.05
	卡方值/*df*	小于 3
	GFI	大于 0.9，越接近 1 适合度越好
	AGFI	大于 0.9，越接近 1 适合度越好
	CFI	大于 0.9，越接近 1 适合度越好
	RMR	越接近 0 越好，小于 0.05
	RMSEA	越接近 0 越好，小于 0.1

① 荣泰生．AMOS 与研究方法［M］．重庆：重庆大学出版社，2009：114－129

4.2 研究假设和实证研究模型

4.2.1 研究假设

通过上一章对知识链组织之间的动因分析，本研究构建基于利益、结构和知识因素的冲突动因的三维模型：利益因素，多个经济主体构成知识链，为了各自的利益最大化，在组织之间利益不协调时必定产生冲突；结构因素，组织间结构是否稳定，稳定的结构便于知识流动、各种信息交流同样影响着冲突；引入结构化理论的“结构”定义，将知识链组织成员占有的规则和资源，包括组织结构、文化、核心优势、社会资本、人力科技资源、资金等归于一个动因；知识链存在的价值在于共享知识和创造知识，那么知识在冲突中就扮演了重要的角色，知识的学习能力强弱影响着知识链创造新知识。[①] 知识是知识链的根本，利益因素、结构因素同样影响着知识因素。

综上所述，提出以下假设：

假设1：利益因素与知识链组织之间的冲突直接相关。

假设2：结构因素与知识链组织之间的冲突直接相关。

假设3：知识因素与知识链组织之间的冲突直接相关。

假设4：利益因素与知识因素相关。

假设5：结构因素与知识因素相关。

---

① 全力，顾新．知识链间组织冲突的三维动因模型［J］．科学学和科学技术管理，2008（12）：92—96，132

4.2.2 实证研究模型的构建

本研究在对知识链组织之间冲突动因分析的基础上，建立了知识链组织之间冲突动因关系模型（如图 4-1 所示），以简化知识链组织之间冲突纷繁复杂的因素。

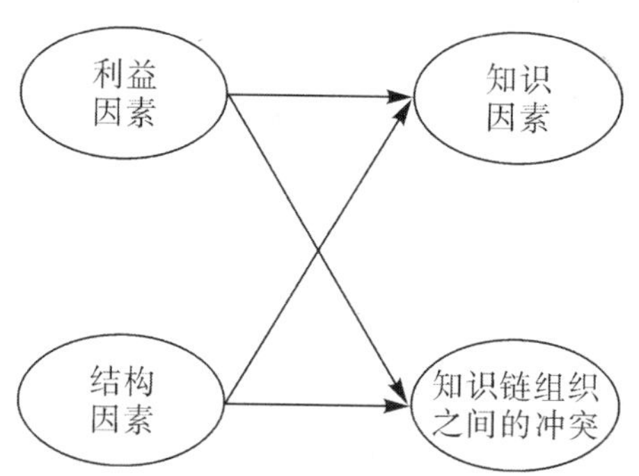

图 4－1 知识链组织之间冲突动因关系模型

4.3 调查问卷设计

理论分析提出的假设需运用科学的和恰当的实证研究方法对其进行检验和修改。本章采用结构模型（SEM）对知识链组织之间的冲突动因三维模型进行实证研究。为此，调查问卷的设计应该满足 SEM 的要求。

4.3.1 问卷的基本内容

知识链组织之间的冲突动因归结为利益、结构和知识因素。因此，设计的调查问卷必须如实、科学地反映出冲突与这三种因素的关系，最后形成的调查问卷包括四个部分：

1）被调查人所在组织的基本情况；
2）利益因素与知识链组织之间冲突的关系；
3）结构因素与知识链组织之间冲突的关系；
4）知识因素与知识链组织之间冲突的关系

4.3.2　变量界定

根据所提出的理论模型，本章涉及的变量应反映知识链组织之间的冲突动因。在变量的测度上，因为变量难以量化，对变量的测度均采用主观感知的模糊评价方法，以 Likert 5 级量表打分法为主。根据其原则，调查问卷评语栏的数字 1～5 被依次界定为“非常弱、弱、中等、强、非常强”。

4.3.2.1　利益因素

利益因素的判断，借鉴 Williamson（1985）①、Ikujiro Nonaka（1991）②、席酉民（2000）③ 和张延峰（2003）④ 等的成果从市场、预期收益、投入资金、个人收益等 4 个方面来衡量，相应地在问卷中设计了 4 个问题。

4.3.2.2　结构因素

结构因素的判断，借鉴邱益中（1998）⑤、王水雄（2003）⑥ 对结构博弈的论述以及对知识链组织之间冲突的分析，从社会资

---

① Williamson. The economic institutions of capitalism [M]. New York: Free Press, 1985: 22−23

② Ikujiro Nonaka. The knowledge-creating company [J]. Harvard Business Review, 1991 (11): 94−104

③ 席酉民. 管理研究 [M]. 北京：机械工业出版社，2000：227−228

④ 张延峰，刘益，李垣. 战略联盟价值创造与分配分析 [J]. 管理工程学报，2003，17 (2)：20−23

⑤ 邱益中. 企业组织冲突管理 [M]. 上海：上海财经大学出版社，1998

⑥ 王水雄. 结构博弈——互联网导致社会扁平化的剖析 [M]. 北京：华夏出版社，2003：16−30

本、第三方介入、关键信息、沟通等 4 个方面来衡量，在问卷中设计了 4 个问题。

4.3.2.3　知识因素

知识是知识链的重要内容。本研究主要借鉴波兰尼(2000)[①]、迪尔克斯（2001)[②]、郭瑜桥（2007)[③] 等的研究结果，从专业人员、显性知识传播、隐性知识外化、知识融合等 4 个方面来衡量，相应地在问卷中设计了 4 个问题。

4.3.2.4　知识链绩效

知识链绩效指：受被调查人员主观认为知识链所具有的绩效水准。本部分分为两个指标，即财务指标和非财务指标。

4.3.3　测度指标

调查问卷中的各项指标是结构方程中的观察变量，本研究设计如下的观察变量：

A. 知识链组织之间的冲突设立财务绩效和非财务绩效两个指标。

B. 利益因素设立市场、预期收益、投入资金、个人收益 4 个指标。

C. 结构因素设立社会资本、第三方介入、关键信息、沟通 4 个指标。

D. 知识因素设立专业人员、显性知识传播、隐性知识外化、

---

① 迈克尔·波兰尼. 个人知识［M］. 许泽民，译. 贵阳：贵州人民出版社，2000：37—38

② 迈诺尔夫·迪尔克斯，阿里安娜·贝图安·安拖尔，约翰·蔡尔德，野中郁次郎，等. 组织学习与知识创新［M］. 上海社会科学院知识与信息课题组，译. 上海：上海人民出版社，2001：382—400

③ 郭瑜桥，和金生，王咏源. 隐性知识与显性知识的界定研究［J］. 西南交通大学学报：社会科学版，2007，8（3）：118—121

知识融合 4 项调查指标（见表 4—2）。

知识链组织之间的冲突结构模型各变量对应关系如表 4—2 所示：

表 4—2　知识链组织之间冲突动因结构方程潜在变量和观察变量对应关系

结构变量（隐变量）	观测变量（显变量）	判定标准
知识链组织之间的冲突	1. 财务指标	Likert 五点尺度计分法（由“非常弱”1 分，至“非常强烈”5 分）
	2. 非财务指标	
利益因素	3. 市场	
	4. 预期收益	
	5. 投入资金	
	6. 个人收益	
结构因素	7. 社会资本	
	8. 第三方介入	
	9. 关键信息	
	10. 沟通	
知识因素	11. 专业人员	
	12. 显性知识传播	
	13. 隐性知识外化	
	14. 知识融合	

知识链组织之间冲突动因结构方程模型如图 4—2 所示。

4.3.4　数据收集及其有效控制

问卷发放对象为知识链组织，由于我国知识链主要表现形式为产学研联盟，所以重点向产学研联盟组织发放。本着就近原则，以四川省企业和四川大学工商管理学院 MBA 学生以及科研单位为研究对象。为了更好地进行调查，本研究现进行了预调

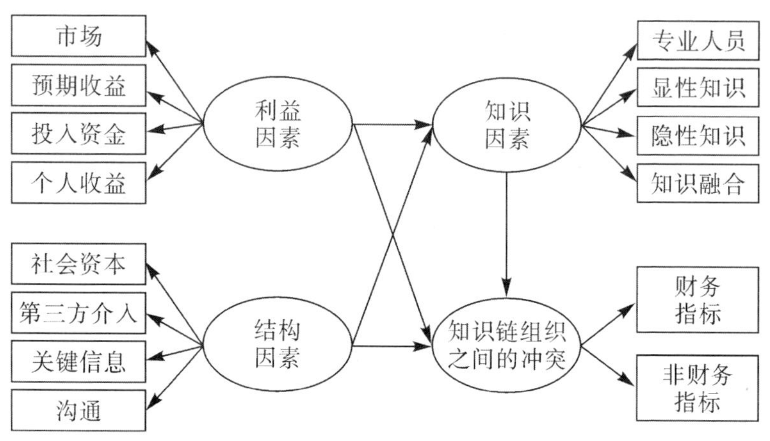

图 4－2　知识链组织之间冲突动因结构方程模型

查，对观测变量进行检测，并广泛征求意见，通过小组汇报、单独交流、专家咨询等多种方式，广泛征求研究团队成员和学术专家的意见，对问卷进行修改和完善。

4.4　研究结果

为了保证测量工具的有效性，本研究对问卷进行了预测。预测的主要目的是通过前期问卷调查，对问卷的测量项目进行改进。预测阶段共发放问卷 40 份，回收 40 份。经检验，本研究问卷的信度分析都在 0.7 以上，说明本问卷具有良好的信度。同时对问卷运用主成分分析法进行探索性因素分析，在征求学术团队意见后删除了利益因素中的个人收益指标和知识因素中的显性知识指标。最终形成的正式调查问卷（表 4－3）、假设模型（图 4－3）。

表 4—3　知识链组织之间冲突动因结构方程潜在变量和观测变量对应关系

<table>
<tr><th>结构变量（隐变量）</th><th>观测变量（显变量）</th><th>判定标准</th></tr>
<tr><td rowspan="2">知识链组织之间的冲突 C</td><td>1. 财务指标 C1</td><td rowspan="12">Likert 五点尺度计分法（由“非常弱”1 分，至“非常强烈”5 分）</td></tr>
<tr><td>2. 非财务指标 C2</td></tr>
<tr><td rowspan="3">利益因素 B</td><td>3. 市场 B1</td></tr>
<tr><td>4. 预期收益 B2</td></tr>
<tr><td>5. 投入资金 B3</td></tr>
<tr><td rowspan="4">结构因素 S</td><td>6. 社会资本 S1</td></tr>
<tr><td>7. 第三方介入 S2</td></tr>
<tr><td>8. 关键信息 S3</td></tr>
<tr><td>9. 沟通 S4</td></tr>
<tr><td rowspan="3">知识因素 K</td><td>10. 专业人员 K1</td></tr>
<tr><td>11. 隐性知识外化 K2</td></tr>
<tr><td>12. 知识融合 K3</td></tr>
</table>

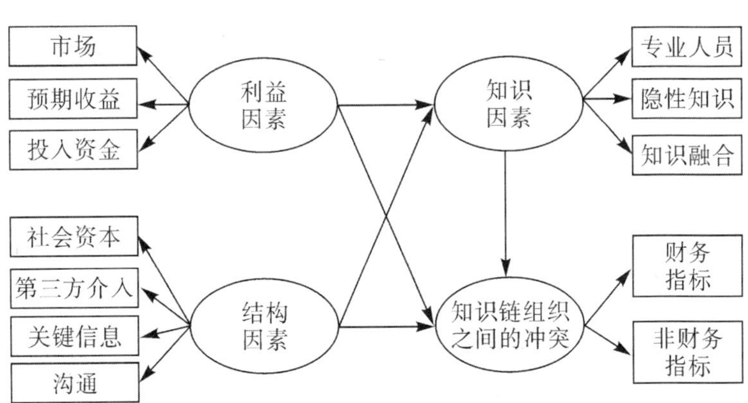

图 4—3　知识链组织之间冲突动因修订假设模型

4.4.1 调查问卷回收

正式调查以四川省企业和四川大学工商管理学院 MBA 学生以及科研单位为研究对象，共发出问卷 300 份，回收问卷 276 份，经剔除填答不完全或矛盾的无效问卷后，核计实际回收的有效样本 247 份，有效回收率 82.3%。

4.4.2 描述性统计分析

SEM 是大样本分析，样本数较小会难以维持统计假设，样本的多少也影响了模型的稳定性和指标的拟合程度，因此样本数量需要满足一定的条件。Bagozzi（1980）指出样本数减去模型潜在变量个数的值应大于 50，Ding 等（1995）认为 100～400 间的样本数量才是比较合适的。[①] Breckler 曾对 72 篇发表于《社会心理与人格杂志（*Personality and Social Psychology Journal*）》上使用 SEM 进行研究的论文做统计分析后指出，半数以上的论文分析的样本数在 100～500 之间。[②] 本研究共发出调查问卷 300 份，实际回收 276 份，回收率为 92%。在这 276 份问卷中，共有 29 份无效问卷，有效问卷共有 247 份，有效回收率为 82.3%。因此，本研究有效样本数符合上述要求。

样本组织基本情况：本研究的主要对象为知识链组织，以国内参与产学研联盟的组织为研究对象，在产学研中“产”是知识链的主导，因而在调查中重点向“产”一类的组织发放。在有效样本中，生产企业 123 份，占 49.8%；大专院校 68 份，占

① 郑胜华．企业联盟能力理论与实证研究：基于动态能力的观点［D］．杭州：浙江大学，2005：152－162

② Rex B. Kline. Principles and practice of structural equation modeling［M］. New York：the Guilford Press. 1998

27.5%；科研院所 56 份，占 22.7%，见表 4－4。

表 4－4　样本组织类型分布

组织类型	频数	百分比	累计百分比
大专院校	68	27.5%	27.5%
科研院所	56	22.7%	50.2%
生产企业	123	49.8%	100.0%

从研发人数来看，10 人及以下的 98 份，占 39.7%；11～50 人的有 81 份，占 32.8%；51～100 人的 41 份，占 16.6%；101 人及以上的 47 份，占 10.9%，见表 4－5。

表 4－5　样本组织研发人数分布

研发人数	频数	百分比	累计百分比
10 人及以下	98	39.7%	39.7%
11～50 人	81	32.8%	72.5%
51～100 人	41	16.6%	89.1%
101 人及以上	27	10.9%	100.0%

从被调查人员构成来看，管理人员 78 份，占 31.6%，技术人员 132，占 53.4%；行政人员 37 份，占 15.0%，见表 4－6。

表 4－6　人员构成分布

人员构成	频数	百分比	累计百分比
管理人员	78	31.6%	31.6%
技术人员	132	53.4%	85.0%
行政人员	37	15.0%	100.0%

被调查人员发生冲突的情况如下：

表 4-7　与他人合作中发生冲突频率

冲突频率	频数	百分比	累计百分比
非常少	17	6.9%	6.9%
少	72	29.1%	36.0%
一般	56	22.7%	58.7%
多	67	27.1%	85.8%
非常多	35	14.2%	100.0%

表 4-8　在合作中与他人进行经验交流时发生冲突频率

冲突频率	频数	百分比	累计百分比
非常少	21	8.5%	8.5%
少	37	15.0%	23.5%
一般	71	28.7%	52.2%
多	78	31.6%	83.8%
非常多	40	16.2%	100.0%

调查问卷分布情况良好，在产学研组织中分布均匀，并较好地反映了“产”一类组织情况；所调查人员所在单位研发人员情况表明，被调查单位的研发人员集中在 10 人以下到 50 人之间，较大型的研发机构即研发人员在 101 及以上的只有 10.9%；被调查人员中，科研人员占一半以上，管理人员占 31.6%，管理人员和科研人员是本次调查的重点；与他人合作发生冲突主要均匀分布在“少”、“一般”和“多”三种情况下。与他人合作中进行学习交流时发生冲突的频率较高，“一般”占 28.7%，“多”占 31.6%，说明被调查人员在学习交流经验时发生冲突的几率较大。

样本总体描述性统计结果见表 4－9。

表 4－9　样本总体描述性统计①

	N	Range	Minimum	Maximum	Mean		Std. Deviation	Variance	Skewness		Kurtosis	
	Statistic	Statistic	Statistic	Statistic	Statistic	Std. Error	Statistic	Statistic	Statistic	Std. Error	Statistic	Std. Error
*B*1	247	1	4	5	4.44	0.028	0.497	0.247	0.240	0.136	－1.955	0.272
*B*2	247	2	3	5	4.17	0.021	0.381	0.145	1.635	0.136	1.265	0.272
*B*3	247	2	3	5	4.30	0.026	0.474	0.224	0.682	0.136	－1.065	0.272
*S*1	247	3	2	5	3.98	0.037	0.660	0.435	－0.240	0.136	0.086	0.272
*S*2	247	2	3	5	4.13	0.033	0.583	0.340	－0.023	0.136	－0.171	0.272
*S*3	247	2	3	5	4.11	0.030	0.532	0.283	0.100	0.136	0.385	0.272
*S*4	247	2	3	5	3.97	0.027	0.481	0.231	－0.088	0.136	1.353	0.272
*K*1	247	2	3	5	4.09	0.031	0.546	0.298	0.057	0.136	0.267	0.272
*K*2	247	2	3	5	3.97	0.029	0.524	0.275	－0.039	0.136	0.661	0.272
*K*3	247	2	3	5	4.08	0.030	0.543	0.294	0.058	0.136	0.339	0.272
*C*1	247	1	4	5	4.29	0.025	0.455	0.207	0.927	0.136	－1.149	0.272
*C*2	247	2	3	5	4.32	0.027	0.479	0.229	0.624	0.136	－1.161	0.272
Valid *N* (Listwise)	247											

①统计表格来源于 spss 软件生成，译为中文会引起人们对某些专业术语间理解的歧义。全书中其他图表同。

4.4.3　相关分析

相关分析的目的是初步检查变量之间是否存在影响。通过相关分析，可以初步判断模型设置或假设是否合理，也有利于后面的因子分析。一般来说，$r>0.7$ 认为相关性良好；$0.4<r<0.7$ 中等相关性；$r>0.4$ 弱相关性（$P<00.1$）。

运用 SPSS 16.0，对模型中的所有变量作 Pearson 相关分析，结果见表 4−10。

表 4−10　样本各变量的 Pearson 相关系数

	*B*1	*B*2	*B*3	*S*1	*S*2	*S*3	*S*4	*K*1	*K*2	*K*3	*C*1	*C*2
*B*1 Pearson Correlation	1	0.61	0.557	0.617	0.604	0.568	−0.424	−0.449	−0.476	0.533	−0.468	0.554
*B*2 Pearson Correlation	0.61	1	0.692	0.643	0.554	0.646	0.588	0.705	−0.683	0.523	0.517	0.529
*B*3 Pearson Correlation	0.557	0.692	1	−0.438	0.501	0.684	0.656	−0.375	−0.478	0.621	0.679	−0.478
*S*1 Pearson Correlation	0.617	0.643	−0.438	1	0.444	0.626	0.598	0.636	0.347	−0.437	0.535	0.638
*S*2 Pearson Correlation	0.604	0.554	0.501	0.444	1	0.667	0.548	0.642	0.26	−0.395	0.683	0.728
*S*3 Pearson Correlation	0.646	0.684	0.626	0.667	1	0.899	0.714	0.693	−0.634	0.678	−0.434	0.646
*S*4 Pearson Correlation	−0.424	0.588	0.656	0.598	0.548	0.899	1	0.641	0.536	0.501	0.601	0.588
*K*1 Pearson Correlation	−0.449	0.705	−0.375	0.636	0.642	0.714	0.641	1	−0.324	0.616	−0.385	−0.438
*K*2 Pearson Correlation	−0.476	−0.683	−0.478	0.347	0.26	0.693	0.536	−0.324	1	0.655	0.577	0.569
*K*3 Pearson Correlation	0.533	0.523	0.621	−0.437	−0.395	−0.634	0.501	0.616	0.655	1	0.642	0.731
*C*1 Pearson Correlation	−0.468	0.517	0.679	0.535	0.683	0.678	0.601	−0.385	0.577	0.642	1	0.595
*C*2 Pearson Correlation	0.554	0.529	−0.478	0.638	0.728	−0.434	0.588	−0.438	0.569	0.731	0.595	1

4.4.4　问卷信度和效度分析

信度和效度是任何测量工具不可缺少的条件。较高的信度和效度说明测量工具（量表）的科学性。信度（reliability）反映测量结果的一致性和稳定性。效度（validity）说明了测量工具能够测量出研究所需要测量的变量，测量结果与要考察的内容越吻合，则效度越高；反之，则效度越低。

4.4.4.1 信度分析

信度是一致性的问题，说明研究者对相同或相似的问题进行不同的测量，所得到结果的一致性。信度越高标识误差值越低。

本研究采用 Cronbach's Alpha 系数对研究数据进行信度检验，其公式如下：

$$Cronbach's\ Alpha = \left(\frac{K}{K-1}\right)\left(1-\sum_{i=1}^{n}\frac{S_i^2}{s^2}\right) \quad (4-4)$$

式中，K 表示量表项目数，S_i^2 是项目分数变异量，s^2 是测验总分变异量。

Cronbach's Alpha 值越大，表示信度越高。通行规则是量表的 Cronbach's Alpha 大于 0.60，表示量表信度可接受，Cronbach's Alpha 值最好大于 0.70①。而根据吴明隆（2003）的总结，信度系数在 0.50～0.60 之间适用于先导性研究，发展测量工具的 $\alpha>0.70$，基础研究 $\alpha>0.80$。② 李怀祖（2004）认为该指标值超过 0.70，样本数据的信度通过检验。③

经检验，问卷的信度分析结果如表 4－11 所示，信度皆为 0.8 以上，说明本问卷具有良好的信度。

表 4－11 知识链组织之间冲突动因调查问卷表信度分析

Cronbach's Alpha	Cronbach's Alpha Based on Standardized Items	*N* of Items
0.877	0.874	12

4.4.4.2 效度分析

效度包括：内容效度、效标关联效度和建构效度。

① Bagozzi, R. P. & Yi, Y. On the evaluation of structural equation models [J]. Journal of the Academy of Marketing Science, 1988, 16 (1): 74－79

② 吴明隆. SPSS 统计应用实务——问卷分析与应用统计 [M]. 北京：科学出版社，2003：13－19

③ 李怀祖. 管理研究方法论 [M]. 西安：西安交通大学出版社，2004

内容效度（content validity），又称表面效度。内容效度是指量表是否涵盖研究主题所要测量的变量的所有项目。一般而言，由研究者对内容效度进行判断。必须满足两条："测量工具是否可以真正测量到研究者所要测量的变量，测量工具是否涵盖了研究所需变量。"①

本问卷内容是前期通过大量文献研究和实证研究而制定的，为排除错误观察变量对整体模型的污染，进行了干预调查，以便获得可以涵盖研究目标的数据的观察变量。

效标关联效度（criterion-related validity），又称实用效度，指测量工具（量表）的时效性。可分为预测效度（predictive validity）和同时效度（concurrent validity）。"预测效度是指测量工具有能够预测未来的能力。同时效度是指测量工具描述目前现象的有效性。"②

构建效度（construct validity）是指测量工具能测量理论的抽象概念或特质的程度。③ 它从理论着手，再验证结果是否与原理相符，可用因子分析检验。构建效度分为两种：收敛效度（convergent）和区别效度（discriminant）。收敛效度考虑周延性，区别效度考虑排他性。

进行因子分析之前，首先进行 KMO 检验和 Bartlett 检验。衡量数据是否适合因子分析，通常采用如下标注：KMO≥0.9，非常适合；0.8～0.9，很适合；0.7～0.8，适合；0.6～0.7，不太适合；0.5～0.6，很勉强；KMO≤0.5，不适合。

通过因子分析法对知识链组织之间冲突动因指标进行构建效

---

① 荣泰生. AMOS 与研究方法［M］. 重庆：重庆大学出版社，2009：82

② 荣泰生. AMOS 与研究方法［M］. 重庆：重庆大学出版社，2009：83

③ 邱皓政，林碧芳. 结构方程模型的原理与应用［M］. 北京：中国轻工业出版社，2009

度检验，KMO 与 Bartlett's 检验结果见表 4－12。其中，KMO=0.815，P=0.000，说明数据适合进行因子分析。

表 4—12　KMO 与 Bartlett's 检验

Kaiser—Meyer—Olkin Measure of Sampling Adequacy	0.815
Bartlett's Test of Sphericity Approx. Chi—Square	1.670E3
df	66
Sig.	0.000

再运用主成分分析法进行探索性因素分析，按照特征值大于1的原则和最大方差法正交旋转进行因素抽取，结果（见表4—13、表4—14、表4—15）得到5个因子，共解释了总体方差为76.524%，说明本研究各指标设置具备构建效度。

表 4—13　各变量的因子载荷

	Component			
	1	2	3	4
*B*1	0.799	0.351	0.536	0.266
*B*2	0.842	0.369	0.518	0.131
*B*3	0.761	0.230	−0.091	0.772
*S*1	0.551	−0.271	−0.433	−0.097
*S*2	0.615	−0.282	0.103	0.193
*S*3	0.653	−0.634	0.306	−0.004
*S*4	0.537	0.077	−0.329	0.316
*K*1	0.654	−0.638	0.285	−0.011
*K*2	0.698	0.247	−0.375	0.035
*K*3	0.727	0.271	−0.307	−0.047
*C*1	0.606	0.437	0.267	−0.301
*C*2	0.574	0.428	0.033	−0.443

表 4－14　旋转后的各变量因子载荷

	Component			
	1	2	3	4
$B1$	－0.339	0.439	0.698	0.177
$B2$	0.412	0.397	0.716	0.263
$B3$	0.390	－0.441	0.798	0.291
$S1$	0.398	0.542	－0.349	0.331
$S2$	0.255	0.624	0.417	0.193
$S3$	0.387	0.951	0.370	－0.667
$S4$	0.195	0.527	－0.231	0.432
$K1$	0.948	0.398	0.251	－0.269
$K2$	0.795	0.232	0.437	0.496
$K3$	0.810	0.146	0.101	0.206
$C1$	－0.269	0.300	0.577	0.552
$C2$	－0.356	0.369	0.364	0.672

表 4－15　总体方差被解释情况

Component	Initial Eigenvalues			Rotation Sums of Squared Loadings		
	Total	% of Variance	Cumulative %	Total	% of Variance	Cumulative %
1	3.721	31.007	31.007	2.719	22.661	22.661
2	1.788	14.899	45.906	2.453	20.439	43.101
3	1.353	11.275	57.181	1.656	13.798	56.898

续表4-15

Component	Initial Eigenvalues			Rotation Sums of Squared Loadings		
	Total	% of Variance	Cumulative %	Total	% of Variance	Cumulative %
4	1.121	9.342	76.524	1.155	9.625	76.524
5	0.852	7.101	73.624			
6	0.709	5.910	79.534			
7	0.652	5.432	84.966			
8	0.645	5.374	90.340			
9	0.492	4.104	94.444			
10	0.359	2.994	97.438			
11	0.267	2.224	99.662			
12	0.041	0.338	100.000			

拟合度指标（χ^2、χ^2/df、GFI、AGIF、PGFI、CFI、NFI、NNFI、IFI、RMR、RMSEA）被用来检验模型的整体适配度和建构效度。

4.4.5　知识链组织之间冲突因素分析结构模型评价

在所构建的知识链组织之间的冲突动因模型基础上，本章设定的 SEM 初始模型（如图 4-4）经过 AMOS 路径验证，修订模型结果如图 4-5 所示。以下对该模型进行评价。

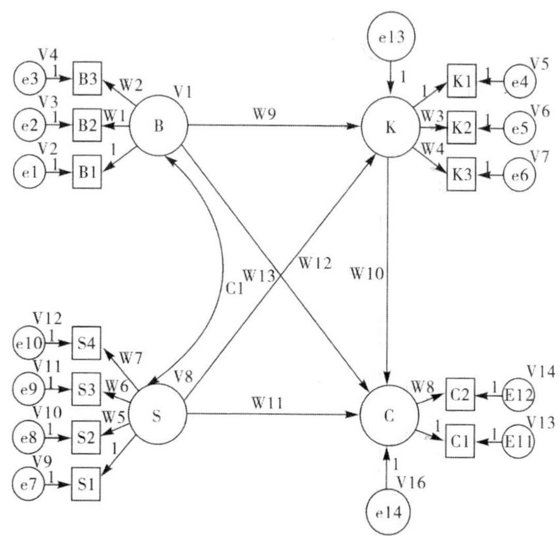

图 4－4　初始 SEM 模型路径图

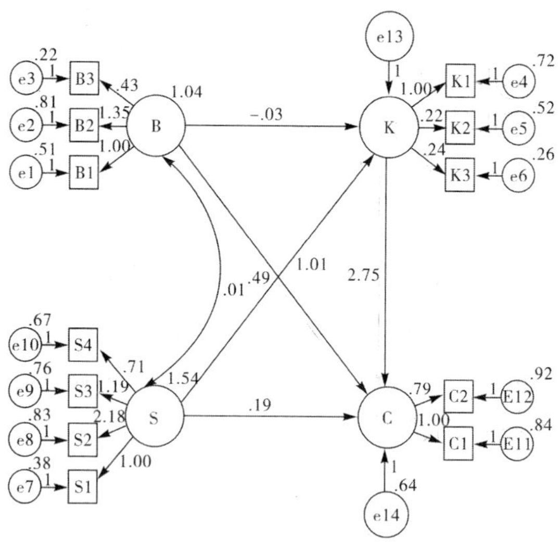

图 4－5　修订后 SEM 模型路径图和路径系数

对模型进行标准化以后得到知识链组织之间冲突动因修正模型，见图 4－6：

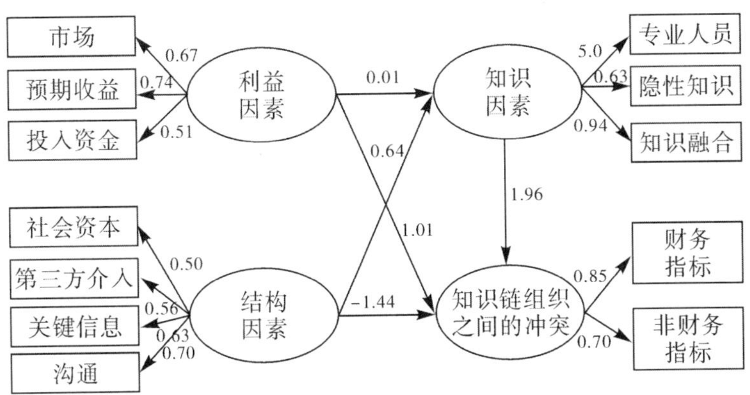

图 4－6　知识链组织之间冲突动因修正模型（Standardized estimates）

4.4.5.1　基本适合度

由于通过因子分析以及预调查后，已将负荷较低的调查项目取消并再进行了全模型验证，因而在基本适合度方面，除了市场、资金对利益因素负荷较低之外，其他变量的基本适合度都在 0.5～0.95 之间，都达到了显著水平。

4.4.5.2　内在适合度

由图 4－6 可见，利益因素（因径系数 1.01）、知识因素（因径系数 1.96）对知识链组织之间冲突有显著的正相关影响，结构因素（因径系数 0.64）通过对知识因素的影响而对最终的知识链组织之间冲突产生影响。

4.4.5.3　整体适合度

根据 AMOS 的分析结果，本模型整体适合度衡量指标如表 4－16 所示。在整体适合度评价指标中，CMIN/*df*、GFI、AGIF、PGFI、CFI、RMSEA、IFI、RMR 均符合评价标准，显示出良好的适合度。卡方值较大，但是在可接受范围之内。RMSEA=0.072，小于 0.08，说明模型的拟合度还是可接受的。

表 4—16　适合度分析表

适合度评价项目	本模型检测值	判定标准	适配结果
1. 绝对拟合指标			
理论模型与观察模型的契合度	CMIN=112.284（P=0.00，df=42）	P>0.05	尚可
CMIN/df	2.67	CMIN/df<3	佳
GFI	0.946	>0.90	佳
RMR	0.017	<0.05	佳
RMSEA	0.072	<0.08	尚可
2. 增值拟合指标			
AGIF	0.899	>0.89	佳
PGFI	0.509	>0.50	佳
IFI	0.958	>0.90	佳
CFI	0.957	>0.90	佳

4.5　SEM 检验结果分析

表 4—17 给出了 SEM 模型中各变量之间的路径关系系数的标准化估计值、临界比（C.R.）以及各路径关系系数的显著性检验结果。通过图 4—5、表 4—17 的数据，可以判断研究假设的正确与否。

表 4—17　SEM 模型的路径参数估计结果

	Estimate	S. E.	C. R.	*P*	Label
K <--- *B*	0.058	0.046	1.275	0.202	*W*9
K <--- *S*	0.700	0.103	6.770	* * *	*W*13
C <--- *K*	2.75	3.302	5.959	* * *	*W*10
C <--- *S*	−1.402	2.274	−0.616	0.538	*W*11
C <--- *B*	1.013	0.241	4.200	* * *	*W*12
*B*1 <--- *B*	1.000				
*B*2 <--- *B*	1.352	0.367	3.688	* * *	*W*1
*B*3 <--- *B*	0.425	0.185	2.300	0.021	*W*2
*K*1 <--- *K*	1.000				
*K*2 <--- *K*	0.216	0.050	4.316	* * *	*W*3
*K*3 <--- *K*	0.236	0.055	4.320	* * *	*W*4
*S*1 <--- *S*	1.000				
*S*2 <--- *S*	2.182	0.326	6.703	* * *	*W*5
*S*3 <--- *S*	1.193	0.215	5.539	* * *	*W*6
*S*4 <--- *S*	0.708	0.162	4.360	* * *	*W*7
*C*1 <--- *C*	1.000				
*C*2 <--- *C*	0.791	0.119	6.665	* * *	*W*8

表 4—18　初始 SEM 模型各变量的方差

	Estimate	S. E.	C. R.	*P*	Label
B	1.040	0.092	2.635	0.008	*V*1
S	1.54	0.171	3.249	0.001	*V*8
*e*13	0.468	0.015	−2.448	0.014	*V*15

续表4－18

	Estimate	S. E.	C. R.	*P*	Label
*e*14	0.641	0.058	4.460	* * *	*V*16
*e*1	0.507	0.061	10.572	* * *	*V*2
*e*2	0.813	0.098	3.664	* * *	*V*3
*e*3	0.217	0.018	12.344	* * *	*V*4
*e*4	0.715	0.068	2.625	0.009	*V*5
*e*5	0.518	0.061	12.642	* * *	*V*6
*e*6	0.260	0.021	12.642	* * *	*V*7
*e*7	0.380	0.030	12.626	* * *	*V*9
*e*8	0.825	0.096	4.051	* * *	*V*10
*e*9	0.762	0.069	12.592	* * *	*V*11
*e*10	0.666	0.071	12.630	* * *	*V*12
*e*11	0.838	0.093	1.610	0.107	*V*13
*e*12	0.923	0.083	7.039	* * *	*V*14

4.5.1 利益因素对知识链组织之间冲突的影响

从结果来看，利益因素对知识链组织之间冲突有正向影响（$W12=1.013$，C.R. $=4.200$，$P<0.001$），临界值大于参考标准值1.96，路径系数的 P 值在0.005水平之上具有显著性，这说明利益因素与知识链组织之间冲突密切相关。而利益因素对知识因素的影响（$W12=0.058$，C.R. $=1.275$，$P=0.202$），临界值小于参考标准值1.96，路径系数的 P 值在0.005水平之下，那么利益因素对知识因素无显著相关性。因此，假设1成立，假设4不成立。

4.5.2　结构因素对知识链组织之间冲突的影响

从结果来看，结构因素对知识链组织之间冲突没有直接影响（W11=−1.402，C.R.=−0.616，P=0.538），临界值小于参考标准值 1.96，路径系数 P 值在 0.005 水平之下无显著性，这说明结构因素与知识链组织之间冲突无直接关系。而结构因素对知识因素的影响（W13=0.7，C.R. =6.770，P<0.01），临界值大于参考标准值 1.96，路径系数的 P 值在 0.005 水平之下，那么结构因素对知识因素显著相关。因此，假设 2 不成立，假设 5 成立。

4.5.3　知识因素对知识链组织之间冲突的影响

从结果来看，知识因素对知识链组织之间冲突有正向影响（W10=2.75，C.R. =5.959，P=0.001），临界值大于参考标准值 1.96，路径系数的 P 值在 0.005 水平之上都具显著性，这说明知识因素与知识链组织之间冲突密切相关。因此，假设 3 成立。

表 4−19　知识链组织之间冲突动因分析检验结果

假设	假设内容	检验结果
1	利益因素与知识链组织之间冲突直接相关	成立
2	结构因素与知识链组织之间冲突直接相关	不成立
3	知识因素与知识链组织之间冲突直接相关	成立
4	利益因素与知识因素相关	不成立
5	结构因素与知识因素相关	成立

4.6 进一步讨论

在此次调查中，运用 SEM 方法对知识链组织之间冲突动因进行了分析。

4.6.1 利益因素对知识链组织之间冲突影响的途径

利益因素通过市场、预期收益、投入资金等对知识链组织间的冲突产生直接影响。

4.6.1.1 市场

知识链成员中包括具有竞争关系的组织，为了保持市场优势地位，它们在知识链内也会对市场进行争夺。失去市场就意味着失去利益，再好的知识没有市场作为依托，也是无用的。所以对市场的争夺，影响着知识链组织之间冲突的产生。

4.6.1.2 预期收益

受到各种因素的影响，预期收益会产生不同的变化。当变化的预期收益足以让组织进行投机行为时，将会破坏知识链中原有的均衡，产生冲突，组织之间进行新的谈判和博弈。

4.6.1.3 投入资金

对知识链的投入决定了新知识生成的速度和质量，也决定了知识链产生利益的分配方案。当组织认为其获得利益与其投入不相匹配时，组织将会采取与知识链整体不协调的行为。

4.6.2 知识因素对知识链组织之间冲突影响的途径

知识因素与知识链组织之间冲突直接相关，主要体现在以下几个方面。

4.6.2.1　专业人员

隐性知识主要存在于个人头脑中，而头脑中拥有这些隐性知识的专业人员，成为知识链创造新知识的中坚力量。知识链组织想方设法对专业人员进行管理和控制，一方面保持了组织的竞争优势，另一方面控制了专业人员也就控制了新知识的产生。这也促使了组织对专业人员的争夺。因而，专业人员的因素直接导致了知识链组织之间的冲突发生。

4.6.2.2　隐性知识外化

为了知识的共享、流动，必须将隐性知识转变成显性知识，即隐性知识外化。在知识外化过程中，难免会造成知识的缺失和误差。当知识的缺失和误差被接受方误判或者误解为传授方的故意行为时，就会造成他们之间的冲突。隐性知识外化是创造新知识中相当重要和必需的过程，任何的误解都会造成冲突，这需要知识链组织做好沟通，合理地解决冲突。

4.6.2.3　知识融合

显性知识在知识链的不同组织、部门、层级、团队、个体间流动、传播和共享称为知识融合，也就是知识被学习和交流的过程，是知识链创造新知识的基础。没有知识融合，就不会增加接受方组织的知识存量，同样失去了知识链的意义。在组织之间知识融合的过程中，出现的问题不能得到及时处理就会影响组织之间的和谐状态，产生冲突。

4.6.3　结构因素对知识链组织之间冲突影响的途径

结构因素与知识链组织之间的冲突无直接关系，但是结构因素强烈影响着知识因素。结构因素虽然不会对知识链组织之间的冲突产生直接的影响，但其可以通过对知识的影响而间接对知识链组织之间的冲突产生影响。现实中也是存在这种影响的。结构因素包括社会资本、关键信息获取、第三方介入等因素，每一种因素都强烈影响着知识链中知识的产生和共享，甚至让组织放弃已有的知识。结构因素对知识的影响最终对冲突造成的影响可以从以下几个方面来说明。

4.6.3.1 社会资本、权力

社会资本是指两个以上的个体或组织通过相互联系和相互作用过程中所形成的社会网络关系来获取稀缺资源并由此获益的能力。社会资本只是指获取资源的能力，资源本身不是社会资本，社会资本具有特定的经济价值。① 那么知识作为一种资源，组织也可以通过社会资本进行获取。比如知识链中缺少某种知识，所有组织现阶段都没有，也不可能短时间内创造出这种知识，那么知识链就面临冲突而解体。但是此时某一组织能够通过其社会网络关系获取这种知识，那么冲突就会消除。从另外一个方面看，如果某一组织能够通过其社会网络获取新知识，那么其就没有必要还在知识链中共同创造新知识，这样也会造成冲突。

在知识链中，权力的缺失或者放大，都会打破原来的平衡，组织之间产生冲突，进行博弈又再次回到平衡点或者知识链瓦解。

4.6.3.2 第三方介入

当有第三方介入时，会改变已有的平衡状态。比如政府作为一个强有力的第三方，一直影响着知识链，特别是产学研联盟。② 政府主导技术发展方向，如果与知识链目标不一样时，就有可能引发组织之间的冲突，一部分组织想继续发展已有的知识技术，有些组织可能想跟随政府的步伐发展知识技术。

---

① 顾新，郭耀煌，李久平．社会资本及其在知识链中的作用［J］．科研管理，2003（5）：44－48

② 科技部专题研究组．外国政府促进产学研结合的政策措施［J］．中国科技产业，2007（7）：85－90

4.6.3.3 关键性信息获取

对知识发展有影响的关键信息，或者其他市场信息，同样会影响知识链组织行为。因为这些信息关系到新知识和新技术的发展走向，但是关键信息并不被所有组织掌握和了解，信息的获取或缺失将造成组织作出不同的行为反应，当这些行为不协调时，同样会造成关键信息的误判，组织将会作出错误的行为，造成冲突。

第 5 章　知识链组织之间的冲突分析①

本章概述了冲突分析的研究现状，运用冲突分析理论，建立了知识链组织之间的冲突分析模型，进行了稳定性分析。

5.1　冲突分析的研究现状

将冲突视为一类独立的问题，加以系统研究，称为冲突分析（Conflict Analysis）。冲突分析是研究冲突现象的数学理论和方法，运用数学模型来描述冲突现象，提取冲突过程的本质和特点，分析各种可能和必然的冲突结果，并为决策者提供有力的决策依据。（汪应洛，1998）

1971 年，Howard 提出了奠定冲突分析领域基础的理论——元对策（Metagame）理论。② 元对策理论突破了传统的对策论研究框架，提出了一种反映冲突主要元素的灵活的符号表示方法；采用局势分析方法，其分析结果更接近实际冲突结果。但元

---

① Gu Xin，Wang Weicheng，Quan Li. Conflict analysis among organizations in knowledge chain [A] . in：Managing Total Innovation and Open Innovation in the 21st Century [C]. Zhejiang University Press，2007，625－629

② Howard N. Paradoxes of Rationality [M]. Cambridge MA：MIT Press，1971

对策理论假定每个冲突参与人对所有参与人的结局喜好程度都相互了解，这在实际中是极难做到的。1977年，Bennett提出了误对策（Hypergame）的概念和方法，讨论了局中人在使用了错误信息情况下冲突问题的基本分析方法。Fraser和Hipel（1979）改进了元对策分析方法，形成了F－H分析方法。[①] Fraser和Hipel（1984）全面总结了冲突分析的理论研究成果和应用效果，将其提出的基本模型推广到多层次的误对策分析、动态模型与随机模型、合作性冲突问题与非合作性冲突问题等方面，开发了供分析人员使用的软件。[②] Kilgour、DeM.和Hipel（1986）运用2－2顺序博弈，以识别支持力在冲突中的优势和劣势。[③] Kilgour、Hipel和Fang（1987，1989，1990）提出了冲突的图示模型[④]，讨论了图示模型下解的概念。[⑤⑥] Fang、Hiple和Kilgour（1993）介绍了冲突分析和图式模型的新理论与应用，提供了一套冲突分析应用软件系统——GMCR。[⑦]

---

① Hipel K. W.，Fraser N. M. Solving complex conflicts [J]. IEEE Trans.，SMC，1979，9 (12)

② Fraser. N. M，K. M. Hipel. Conflict analysis：models and resolutions [M]. New York：North－Holland，1984

③ Kilgour，D. M.，De，M.，Hipel，K. W. Conflict analysis using staying power [A]. Proceedings of the 1986 IEEE International Conference on Systems，Man，and Cybernetics [C]. 1986：454－459

④ Kilgour . D. M，Hipel，Fang. L. The graph model for conflicts [J]. Automatic，1987 (23)：41－55

⑤ Fang. L，Hipel. K. W，Kilgour. D. W. Conflict models in graph form solution concept s and their interrelationship [J]. European Journal of Operational Research，1989 (41)：86－100

⑥ K. W. Hipel，L. Fang. A formal analysis of the Canada － U. S. softwood lumber dispute [J]. European Journal of Operational Research，1990 (46)：235－246

⑦ Fang L，Hipel KW，Kilgour D M. Interactive decision making：The graph model for conflict resolution，1993

我国有关冲突分析理论与方法的研究始于 20 世纪 80 年代末期。王意冈和席酉民（1989）将冲突分析理论应用于企业谈判的事态预测中[①]，王意冈和汪应洛（1991）探讨了对冲突问题进行事前预测和事后分析的动态方法及其收敛条件[②]，孟波（1991）研究了局中人具有模糊偏好信息的冲突分析方法[③]，卢向南（1993）对比了冲突分析与对策论方法，并结合实例进行了分析。[④] 王意冈和申金升（1994）分析了冲突分析动态方法求解的一般原理及其在微观决策中的应用[⑤]，杨乃定和李怀祖（1994）将冲突分析理论应用于企业之间的“商战”[⑥]，黄有度（1994）研究了冲突分析的状态转移法的收敛性[⑦]。吴育华和程德文（1994）研究了信息不完备冲突的建模及分析方法[⑧]。吴育华和程德文（1995）建立了冲突分析的三维模型，并进行了稳定分

---

① 王意冈，席酉民．事态预测的冲突分析方法［J］．预测，1989（2）：28－33

② 王意冈，汪应洛．冲突分析的动态方法及探讨［J］．系统工程理论与实践，1991（4）：41－48

③ 孟波．具有模糊偏好信息的冲突分析方法及应用［J］．系统工程，1991，9（6）：36－41

④ 卢向南．冲突分析——一种新的对策方法［J］．管理工程学报，1993，7（2）：125－131

⑤ 王意冈，申金升．动态冲突分析及其在微观决策中的应用［J］．管理工程学报，1994，8（1）：58－63

⑥ 杨乃定，李怀祖．“现代商战”冲突分析［J］．系统工程，1994，12（6）：14－18，22

⑦ 黄有度．冲突分析的状态转移法的收敛性［J］．系统工程理论与实践，1994（10）：33－36

⑧ 吴育华，程德文．信息不完备冲突分析的研究方法及应用［J］．系统工程学报，1994，9（2）：36－42

析。[①] 周晓玲（1995）将冲突分析应用于市场决策。[②] 冯宗宪、万迪昉和任东升（1996）建立了我国地区间利益冲突分析模型。[③] 李清等（1997，1998）采用冲突分析技术，研究了图们江经济区贸易发展的冲突问题。[④⑤] 刘人境、冯涛、汪应洛和张朋柱（1999）建立了东北亚地区经济合作的冲突模型，通过不同层次的对策分析和结局的灵敏度分析，找出解决冲突的最佳策略。[⑥] 吴育华、程德文和刘扬（2000）阐述了当前国内外有关冲突理论的研究状况，探讨了冲突分析的发展方向。[⑦] 安利平、吴育华和仝凌云（2002）将冲突分析理论与可分辨矩阵方法相结合，提出了冲突矩阵的概念，并根据冲突函数的不同定义和阈值设定，提出导致不同紧密程度的联盟以及不同类型联盟的方法，在此基础上进行带有阈值的局中人的实力—策略分析，探讨了带有权重的冲突函数。[⑧] 李强和王立宏（2003）将协同进化思想应用于冲突分析中，建立了相应的冲突分析模型，并给出模型求

① 吴育华，程德文．冲突分析的三维模型［J］．系统工程理论与实践，1995（8）：30－36

② 周晓玲．冲突分析及其在市场决策中的应用［J］．数理统计与管理，1995，14（6）：5－8

③ 冯宗宪，万迪昉、任东升．90年代中国地区间利益冲突分析模型［J］．数量经济技术经济研究，1996（9）：52－54

④ 李清，徐志军，汪应洛．图们江经济区贸易发展生产要素推动阶段的冲突分析［J］．系统工程理论与实践，1997（5）：60－66

⑤ 李清，徐志军，黄梯云，汪应洛．图们江经济区贸易发展投资推动阶段的冲突分析［J］．管理工程学报，1998，12（1）：63－66

⑥ 刘人境，冯涛，汪应洛，张朋柱．东北亚区域经济合作的冲突分析［J］．中国软科学，1999（2）：88－90

⑦ 吴育华，程德文，刘扬．冲突与冲突分析简介［J］．中国软科学，2000（6）：117－119

⑧ 安利平，吴育华，仝凌云．冲突分析中的联盟确定和策略选择［J］．天津大学学报，2002，35（1）：15－18

解算法。[①] 蔡建峰、张识宇和薛建武（2004）将多维偏好分析技术与现有软对策模型相结合，在冲突分析中引入整体协调人，建立了一个二级递阶模型。[②] 王永超（2007）依据协同环境下冲突管理特性，利用综合层次分析法和模糊综合评价法，对冲突进行量化。[③] 胡庆松（2008）采用多目标遗传进化算法解决了优化冲突多目标相容性预测控制问题。[④] 刘国新（2009）在冲突分析理论基础上，对产学研联盟组织之间的冲突稳定性进行评价，构建了产学研联盟冲突模型。[⑤]

5.2 冲突分析模型

5.2.1 冲突分析的基本过程

将冲突视为一类独立的问题，加以系统研究，称为冲突分析(Conflict Analysis)。冲突分析的目的在于协调冲突中各参与者之间的矛盾，提出最终权宜解决方案。冲突分析方法是在元对策理论基础上发展起来的一种着眼于解决现实社会争端的有效的决策分析方法，为分析和解决知识链组织之间的冲突问题提供了有

---

① 李强，王立宏．企业内部冲突的协同进化分析办法［J］．中国软科学，2003（10）：72－74，71

② 蔡建峰，张识宇，薛建武．两级递阶软对策模型及其在冲突分析中的应用［J］．系统工程，2004，22（4）：95－99

③ 王永超，李原，张杰．基于模糊综合评价的协同环境下冲突量化研究［J］．计算机应用研究，2007，24（6）：46－51

④ 胡庆松，徐立鸿．冲突多目标相容预测控制［J］．系统仿真学报，2008（9）：2402－2406，2411

⑤ 刘国新，闫俊周．产学研战略联盟的冲突模型分析［J］．科技管理研究，2009（9）：417－419，413

力的工具支持。

冲突分析基本模型可记为：$G=\{N, Q, V, UI\}$。$N=\{1, 2, \cdots, i, \cdots, n\}$，为冲突的参与者；$Q=\{q_1, q_2, \cdots, q_i, \cdots, q_m\}$，为当前态势下所有的可行局势集，其中 q_i 为冲突参与者 i 的行动方案。可行局势均用 0～1 序列表示，并将每一局势对应的一列二进制数转化为十进制；V 为各方局中人关于可行局势集中各局势的偏好顺序集（也称偏好向量）；UI 为各局中人关于各自偏好顺序中各元素的单方面改进集①。每位局中人根据自身的实力、立场和要求排列出自己的偏好向量，当然这些不包括那些局中人认为经过逻辑推理和优先选择后不可能出现的方案。还须标出每位局中人的每个策略的单方面改进 UI。然后，对每个局势做稳定性分析，由此便可获得整体的平衡，最后便可决定冲突各方最为安全的策略。冲突分析的基本过程可概括为以下几个环节：①找出局中人；②列举出每个局中人的可能选择策略；③局势的表示和简化；④构造局中人的偏好结构向量；⑤稳定性分析②。冲突分析过程如图 5－1 所示。

5.2.2 冲突分析模型的基本要素

冲突分析是对冲突现象的本质描述，冲突分析模型由以下基本要素组成③④。

---

① 彭艳艳，王济干．冲突分析理论在我国企业劳资关系中的应用［J］．科技管理研究，2005（1）：115－117

② 杨东升，张永安．冲突分析理论在产学研合作中的应用［J］．研究与发展管理，2007，19（6）：134－137

③ 汪应洛．系统工程理论、方法与应用［M］．北京：高等教育出版社，1998：218－219

④ 卢向南．冲突分析——一种新的对策方法［J］．管理工程学报，1993，7（2）：125－131

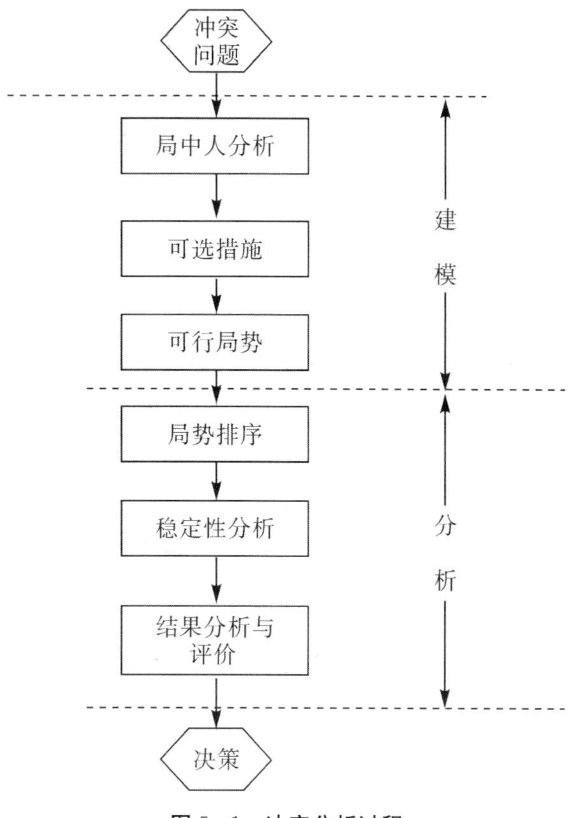

图 5－1　冲突分析过程

5.2.2.1　局中人（Player）

局中人指具有独立决策权的冲突参与者。局中人可以是个人，也可以是集团，如组织、区域或国家等。任何一种冲突都涉及至少两个或更多的局中人。在实践中，利益与行动完全一致的参与者往往被视为同一个局中人。

5.2.2.2　行动（Action）

行动指冲突中局中人各自所采取的行为。每个行为只有采取或不采取两种可能，分别用 1 和 0 表示。

5.2.2.3　策略（Strategy）

在冲突中，每个局中人都有一组可供选择的行动。局中人的一个策略是指一组实际可行的完整行动方案，是每个局中人行动的一个组合。所有行动方案构成局中人的策略空间。一个实际可行的完整行动方案并不是指某个单独的行动，而是指一组对所有行动的选择。行动与策略的区别在于策略是一组实际可行的完整行动方案，包括对所有行动的取舍。

5.2.2.4　局势（Outcome）

对每个局中人已选定的一个策略组合起来形成的状态，称为一个冲突的局势，可用二进制或十进制数字表示。任何冲突的局势都与所有局中人的策略选择有关。虽然可由局中人各自行动产生，但从逻辑上或偏好上看不可能采用的局势，称为不可行局势（Infeasible Outcome）。不可行局势的类型有：①对于局中人自身而言，从逻辑推理上是不可能形成的局势；②对于局中人自身而言，在选择策略时偏好上是不可能形成的局势；③局中人之间在逻辑推理上是不可能形成的局势；④局中人之间在选择策略时偏好上是不可能形成的局势。不可行局势需要从局势集合中删除。经过删除后的局势称为可行局势。

5.2.2.5　偏好向量（Preference Vector）

由于局中人在冲突中的利益不同，他们对各种局势具有不同的偏好。各局中人根据各自的目标要求和价值标准，对可行局势按优劣顺序排序后的十进制数字序列，称为该局中人的偏好向量。在实践中，决策者的偏好往往无法用定量信息来描述，因此，大多数冲突分析模型都使用定性信息来描述局中人的偏好。

5.2.2.6　时间点（Time Point）

时间点是指冲突开始发生的时刻，也就是得到有用信息的终点。对于静态冲突模型，需确定一个时间点，作为模型中所使用的信息的截止时间。若需增添新的信息，则需重建模型。

5.2.3 冲突分析模型的稳定性分析

在冲突分析中，假定所有的决策者都是理性的，因此，在有几种可能的选择时，决策者总是选择能给他带来最有利局势的策略。

没有一个局中人能够单独决定冲突的局势，稳定解是最有可能为所有局中人所接受的局势。稳定性分析就是寻找稳定解的过程。在稳定性分析中，需要根据选用的决策准则，确定每个局势相对于每个决策人的稳定性，稳定性分析的结果可以为决策者提供有力的决策依据。

5.2.3.1 单方面改进（Unilateral Improvement）

若局中人 i 可以通过改变其策略而使局势 q 改变成 q'，且 q' 比 q 更优，则称对于局中人 i，局势 q 存在着单方面改进，记为 UI。所谓单方面有两层含义：一是局中人只能改变自己的策略，不能改变其他局中人的策略；二是各局中人总是设法使各局势向更优局势方向改进。

5.2.3.2 稳定局势

稳定局势可分为以下几类：

（1）合理性稳定局势（Rational Stable）

对局中人 i 而言，若某局势 q 不存在单方面改进（UI），则称 q 是 i 的合理性稳定局势（*Rational Stable*），简记为 r，即在其他局中人不改变其策略时，对于局中人 i，局势 q 是最优的。

（2）连续惩罚性稳定局势（Sequentially Sanctioned Stable）

对局中人 i 而言，若某局势 q 存在 UI 局势 q'，而对其他局中人，局势 q' 也存在 UI 局势 q''，且对 i 而言，q'' 不比 q 更优，则称 q 的 UI 局势 q' 存在一个连续性惩罚（此惩罚阻止 i 的局势从 q 变到 q'）。若局中人 i 的所有 UI 局势都存在连续性惩罚，则对于 i，q 是连续性惩罚稳定局势，简记为 s。

(3) 不稳定局势 (Unstable)

对于局中人 i 而言，若局势 q 存在 UI 且不是 s，则称对于局中人 i，局势 q 是不稳定局势，简记为 u。

(4) 同时惩罚性稳定局势 (Simultaneously Sanctioned Stable)

若局势 q 对于局中人 i 和 j 都是不稳定局势。局中人 i 对局势 q 的 UI 和局中人 j 同时对局势 q 的 UI 而产生的局势中，对于局中人 i 而言，若存在一个局势不比 q 更优，则对于局中人 i，局势 q 的 UI 局势存在一个同时性惩罚。若对于局中人 i，局势 q 的全部 UI 局势都存在同时性惩罚，则对于局中人 i，局势 q 为同时惩罚性稳定局势，简记为 v。

(5) 全局稳定局势

对于所有的局中人，如果某个局势 q 或属于 r，或属于 s，或属于 v，则称 q 为全局稳定局势 (Equilibrium)，简记为 E。冲突分析问题至少存在一个全局稳定局势。

稳定性分析的一般过程见图 5-2，具体步骤为：

1) 对各局中人的偏好向量进行分析，填制冲突分析的稳定性分析表；

2) 确定各局势的单方面改进，即分别排出各局中人的单方面改进 (UI)；

3) 进行各局势的个体稳定性分析。

按照下列顺序分别对各局中人进行稳定性分析：

①若某局势不存在 UI，则该局势就是合理性稳定局势，在其上标记"r"。

②对所有存在 UI 的局势，检查其是否为 s。若是，则在其上方标记"s"。

③若局势 q 存在 UI，但没有"s"标记，则 q 是不稳定局势，在其上标记"u"。

④对于各局中人均为 u 的局势，检查其是否为 v。若是，在其上方标记“v”；否则，仍为“u”。

4）找出全局稳定局势，即若局势 q 对于所有局中人都是稳定的，亦即在不同局中人之个体稳定性栏目上标有“r”、“s”或“v”，则将 q 称作全局稳定局势（Equilibrium），在 q 上标记“E”，否则标记“N”。

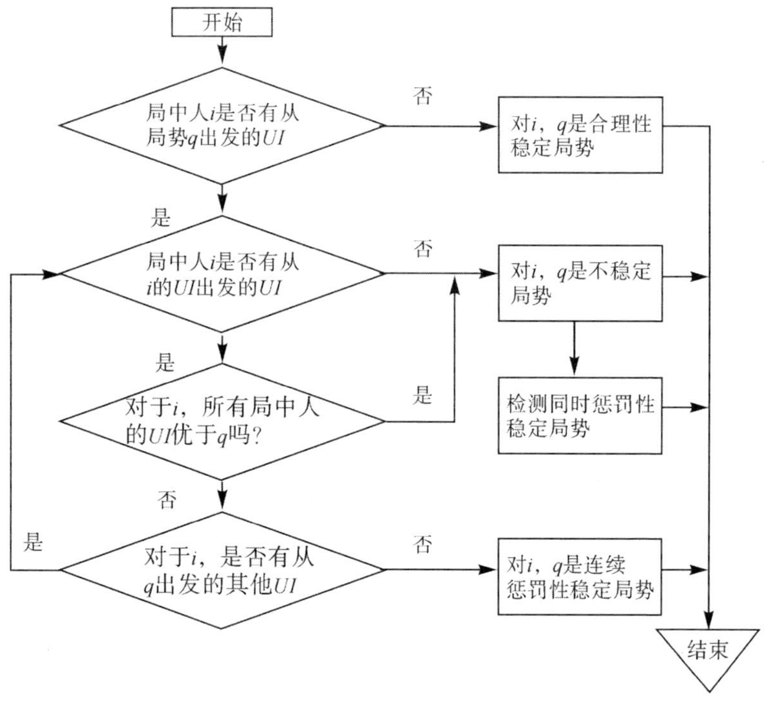

图 5-2　稳定性分析的一般过程

5.3　知识链组织之间冲突分析模型

5.3.1　冲突分析模型的建立

对于知识链组织之间的冲突分析，考虑最简单的情形——只有两个组织成员的冲突，即只有两个局中人，分别是成员 1 和成员 2。根据知识链运行的特殊条件，可知不论成员 1 还是成员 2，他们的策略都是一样的，且只有三种可能，即知识完全共享、知识部分共享、知识完全不共享。由于当在知识完全共享和知识部分共享策略上均采取行动方案 0 时，即代表知识完全不共享，因此在局势表中不单列知识完全不共享这一策略，它已包含在整个分析过程中。

5.3.1.1　局势分析

在冲突中，每个参与者都可根据别的参与者采取方案的情况选择自己的对策，当每个参与者选定了一个方案后，所形成的组合称为一个局势①。经过分析和计算，得出 16 个局势，见表 5−1。

表 5−1　冲突双方局势表

局中人	策略	局势															
成员 1	完全共享	0	1	0	1	0	1	0	1	0	1	0	1	0	1	0	1
	部分共享	0	0	1	1	0	0	1	1	0	0	1	1	0	0	1	1
成员 2	完全共享	0	0	0	0	1	1	1	1	0	0	0	0	1	1	1	1
	部分共享	0	0	0	0	0	0	0	0	1	1	1	1	1	1	1	1
十进制数		0	1	2	3	4	5	6	7	8	9	10	11	12	13	14	15

① 杨东升，张永安．冲突分析理论在产学研合作中的应用［J］．研究与发展管理，2007，19（6）：134−137

从表 5－1 中的所有 16 个局势可以看出，有一些局势是不符合逻辑推理和偏好选择的，应该排除。例如局势 3（1100），它表示成员 1 既采取知识完全共享的策略又采取知识部分共享的策略，成员 2 采取知识完全不共享的策略。显然，这种逻辑对于成员 1 来说是不可能发生的，因此局势 3 为不可行局势。同理，其他 6 个局势：7（1110）、11（1101）、12（0011）、13（1011）、14（0111）、15（1111）也是不可行局势。而剩下的 9 个局势均为可行局势，如下表 5－2 所示。

表 5－2　冲突双方可行局势表

局中人	策略	局势								
成员 1	完全共享	0	1	0	0	1	0	0	1	0
	部分共享	0	0	1	0	0	1	0	0	1
成员 2	完全共享	0	0	0	1	1	1	0	0	0
	部分共享	0	0	0	0	0	0	1	1	1
十进制数		0	1	2	4	5	6	8	9	10

5.3.1.2　偏好向量分析

从表 5－2 可以看出，局势 4（0010）对于成员 1 来说是最理想的，因为此时成员 1 不需共享自己的任何知识，就可以得到成员 2 的全部知识。其次是局势 8（0001），此时成员 1 不共享自己的任何知识就可以得到成员 2 的部分知识。按此逻辑推理依次下来是局势 6、局势 10、局势 5、局势 0、局势 9、局势 2、局势 1。局势 1 对于成员 1 来说是最不理想的，因为此时成员 1 共享了自己的全部知识但却得不到成员 2 的任何知识。按此理想性排序，可得到成员 1 的偏好向量表，见表 5－3。

表 5-3　冲突中成员 1 的偏好向量表

局中人	策略	局势								
成员 1	完全共享	0	0	0	0	1	0	1	0	1
	部分共享	0	0	1	1	0	0	0	1	0
成员 2	完全共享	1	0	1	0	1	0	0	0	0
	部分共享	0	1	0	1	0	0	1	0	0
十进制数		4	8	6	10	5	0	9	2	1

同理可得出成员 2 的偏好向量表，见表 5-4。

表 5-4　冲突中成员 2 的偏好向量表

局中人	策略	局势								
成员 1	完全共享	1	0	1	0	1	0	0	0	0
	部分共享	0	1	0	1	0	0	1	0	0
成员 2	完全共享	0	0	0	0	1	0	1	0	1
	部分共享	0	0	1	1	0	0	0	1	0
十进制数		1	2	9	10	5	0	6	8	4

5.3.2　稳定性分析

结合表 5-3 和表 5-4 可以看出，对于成员 1，局势 4、8、0 都不存在单方面改进的可能。对于成员 2，局势 1、2、0 都不存在单方面改进的可能，因此局势 4、8、0 对于成员 1，局势 1、2、0 对于成员 2 都是合理性稳定局势。对于成员 1，局势 6 存在着一个单方面的改进局势 4，而局势 4 对成员 2 来说存在着单方面的改进局势 8，局势 8 对于成员 1 来说要劣于局势 6，所以局势 6 为成员 1 的连续惩罚性稳定局势。同理，局势 10、5 对于成员 1，局势 9、10、5 对于成员 2 都是连续惩罚性稳定局势。对于成员 1 来说，局势 2 存在单方面改进的局势 0，而对于成员 2

来说，局势 0 不存在单方面改进的可能，因此局势 2 为成员 1 的不稳定局势。同理，局势 1 也为成员 1 的不稳定局势，局势 8、4 为成员 2 的不稳定局势；对于成员 1 来说，局势 9 存在着单方面改进局势 10，对于成员 2 来说，局势 9 同样也存在单方面改进的局势 1，因此局势 9 对于成员 1 和成员 2 来说均是不稳定局势，又成员 1 和成员 2 同时进行单方面改进可得局势 2，对于成员 1 而言，局势 2 并不比局势 9 更优，因此局势 9 为成员 1 的同时惩罚性稳定局势。同理，局势 6 为成员 2 的同时惩罚性稳定局势。

由以上分析可以得出稳定分析表，如表 5−5 所示。

表 5−5　冲突的稳定分析表

类别	成员 1								
	N	*N*	*N*	*E*	*E*	*E*	*N*	*N*	*N*
	r	*r*	*s*	*s*	*s*	*r*	*v*	*u*	*u*
偏好向量	4	8	6	10	5	0	9	2	1
单方面改进（*UI*）			4	8	6		10	0	2
					4		8		0
类别	成员 2								
	r	*r*	*s*	*s*	*s*	*r*	*v*	*u*	*u*
偏好向量	1	2	9	10	5	0	6	8	4
单方面改进（*UI*）			1	2	9		10	0	8
					1		2		0

根据冲突稳定性的条件，只有当某一个局势（q）对冲突双方都有一定的稳定解（r、s、v）时，这个局势才算是全局稳定局势，否则称为非全局稳定局势。根据表 5−5 可以看出，局势 10、5、0 都是全局稳定局势，即此冲突分析模型中有三个稳定解：局势 10＝（部分共享，部分共享），局势 5＝（完全共享，

完全共享)，局势 0=（不共享，不共享)。但这三个全局稳定局势中，只有局势 0 对于成员 1 和成员 2 来说都是合理性稳定局势，即局势 0 对于成员 1 和成员 2 来说是最优的，成员 1 和成员 2 对稳定解 0 都具有更高的偏好。即在知识链的实际运行中，在不存在外部约束的条件下，知识链组织成员更倾向于采取知识不共享的策略，期望通过自己的知识不共享而无偿获得合作伙伴的全部或部分知识。每个知识链组织成员都倾向采取知识不共享的策略，必然会极大地妨碍知识链中的知识流动与知识共享，引起知识链组织成员之间的相互埋怨、指责，进而形成冲突。应该说，因组织成员不愿共享自身知识而引起的冲突是知识链中最主要和最大的冲突。如果这种冲突不能得到有效的约束、控制和调节，便会愈演愈烈，最终导致知识链的瓦解。

第6章　知识链组织之间的冲突水平评价①

本章从知识链组织之间冲突动因三维模型和冲突存在形式两个方面构建知识链组织之间冲突水平层次结构模型，应用层次分析法和模糊综合评价法对知识链组织之间冲突进行评价。

6.1　知识链组织之间的冲突水平层次结构模型

本章主要从冲突动因以及冲突存在形式两个方面构建知识链组织之间冲突水平层次结构模型，共包括4层结构。

6.1.1　冲突动因层次结构模型

通过对知识链组织之间冲突因素分析，本研究建立了利益因素、结构因素和知识因素三维模型，建立知识链间冲突动因层次结构，如图6-1所示。

知识链组织之间的冲突动因评价指标因素集：$C=\{C_1, C_2, C_3\}=$｛利益因素，结构因素，知识因素｝；细分评价因素

① 全力，顾新．知识链组织之间冲突的模糊综合评价［J］．软科学，2010，24（5）：26-30

集合为：$C_1=\{C_{11}, C_{12}, C_{13}\}$ = {市场，预期收益，资金}；$C_2=\{C_{21}, C_{22}, C_{23}, C_{24}\}$ = {社会资本，第三方介入，关键信息，沟通}；$C_3=\{C_{31}, C_{32}, C_{33}\}$ = {专业人员，隐性知识，知识融合}。

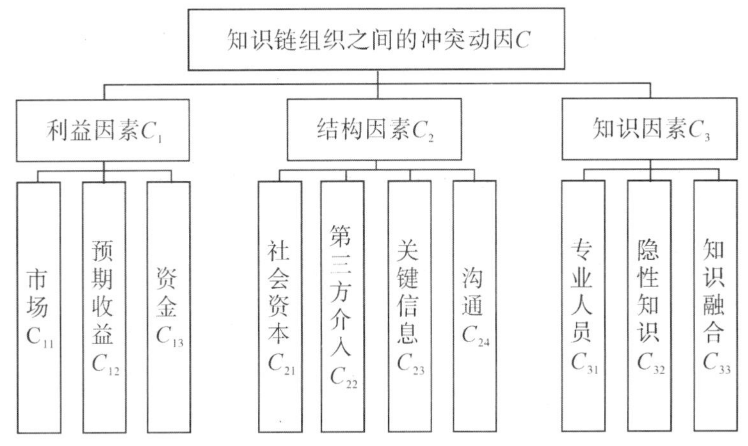

图 6—1　知识链组织之间冲突动因层次结构

6.1.2　冲突演变层次结构模型

通过对知识链组织之间冲突存在形态的分析，本研究建立了知识链组织之间冲突存在形态层次结构，如图 6—2 所示。

知识链组织之间的冲突存在形态评价指标因素集：$L=\{L_1, L_2, L_3, L_4, L_5\}$ = {潜在冲突，知觉冲突，意向冲突，行为冲突，结果冲突}。

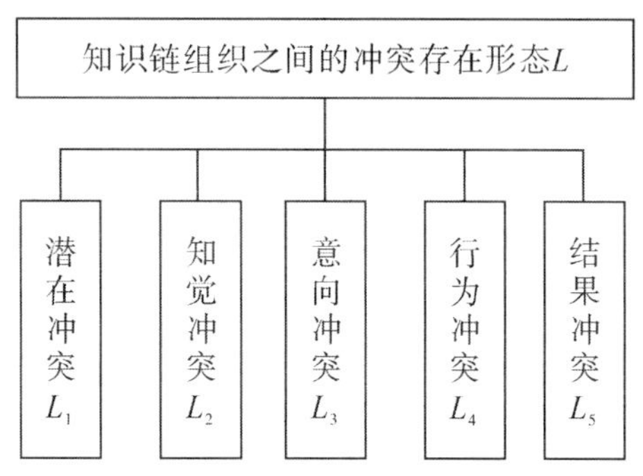

图 6—2　知识链组织之间冲突存在形态层次结构模型

6.1.3　知识链组织之间冲突水平层次结构模型

知识链组织之间冲突水平层次结构如图 6—3 所示。

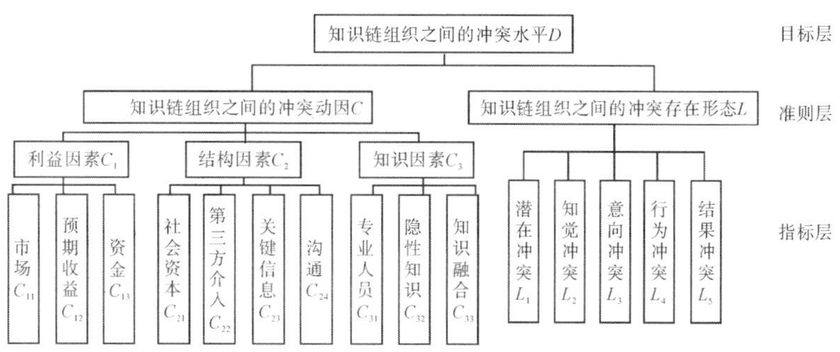

图 6—3　知识链组织之间冲突水平层次结构模型

知识链组织之间的冲突水平评价指标因素集：$D = \{C, L\}$ ＝ {冲突因素，冲突存在形态}。

通过对组织之间冲突动因和冲突的演变分析，最终确定知识链组织之间的冲突水平。

6.2 知识链组织之间的冲突水平评价——模糊综合评价

知识链组织之间冲突水平评价目的在于通过对冲突各因素相互作用和冲突存在形态的评估，以确定知识链组织面临冲突的状态水平。模糊综合评价主要包括以下步骤①：

1）确定模糊集，包括评价对象集合、评价因素集合和评价评语集合；

2）确定知识链组织之间冲突水平权重；

3）单因素模糊评价矩阵；

4）模糊矩阵。

6.2.1 确定模糊集

1）确定评价对象集合：$Z=\{z_1, z_2, \cdots, z_i\}$，其中 z_i 表示知识链组织之间的冲突水平评价因素，z_1 为知识链组织之间动因，z_2 为知识链组织之间冲突形态。

2）确定评价指标因素集（见图6－3）。

3）层次评价结果是通过评价评语集进行描述的，它是结果的直接表述。在现实中，获得的各因素处理结果可能都处于很合适的状态，但是没有直接的证据表明知识链组织之间的冲突就一定满意。过高或者过低的冲突水平对知识链而言都是有害的，将会影响知识链业绩，只有适度的冲突水平，才是知识链组织之间冲突的满意状态。因此，本章将各个指标的评语分为5个等级，

① 王永超，李原，张杰．基于模糊综合评价的协同环境下冲突量化研究［J］．计算机应用研究，2007，24（6）：45－47，51

冲突水平评价评语集为：$V=\{V_1, V_2, V_3, V_4, V_5\}=\{$很低，较低，适中，较高，很高$\}$。

6.2.2 确定冲突水平评价指标因素权重

冲突水平评价指标因素权重集使用层次分析法，降低了个人主观性对结果的干扰，更能客观现实地反映冲突水平状态。1977年，运筹学家 A. L. Saaty 教授在第一届国际数学建模会议上发表的《无结构决策问题的建模——层次分析法》是公认的关于层次分析方法的重要论文。[①] 层次分析法（The Analytic Hierarchy Process，AHP），是"一种将决策问题的有关元素分解成为目标、准则、方案等层次，在此基础上进行定性分析和定量分析的一种决策方法"[②]。AHP 被广泛应用于政策制定、冲突管理、资源配给、方案优化及决策管理等众多需要定量和定性综合分析的领域。

虽然层次分析法需要一定的数学基础，但是其体现的是一种化繁为简的思想，把复杂命题分解成为不同层次的问题，再通过对相同层次中的各指标因素进行两两比较，得到各因素的相对重要性。最后，综合各方专家的意见，获得策略选择中各方案的权重，为决策者选择合适行为提供参考。AHP 将定量分析和定性分析相结合，既保留了专家主观判断上人性思维的光芒，又体现了数学精确思维的优点。解决了专家和决策者之间难以沟通的鸿沟，又为决策者的决策行为提供了科学、可靠的意见参考，甚至决策者可以直接利用 AHP 进行决策选择。

---

① Saaty T. L.，1977c，Modeling unstructured decision problem：A theory of analytical hierarchies [J]. Proceedings of the First International Conference on Mathematical Modeling，University of Missoure Rolla，1977 (1)：352－358

② Saaty T. L. Decisions making for leaders [M]. California：Wadsworth，Inc，1982：291

确定知识链组织之间的冲突水平评价指标权重的基本步骤：

1）建立起知识链组织之间冲突因素的层次结构模型（图 6—3）；

2）采用 1～9 标度法对评价因素进行两两比较，建立起判断矩阵；

3）进行一致性检验后，利用数学方法确定每一层次全部因素的相对重要程度的权值。

6.2.2.1　构造判断矩阵和计算权重

首先，通过知识链组织之间的冲突水平层次分析结构模型（见图 6—3）确定不同层次之间的隶属关系；然后，根据冲突水平层次分析结构模型和专家评判，得到各层次评价因素判断矩阵 $\boldsymbol{B}$。$\boldsymbol{B}$ 表示对于 n 层 i 元素，$n-1$ 层与 i 元素相关元素之间相对权重。用 b_{ij} 表示 p_i 与 p_j 对上一层冲突水平评价因素 p 的影响程度之比，按照 1～9 的冲突因素标度方法（见表 6—1）进行两两比较。n 个被比较的冲突元素便构成一个两两比较的判断矩阵 $\boldsymbol{B}=(b_{ij})_{n\times n}$。

用和积法[①]进行权重向量计算，得出各层冲突因素的相对权重集 P，具体步骤如下：

1）按列规范化判断矩阵 $\boldsymbol{B}$，$\bar{d}_{ij}=b_{ij}/\sum_{k=1}^{n}b_{kj}$；

2）计算 $\bar{p}_i=\sum_{k=1}^{n}\bar{d}_{ij}(i=1,2,\cdots,n)$。

将 $\bar{p}_i$ 规范化，即得 $P_i=\bar{p}_i/\sum_{k=1}^{n}\bar{p}_k(i=1,2,\cdots,n)$，即得到冲突水平判断因素的相对权重集 $\boldsymbol{P}$：

① 徐玖平，胡知能，王缕．运筹学［M］．北京：科学出版社，2004：265－273

$\boldsymbol{P}_D=(p_C,\ p_L)$，$\boldsymbol{P}_C=(p_{c1},\ p_{c2},\ p_{c3})$，$\boldsymbol{P}_L=(p_{L1},\ p_{L2},\ p_{L3},\ p_{L4},\ p_{L5})$

$\boldsymbol{P}_{C1}=(p_{c11},\ p_{c12},\ p_{c13})$，$\boldsymbol{P}_{C2}=(p_{c21},\ p_{c22},\ p_{c23},\ p_{c24})$，$\boldsymbol{P}_{C3}=(p_{c31},\ p_{c32},\ p_{c33})$

表 6－1　判断矩阵标度方法

标　度	含　　义
1	两个冲突水平评价因素相比，具有同样的重要性
3	两个冲突水平评价因素相比，此因素稍显重要
5	两个冲突水平评价因素相比，此因素明显重要
7	两个冲突水平评价因素相比，此因素较强重要
9	两个冲突水平评价因素相比，此因素极强重要
2，4，6，8	上述两相邻判断中值
倒　数	相应两冲突水平评价因素交换次序比较

6.2.2.2　冲突判断矩阵一致性检查

某层冲突水平判断因素较多时，为了避免通过两两比较得到的判断矩阵 **B** 不一致，需检验随机一致性比率（*CR*），公式如式 6－1 和 6－2：

$$CI=\frac{(\lambda_{\max}-n)}{(n-1)} \tag{6-1}$$

$$CR=CI/RI \tag{6-2}$$

就一般情况而言，1、2 阶判断矩阵具有完全一致性。“2 阶以上矩阵，当 *CR*＜0.1 时，矩阵一致性较佳；反之，判断矩阵需要调整，以满足一致性的要求。”① 1～11 阶矩阵的平均随机一

① KLEIN M. Conflict management as part of all integrated exception handing approach [J]. Artificial Intelligence for Engineering Design, Analysis and Manufacturing, 1995, 9 (6): 259－267

致性指标 RI 如表 6−2 所示。

表 6−2 平均随机一致性指标 RI

RI	n										
	1	2	3	4	5	6	7	8	9	10	11
值	0	0	0.58	0.90	1.12	1.24	1.32	1.41	1.45	1.49	1.51

6.2.3 单因素模糊评价矩阵

评价某对象，可以从因素集 $d_i = \bigvee_{i=1}^{n}(p_i \wedge \gamma_{ij})$ 和评语集 $V=\{v_1, v_2, v_3, v_4, v_5\}$ 开始着手，单因素冲突评价矩阵 $\boldsymbol{R}_i$ 可表示为：

$$\boldsymbol{R}_i = \begin{bmatrix} r_{i11} & r_{i12} & \cdots & r_{i1m} \\ r_{i21} & r_{i22} & \cdots & r_{i2m} \\ \vdots & \vdots & & \vdots \\ r_{in1} & r_{in2} & & r_{inm} \end{bmatrix} \tag{6−3}$$

矩阵 $\boldsymbol{R}_i$ 的 $i=2$，即 C 和 L；评价集元素的个数（R）即为 $\boldsymbol{R}_i$ 的列数 m，此处为 $m=5$。第 n 行 $\boldsymbol{R}_n=(r_{n1}, r_{n2}, \cdots, r_{nm})$ 为第 n 个因素 p_i 的单因素评价，C_i 和 L_i 中所含评价因素的个数决定 j 的个数，此处 $n(C_i)=10$，$n(L_i)=5$。r_{ijk} 取值办法为收集评价组成员的评价意见。

6.2.4 模糊矩阵

影响知识链组织之间的冲突水平因素很多，并且相互影响，采用多级模糊综合评价对冲突水平进行评价。$\boldsymbol{A}=\boldsymbol{B}\cdot\boldsymbol{R}_i$，由权重集 P 与单因素模糊评价矩阵 $\boldsymbol{R}_i$ 合成，进行模糊综合评价求取评价模糊集 $\boldsymbol{A}$。模糊集 $\boldsymbol{A}$ 的获取一般使用以下 5 种模糊算子运算模型①，如表 6－3 所示。

表 6－3 常见的模糊算子运算模型

序号	运算模型	运算公式
1	$M(\wedge, \vee)$	$d_j = \bigvee_{i=1}^{n} (p_i \wedge \gamma_{ij})$
2	$M(\cdot, \vee)$	$d_j = \bigvee_{i=1}^{n} (p_i \cdot \gamma_{ij})$
3	$M(\wedge, \oplus)$	$d_j = \sum_{i=1}^{n} (p_i \wedge \gamma_{ij})$
4	$M(\cdot, \oplus)$	$d_j = \sum_{i=1}^{n} (p_i \cdot \gamma_{ij})$
5	$M(\cdot, +)$	$d_j = \sum_{i=1}^{n} (p_i \wedge \cdot_{ij})$，且 $\sum_{i=1}^{n} p_i = 1$

$\boldsymbol{A} = \boldsymbol{B} \cdot \boldsymbol{R}_i$，其中 $\boldsymbol{A} = (b_1, b_2, b_3, b_4, b_5)$ 是 V 上的模糊向量，a_i 采用 $M(\wedge, \oplus)$ 型算子计算，$\wedge$ 表示取小，$a \oplus b = \min(1, a+b)$，由于权重分配满足 $\sum_{i=1}^{m} p_i = 1$，因此，运算 $\oplus$ 与普通加法一致，并对 P_i 进行归一化处理。

1）依次得出第二层冲突因素的模糊评价集 $\boldsymbol{A}_i^{(2)}$。

$$\boldsymbol{A}_i^{(2)} = \boldsymbol{P}_i^{(2)} \cdot \boldsymbol{R}_i^{(2)}$$

$$= (p_1^{(2)}, p_i^{(2)}, \cdots, p_n^{(2)}) \begin{bmatrix} r_{i11} & r_{i12} & \cdots & r_{i1m} \\ r_{i21} & r_{i22} & \cdots & r_{i2m} \\ \vdots & \vdots & & \vdots \\ r_{in1} & r_{in2} & \cdots & r_{inm} \end{bmatrix} \tag{6-4}$$

2）根据多级模糊综合评价模型的运算规则，第二层评价的

① 李士勇．工程模糊数学及应用［M］．哈尔滨：哈尔滨工业大学出版社，2004：96－107

结果作为第一层评价的评价矩阵，则二级模糊综合评价集为

$$\mathbf{A}_i^{(1)} = \boldsymbol{P}_i^{(1)} \cdot \mathbf{R}_i^{(1)}$$

$$= (p_1^{(1)}, p_2^{(1)}, \cdots, p_n^{(1)}) \begin{bmatrix} \mathbf{A}_1^{(2)} \\ \mathbf{A}_2^{(2)} \\ \vdots \\ \mathbf{A}_n^{(2)} \end{bmatrix}$$

$$= (b_1, b_2, b_3, b_4, b_5) \tag{6-5}$$

综合评价结果的评价集是以隶属度来表示，较全面地反映了评价的情况。式（6－5）表明知识链组织之间的冲突水平在评语集 $V=$｛很低，较低，适中，较高，很高｝上的隶属度为（b_1，b_2，b_3，b_4，b_5）。知识链组织之间冲突水平的判定原则为最大原则。

6.3　模型运用

假设对某一知识链组织之间冲突进行定量化评测，以获得知识链所面临的冲突水平。其计算步骤如下。

6.3.1　判断矩阵

根据 AHP 法，知识链组织之间冲突水平判断矩阵及计算结果如下表：

表 6－4　$D-C$、L 冲突判断矩阵及一致性检查

D	C	L	w	CR
C	1	7	0.875	0<0.1
L	1/7	1	0.125	

表 6—5　$C-C_i$ 冲突判断矩阵及一致性检查

C	C_1	C_2	C_3	w	CR
C_1	1	2	4	0.535	0<0.1
C_2	1/2	1	3	0.344	
C_3	1/4	1/3	1	0.121	

表 6—6　C_1-C_{1j} 冲突判断矩阵及一致性检查

C_1	C_{11}	C_{12}	C_{13}	w	CR
C_{11}	1	1/5	1/2	0.114	0.0365<0.1
C_{12}	5	1	4	0.669	
C_{13}	2	1/4	1	0.217	

表 6—7　C_2-C_{2j} 冲突判断矩阵及一致性检查

C_2	C_{21}	C_{22}	C_{23}	C_{24}	w	CR
C_{21}	1	1/5	3	2	0.208	0.01<0.1
C_{22}	5	1	7	4	0.571	
C_{23}	1/3	1/7	1	1/3	0.061	
C_{24}	1/2	1/4	3	1	0.160	

表 6—8　C_3-C_{3j} 冲突判断矩阵及一致性检查

C_3	C_{31}	C_{32}	C_{33}	w	CR
C_{31}	1	5	8	0.622	0<0.1
C_{32}	1/5	1	6	0.320	
C_{33}	1/8	1/6	1	0.057	

表 6-9　$L-L_i$ 冲突判断矩阵及一致性检查

L	L_1	L_2	L_3	L_4	L_5	w	CR
L_1	1	2	2	8	4	0.367	0<0.1
L_2	1/2	1	2	6	3	0.270	
L_3	1/2	1/2	1	5	4	0.237	
L_4	1/8	1/6	1/5	1	2	0.075	
L_5	1/4	1/3	1/4	1/2	1	0.050	

6.3.2　知识链组织之间冲突动因权重计算

$$\boldsymbol{A}_{13}^{(3)} = \boldsymbol{p}_{13}^{(3)} \cdot \boldsymbol{p}_{13}^{(3)}$$

$$= (0.622\quad 0.320\quad 0.057)\begin{pmatrix} 0.17 & 0.30 & 0.30 & 0.10 & 0.13 \\ 0.20 & 0.27 & 0.23 & 0.13 & 0.17 \\ 0.04 & 0.11 & 0.29 & 0.40 & 0.16 \end{pmatrix}$$

$$= (0.176\quad 0.140\quad 0.225\quad 0.242\quad 0.217)$$

$$\boldsymbol{A}_{12}^{(3)} = \boldsymbol{p}_{12}^{(3)} \cdot \boldsymbol{R}_{12}^{(3)}$$

$$= (0.208\quad 0.571\quad 0.061\quad 0.160)\begin{pmatrix} 0.13 & 0.31 & 0.20 & 0.26 & 0.10 \\ 0.20 & 0.20 & 0.24 & 0.17 & 0.19 \\ 0.23 & 0.16 & 0.38 & 0.09 & 0.14 \\ 0.08 & 0.13 & 0.30 & 0.34 & 0.15 \end{pmatrix}$$

$$= (0.168\quad 0.209\quad 0.250\quad 0.211\quad 0.162)$$

$$\boldsymbol{A}_{13}^{(3)} = \boldsymbol{p}_{13}^{(3)} \cdot \boldsymbol{R}_{13}^{(3)}$$

$$= (0.622\quad 0.320\quad 0.057)\begin{pmatrix} 0.17 & 0.30 & 0.30 & 0.10 & 0.13 \\ 0.20 & 0.27 & 0.23 & 0.13 & 0.17 \\ 0.04 & 0.11 & 0.29 & 0.40 & 0.16 \end{pmatrix}$$

$$= (0.172\quad 0.279\quad 0.277\quad 0.127\quad 0.145)$$

$$\boldsymbol{R}_1^{(3)}=\begin{pmatrix}\boldsymbol{A}_{11}^{(3)}\\\boldsymbol{A}_{12}^{(13)}\\\boldsymbol{A}_{13}^{(3)}\end{pmatrix}=\begin{pmatrix}0.176 & 0.140 & 0.225 & 0.242 & 0.217\\0.168 & 0.209 & 0.250 & 0.211 & 0.162\\0.172 & 0.279 & 0.277 & 0.127 & 0.145\end{pmatrix}$$

$$\begin{aligned}\boldsymbol{A}_1^{(2)}&=\boldsymbol{p}_1^{(2)}\cdot\boldsymbol{R}_1^{(2)}\\&=(0.535\quad 0.344\quad 0.121)\begin{pmatrix}0.176 & 0.140 & 0.225 & 0.243 & 0.217\\0.168 & 0.209 & 0.250 & 0.211 & 0.162\\0.172 & 0.279 & 0.277 & 0.127 & 0.145\end{pmatrix}\\&=(0.173\quad 0.181\quad 0.240\quad 0.217\quad 0.189)\end{aligned}$$

6.3.3 知识链组织之间冲突存在形态权重计算

$$\begin{aligned}\boldsymbol{A}_2^{(2)}&=\boldsymbol{p}_2^{(2)}\cdot\boldsymbol{R}_2^{(2)}\\&=(0.367\quad 0.270\quad 0.237\quad 0.05)\begin{pmatrix}0.121 & 0.146 & 0.267 & 0.146 & 0.320\\0.234 & 0.183 & 0.201 & 0.233 & 0.149\\0.211 & 0.188 & 0.216 & 0.148 & 0.247\\0.313 & 0.201 & 0.181 & 0.191 & 0.114\\0.287 & 0.238 & 0.191 & 0.133 & 0.151\end{pmatrix}\\&=(0.195\quad 0.175\quad 0.227\quad 0.173\quad 0.230)\end{aligned}$$

6.3.4 知识链组织之间冲突水平评价

运用M（$\wedge$，$\oplus$）模型进行多级模糊综合评价：

$$\begin{aligned}\boldsymbol{A}^{(1)}&=\boldsymbol{p}^{(1)}\cdot\boldsymbol{R}^{(1)}\\&=(0.875\quad 0.125)\begin{pmatrix}0.173 & 0.181 & 0.240 & 0.217 & 0.189\\0.195 & 0.175 & 0.227 & 0.173 & 0.230\end{pmatrix}\\&=(0.176\quad 0.180\quad 0.238\quad 0.212\quad 0.194)\end{aligned}$$

这表明在此种情况下，知识链组织之间的冲突水平在评语集$V=$｛很低，较低，适中，较高，很高｝上的隶属度为（0.176 0.180 0.238 0.212 0.194），最大隶属度为0.238，评价等级为适中。因此当前知识链组织之间冲突水平程度为适中，可采取相对应的策略进行冲突管理。

第 7 章　知识链组织之间合作与冲突的稳定性框架模型[①]

本章构建了知识链组织之间合作与冲突博弈的收益矩阵，在区分合作收益大于背叛收益与合作收益小于背叛收益的前提下，分析了知识链稳定运行的影响因素。

知识链组织为了实现知识共享、知识创造的共同目标而参与合作，结成合作伙伴关系。但是，在合作过程中，由于战略目标、价值观念、个体利益等方面存在差异，组织之间不可避免地会存在冲突。从系统论的角度来看，知识链组织之间的冲突会干扰知识链的稳定运行，甚至导致知识链解体。那么，影响知识链组织之间合作与冲突的稳定性的主要因素是什么？各因素又该如何调节控制才能促进知识链的稳定运行？为此构建了知识链组织合作与冲突的稳定性框架。所谓框架（Framework），它本意是指建筑物的一种骨架，在本研究中是指协调知识链组织之间的冲突，促进组织之间的合作，控制影响知识链的稳定运行各因素的一种基本模式。

在已有的稳定性研究中，Parkhe（1993）利用博弈论的收益

---

① 吴绍波，顾新．知识链组织之间合作与冲突的稳定性结构研究［J］．南开管理评论，2009，12（3）：54-58，66

结构，研究了战略联盟的稳定性结构。① Inkpen 和 Beamish（1997）②、Yan 和 Zeng（1999）研究了合资企业的稳定性影响因素，如合作中跨国公司攫取本地知识的机会主义行为、跨文化的差异、合资企业的股权控制结构等③。Nakamura（2005）研究了合资企业中母公司的学习能力、议价能力的提高对联盟不稳定性的影响。④ 本章在上述文献的基础上，把合作与冲突的稳定性研究引入知识链管理，在一个博弈收益矩阵内探讨知识链组织合作与冲突的稳定性的影响因素。虽然 Parkhe（1993）⑤ 利用博弈论的收益结构研究了联盟的稳定性，但没有分析具体的影响因素，也没有考虑知识溢出因素。本章在区分合作收益大于背叛收益与合作收益小于背叛收益两种不同的前提条件下，研究了知识链的稳定性因素。

---

① Parkhe, A. Strategic alliance structuring: A game theoretic and transaction cost examination of interfirm cooperation [J]. Academy of Management Journal, 1993, 8 (4): 794—829

② Andrew C, Paul W. Beamish. Knowledge, Bargaining Power, and the Instability of International Joint Ventures [J]. Academy of Management Review, 1997, 22 (1): 177—202

③ Aimin Yan, Ming Zeng. International joint venture instability: A critique of previous research, a reconceptualization, and directions for future research [J]. Journal of International Business Studies, 1999, 30 (2) (2nd Qtr.): 397—414

④ Masao Nakamura. Joint venture instability, learning and the relative bargaining power of the parent firms [J]. International Business Review, 2005 (14): 465—492

⑤ Parkhe, A. Strategic alliance structuring: A game theoretic and transaction cost examination of interfirm cooperation [J]. Academy of Management Journal, 1993, 8 (4): 794—829

7.1 知识链组织之间合作与冲突的博弈模型建立

知识链组织在合作过程中，由于个体的自利倾向，不可避免地以联盟整体利益及合作伙伴的利益为代价而存在机会主义行为（Hennart，1991），所以，知识链组织之间的利益冲突导致其运行不稳定。本章运用博弈论的收益结构，研究知识链组织的稳定性条件。为了便于研究，作如下假设。

1）完全理性假设：假设知识链的参与主体都是完全理性的，且组织之间拥有完全信息，能准确计算未来策略选择的收益与损失。

2）参与主体假设：知识链的参与主体包括核心企业、供应商、经销商等，本章只考虑有两个组织参与博弈的情况，即假设知识链中仅有成员 1 和成员 2 两个组织。

3）策略空间假设：合作组织参与知识链的策略选择有两种：一是合作策略，即双方完全知识共享，利用自身的知识优势彼此协作，最终实现知识创造以及知识链整体价值最大化。二是不合作策略，即参与组织采取机会主义行为，完全不共享自身的知识，而是利用合作的机会，窃取其他成员的知识，以实现自身价值最大化。

4）收益函数假设：假如知识链成员 1、2 分别投入知识 a、b，知识链的总收益表示为 $R=\lambda A^{a}B^{b}$，收益函数中 A、B 为大于 1 的常数，表示知识链成员 1、2 的知识投入分别对知识链的贡献程度，A、B 越大，知识链成员 1、2 对知识链的贡献越大。收益函数中 λ 为大于零的常数，表示知识链的收益系数。按照知识贡献与讨价还价能力的大小，假如知识链成员 1、2 的收益分

配份额比例分别为 θ 与 $1-\theta$（$0<\theta<1$）。在合作的情况下，知识链组织一方面吸收合作伙伴的溢出知识获得收益，另一方面自身也会溢出知识，增强合作伙伴的竞争能力，所以，合作双方同时有知识溢出，假设知识链成员 1、2 的知识溢出损失分别为 C_1 与 C_2。

表 7—1 为知识链组织合作与冲突的收益矩阵。当双方都不合作时，知识链组织各自单独生产，所以，互不合作的收益 MD（mutual defection）分别为 λA^a，λB^b。当成员 2 合作，成员 1 欺骗时，成员 1 完全不共享知识，对知识链产出贡献为零（即 $a=0$），成员 1 获得的欺骗收益 UD（unilateral defection）包括成员 2 投入知识链的产出 $\theta\lambda B^b$，以及成员 2 的知识溢出 C_2，而成员 2 的单方面合作收益 UC（unilateral cooperation）为 $(1-\theta)\lambda B^b-C_2$。当成员 2 欺骗而成员 1 单方面合作时，成员 2 同样可以在知识链中攫取机会主义收益。当双方都合作时，合作收益 MC（mutual cooperation）为 $\theta\lambda A^aB^b+C_2-C_1$，$(1-\theta)\lambda A^aB^b+C_1-C_2$。

表 7—1　知识链组织合作与冲突的博弈收益矩阵

知识链成员 2

	策略	不合作	合作
知识链成员 1	不合作	λA^a，λB^b	$\theta\lambda B^b+C_2$， $(1-\theta)\lambda B^b-C_2$
	合作	$\theta\lambda A^a-C_1$， $(1-\theta)\lambda A^a+C_1$	$\theta\lambda A^aB^b+C_2-C_1$， $(1-\theta)\lambda A^aB^b+C_1-C_2$

7.2 知识链组织合作与冲突的稳定性条件分析

在知识链建立之后，合作过程能否持续取决于合作收益与背叛收益的比较。由于（$1-\theta$）$\lambda B^b-C_2<\lambda B^b$，$\theta\lambda A^a-C_1<\lambda A^a$，所以（合作，不合作），（不合作，合作）这两种情形都不可能是纳什均衡。考虑两个成员合作收益与不合作收益，比较不同条件下所出现的纳什均衡，可能出现如下4种情形：

①当$\theta\lambda A^aB^b+C_2-C_1>\theta\lambda B^b+C_2$，（$1-\theta$）$\lambda A^aB^b+C_1-C_2>$（$1-\theta$）$\lambda A^a+C_1$时，即两个成员的合作收益都大于背叛收益时，知识链中（合作，合作）是一个纳什均衡。

②当$\theta\lambda A^aB^b+C_2-C_1<\theta\lambda B^b+C_2$，（$1-\theta$）$\lambda A^aB^b+C_1-C_2<$（$1-\theta$）$\lambda A^a+C_1$时，即两个成员的合作收益都小于背叛收益时，知识链中（不合作，不合作）是一个纳什均衡。

③当$\theta\lambda A^aB^b+C_2-C_1>\theta\lambda B^b+C_2$，（$1-\theta$）$\lambda A^aB^b+C_1-C_2<$（$1-\theta$）$\lambda A^a+C_1$时，知识链中（不合作，不合作）是一个纳什均衡。

④当$\theta\lambda A^aB^b+C_2-C_1<\theta\lambda B^b+C_2$，（$1-\theta$）$\lambda A^aB^b+C_1-C_2>$（$1-\theta$）$\lambda A^a+C_1$时，知识链中（不合作，不合作）是一个纳什均衡。

在上述4种情形中，可以把②、③、④3种情形归纳为一类，即知识链成员（一方或双方）的合作收益小于背叛收益。在合作收益小于背叛收益时，在单次博弈的情形下，知识链合作双方陷入“囚徒困境”中，选择（不合作，不合作）策略。但是，如果知识链组织预期合作伙伴关系能够持续，合作组织就有可能计算违约的现期收益是否比未来持续合作的收益更大（Tesler，1980）①，因此，在重复博弈过程中“未来阴影”（即长期合作的未来收益）有可能使知识链组织实现帕累托改进的均衡。

在讨论过程中，只讨论①和②两种情形下知识链合作的稳定性条件。这是因为，情形③、④与情形②类似，只不过情形②是两个成员的合作收益都小于背叛收益，需要讨论两个成员的合作条件；而情形③、④只是其中一个成员的合作收益小于背叛收益，只需要讨论一个成员的合作条件，其结果没有实质差别。

7.2.1 两个成员的合作收益均大于背叛收益的稳定性条件

如果两个成员的合作收益均大于背叛收益，虽然知识链存在纳什均衡（合作，合作），但如果考虑到参与合作的预期因素，在表 7-1 的收益矩阵中这种均衡状态不一定能实现。例如，如果知识链成员 2 的战略方向发生了变化，或者在合作伙伴关系外部能够找到更合适的合作对象，那么尽管成员 2 在博弈的收益矩阵中合作策略的收益大于背叛策略的收益，成员 2 仍有可能不合作。这样有可能出现非均衡的局面，即出现收益为（$\theta\lambda A^a-C_1$，$(1-\theta)\lambda A^a+C_1$）的状态。显然，由于 $\theta\lambda A^a-C_1<\lambda A^a$，成员 1 也会选择不合作。所以，如果成员 1 在最初阶段能预期到成员 2 的选择，成员 1 一开始就会选择不合作。因此，组织之间对对方是否继续合作的预期影响到知识链运行的稳定性。

假设成员 1 参与合作的概率为 p，选择不合作的概率则为 $1-p$；成员 2 选择合作的概率为 q，选择不合作的概率则为 $1-q$。由于完全理性假设，合作双方都能预期到彼此的选择合作概率。

---

① Telser，L. G. A theory of self - enforcing agreements [J]. Journal of Business，1980 (53)：27-41

先分析成员1合作与不合作的收益。成员1合作的情形下，即 $p=1$ 时，期望收益为：$q(\theta\lambda A^a B^b + C_2 - C_1) + (1-q)(\theta\lambda A^a - C_1)$。

成员1不合作的情形下，即 $p=0$ 时，期望收益为 $q(\theta\lambda B^b + C_2) + (1-q)\lambda A^a$。

要使成员1参与合作，必须满足参与合作的期望收益大于不合作的期望收益。把成员1参与合作的期望收益与不合作的期望收益的差值表示为 ΔV_1，即必须满足条件：

$$\Delta V_1 = q(\theta\lambda A^a B^b + C_2 - C_1) + (1-q)(\theta\lambda A^a - C_1) - [q(\theta\lambda B^b + C_2) + (1-q)\lambda A^a] > 0 \quad (7-1)$$

也即必须满足：

$$q > \frac{C_1 + (1-\theta)\lambda A^a}{(\theta\lambda A^a B^b - \theta\lambda B^b) + (1-\theta)\lambda A^a} \quad (7-2)$$

由于成员1与成员2的对称性，同样可得成员2参与合作的条件：

$$p > \frac{C_2 + \theta\lambda B^b}{[(1-\theta)\lambda A^a B^b - (1-\theta)\lambda A^a] + \theta\lambda B^b} \quad (7-3)$$

分析式（7-2）与式（7-3）不难发现：

1）知识链成员预期合作伙伴持续合作的可能性越大（即 p 与 q 的值越大），式（7-2）与式（7-3）越容易满足条件，知识链的运行越稳定。知识链组织对合作伙伴未来合作的预期判断来自于专用性资产投资、以往的合作经验以及合作伙伴的声誉等。例如，如果成员2增加合作的关系专用性投资，这种“可置信承诺”则可以大大提高成员1对 q 的判断，从而促进成员1的合作行为。

2）知识链组织合作创造的协同价值 $\lambda A^a B^b$ 越大，式

（7－2）与式（7－3）右边的值越小，在相同预期值的情形下，式（7－2）与式（7－3）越容易满足条件，知识链运行越稳定，其原因在于协同价值越大，参与组织在合作中所能够分配到较大利益的可能性越大。

3）式（7－2）与式（7－3）中 $\theta\lambda A^a B^b - \theta\lambda B^b$ 与（$1-\theta$）$\lambda A^a B^b -$（$1-\theta$）λA^a 的值越大，越容易满足条件，原因是这两个值越大，表示知识链组织合作的收益与欺骗收益的差值越大，即如果在知识链中合作能比欺骗获得更多的收益，参与组织不会轻易脱离知识链。

4）在式（7－1）中，由于$\frac{\partial \Delta V_1}{\partial \theta} = q\lambda A^a B^b - q\lambda A^a - q\lambda B^b = q\lambda$（$A^a B^b - A^a - B^b$），而知识链成员合作的基本条件是协同价值创造 $\lambda A^a B^b$ 大于成员单独生产所创造的价值之和 $\lambda A^a + \lambda B^b$，否则没有必要合作，所以有条件$\frac{\partial \Delta V_1}{\partial \theta} > 0$。因此，收益分配比例 θ 越大，成员1越容易参与合作。

5）知识溢出损失 C_1 与 C_2 越小，式（7－2）与式（7－3）越容易满足条件，知识链的运行越稳定。

7.2.2 两个成员的合作收益均小于背叛收益的稳定性条件

在两个成员的合作收益均小于背叛收益的情形下，知识链成员之间如果只是单次博弈，很容易陷入（不合作，不合作）的囚徒困境中。但是，如果合作组织预期合作期限很长，则会有不同的策略选择。Axelrod（1984）对博弈策略选择的计算机模拟表明，如果博弈中一方选择合作行为，另一方也会模仿其行为选择合作；如果一方选择不合作，另一方在接下来的策略中也会选择不合作。管理学中“触发战略”的博弈行为选择与此类似，即一方选择了欺骗收益，合作方在下一阶段会“以牙还牙”，选择不合作策略，并且以后各阶段都不再合作。① 所以，在无限期重复博弈中，博弈主体的策略选择必须考虑未来的长期合作收益因素。

由于成员 1 与 2 对称，只以成员 1 为研究对象作说明。假如知识链中成员 1 与 2 都采取“触发战略”，成员 1 的贴现因子为 δ_1（$0<\delta_1<1$）。

当双方合作期限无限长时，成员 1 的长期收益为$\frac{\theta\lambda A^a B^b + C_2 - C_1}{1-\delta_1}$。

当成员 1 采取欺骗策略时，虽然第一阶段获得了机会主义收益，但以后各期都只能自己生产，不能获得与成员 2 的合作机会，所以，成员 1 的欺骗收益总和为：

$$\theta\lambda B^b + C_2 + \frac{\delta_1 \lambda A^a}{1-\delta_1}$$

成员 1 采取合作策略的条件是合作的长期收益总和大于欺骗收益，把成员 1 合作的长期收益与欺骗收益的差值表示为 $\Delta V_1'$，即必须满足条件：

$$\Delta V_1' = \frac{\theta\lambda A^a B^b + C_2 - C_1}{1-\delta_1} - \left(\theta\lambda B^b + C_2 + \frac{\delta_1 \lambda A^a}{1-\delta_1}\right) > 0 \quad (7-4)$$

也即必须满足条件：

$$\delta_1 > \frac{(\theta\lambda B^b + C_1) - (\theta\lambda A^a B^b + C_2 - C_1)}{(\theta\lambda B^b + C_2) - \lambda A^a} \quad (7-5)$$

同理可得成员 2 参与合作的条件为：

① Axelrod, R. The evolution of cooperation [M]. New York: Basic Books, 1984

$$\delta_2>\frac{[(1-\theta)\lambda A^a+C_1]-[(1-\theta)\lambda A^1B^b+C_1-C_2]}{[(1-\theta)\lambda A^a+C_1]-\lambda B^b}$$

(7－6)

上式（7－5）与式（7－6）的条件表明，只要知识链成员1与2保持足够的耐心，贴现因子足够大，成员1与2一定会采取合作策略。上述公式中要求贴现因子足够大，是以知识链组织长期合作的期望为基础的。如果是有限期重复博弈，参与组织仍然会采取机会主义行为。例如，如果成员1预期到第n期合作后知识链会解体，那么第$n-1$期成员1就会采取机会主义行为，以获取即期的欺骗收益。同理，由于成员2在第$n-2$期能预期到成员1在第$n-1$期的机会主义行为，那么成员2在第$n-2$期也会采取机会主义行为……此倒推，可以预见在第一期知识链组织都会采取机会主义行为，从而陷入囚徒困境。那么，如何才能提高知识链组织之间长期合作的期望呢？知识链组织之间专用性的投资、彼此的信任、良好的合作声誉是提高合作预期的有效途径。

由于知识链中的成员1与2对称，仅以成员1为分析对象，分析式（7－5）可见：

1）分子中$\theta\lambda B^b+C_2$与$\theta\lambda A^aB^b+C_2-C_1$的差值越小，式（7－5）越容易满足条件。因为这个差值表示成员1的欺骗收益与合作收益的差距，这个差距越小，表示成员1的机会主义行为所能获得的纯收益越小。所以，知识链要促进组织之间的合作，减少机会主义行为带来的冲突，可以有两条途径：一是增加合作的收益；二是加大机会主义行为的惩罚程度，减少机会主义行为所带来的收益，由此可以使机会主义行为的纯收益$UD-MC$减少，有效控制参与组织的机会主义行为动机。

2）组织之间合作创造的协同价值λA^aB^b越大，式（7－5）越容易满足条件。这是因为协同价值λA^aB^b代表了“未来阴影”

的价值，“未来阴影”的价值越大，成员 1 因机会主义行为而退出知识链的代价越大。

3）分母中 $\theta\lambda B^b+C_2$ 与 λA^a 的差值越大，式（7－5）越容易满足条件。这个差值表示欺骗收益与不合作单独创造的收益差距。由于成员 1 的欺骗行为可能导致以后永远都没有合作的机会，所以，成员 1 单独生产所能创造的价值 λA^a 越小，成员 1 因机会主义行为而脱离知识链付出的代价越大。其原因在于，成员 1 单独生产只能创造较小的价值，表示其价值创造过程中对知识链的依赖性较强。

4）在式（7－4）中，对 θ 求导，$\frac{\partial\ \Delta V_1'}{\partial\ \theta}=\frac{\lambda A^a B^b}{1-\delta_1}-\lambda B^b$，由于协同价值必定大于单独生产所创造的价值，即 $\lambda A^a B^b>\lambda B^b$，而 $0<1-\delta_1<1$，所以$\frac{\partial\ \Delta V_1'}{\partial\ \theta}>0$。因此，在式（7－4）中，成员 1 的收益分配比例越大，越容易达到合作条件。

5）对式（7－5）加以简化改写，可以变为 $\delta_1>\frac{\theta\lambda B^b-\theta\lambda A^a B^b+C_1}{(\theta\lambda B^b+C_2)-\lambda A^a}$，不难发现知识溢出损失 C_1 越小，式（7－5）越容易满足条件。

7.3 知识链组织之间合作与冲突的稳定性结构的启示

通过分析知识链组织之间合作与冲突博弈的收益结构可见，促进组织之间的合作，提高合作的稳定性应采取如下措施：

1）提高知识链组织之间合作所创造的协同价值 $\lambda A^a B^b$。合作中所创造的协同价值不仅有利于提高知识链组织之间合作伙伴关系的形成动机，而且有利于促进组织之间合作的稳定，这是因为协同价值是知识链的共同利益，共同利益的增加有利于阻止组织之间产生利益冲突的可能性，增强彼此间的相互依赖程度(Bhattacharya et al，1998；Creed 和 Miles，1996)[①][②]。知识链组织之间合作的协同价值不仅来源于知识协同过程中的规模经济、范围经济与学习经济，还来自于组织之间知识碰撞产生的新知识，所实现的共同的知识创造。此外，外部因素如政府政策的支持，也有可能提高知识链组织之间合作所创造的协同价值。例如，我国的 TD—SCDMA 创新联盟是一条典型的知识链，由华为、中兴、大唐电信等设备生产商，上游的华立、展讯等芯片供应商以及中国移动等用户所共同组成，在 TD 联盟的形成与运行过程中我国政府扮演了关键角色，提供了大量资金与政策方面的支持，增加了联盟合作的协同价值，提高了该联盟合作的稳定性。

2）提高知识链组织之间长期合作的期望值。长期合作的期望值 p、q 的提高是知识链组织在博弈过程中实现帕累托最优均衡改进的基本条件。长期合作期望的提高来自于专用性投资，因为专用性资产在移作他用时表现为较低的价值，转移交易伙伴或者退出知识链的成本较为高昂。此外，知识链中的信任、有效的制度规范和声誉传递机制也能增强知识链中合作者的信心，树立长期导向，使成员投入更多资源参与知识链（顾新，2008）[③]。

---

① Bhattacharya，Rajeev，Timothy M. Devinney，Madan M. Pillutla. A formal model of trust based on outcomes [J]. Academy of Management Review，1998 (23)：459－472

② Wed Creed，RE Miles. Trust in organizations：A conceptual framework linking organizational forms，managerial philosophies，and the opportunity costs of controls [A]，in Roderick M. Kramer and Tom Ryler (eds.)，Trust in organizations：Frontiers of theory and research [C]. Thousand Oak，CA：Sage，1996：16－38

③ 顾新．知识链管理——基于生命周期的组织之间知识链管理框架模型研究 [M]. 成都：四川大学出版社，2008

知识链组织在合作中的长期合作导向同时可以保证贴现因子δ_1、δ_2足够大，使各成员对合作前景保持足够的耐心，保证合作目标的实现。

3）减少知识链组织合作中的机会主义收益，增加参与组织的欺骗成本。知识链要加强对成员组织机会主义行为的惩罚力度，不仅要拒绝与具有机会主义行为的组织合作，使其损失退出知识链的协同价值收益，而且要建立声誉信号传递机制。声誉对企业组织而言也是一种无形收益，良好的声誉可以促使更多企业与其合作，而声名狼藉则表明其机会主义行为倾向明显，而且难于合作（Xu Jiang et al，2008）①。所以，Das 和 Teng（2001）认为，企业组织在合作之前会查证合作伙伴是否拥有良好的声誉。② 因此，在声誉传递机制畅通的情况下，知识链组织的机会主义行为损失的不仅是退出知识链的有形的协同价值，而且损失了在整个社会关系网络中无形的合作机会，从而提高了欺骗成本。

4）知识链组织合作的稳定性与收益分配比例密切相关。在收益总额一定的情况下，一方分配收益增多，另一方必然减少。所以，知识链组织之间的收益分配比例必须合理确定，才能确保合作与冲突协调的稳定性。

5）减少知识链组织的核心技术知识的溢出C_1与C_2。虽然

① Xu Jiang，Yuan Li，Shanxing Gao. The stability of strategic alliances：Characteristics，factors and stages [J]. Journal of International Management，2008 (14)：173—189

② Das，T. K.，Teng，B. S. Trust，control，and risk in strategic alliances：An integrated framework [J]. Organization Studies，2001，22 (2)：251-283

众多研究表明（e.g Arora 和 Fosfuri，2000；Von Hippel，1994）[①][②]，组织之间合作的动力来自于对合作伙伴知识的获取，但是，合作伙伴一旦获得了核心技术知识，达到了既有目的就有可能脱离联盟（Inkpen 和 Beamish，1997）[③]。例如，美国的 Ralston Purina 公司在与日本的 Taiyo Fishery 公司合作过程中，在获得了日本公司核心的本地市场知识与经验之后，就结束了与日本公司的合作，独自在日本建立全资子公司（Beamish 和 Inkpen，1995）[④]。所以，知识链组织在合作过程中一定要加强对核心技术知识溢出的保护，以维护知识链运行的稳定。

7.4 知识链组织之间合作与冲突的稳定性框架

通过以上分析，本章为构建知识链组织之间合作与冲突协调的理论体系提供一个基本框架，即知识链组织之间的合作与冲突问题可归结为一个创造收益与分配收益的问题，包括利益协调及机会主义行为控制、价值创造两个机制。因此，本章的分析是合作与冲突协调机制的核心，以后几章对知识链组织之间合作与冲

---

① Arora，A.，Fosfuri，A. Wholly owned subsidiary versus technology licensing in the worldwide chemical industry [J]. Journal of International Business Studies，2000，31：555－572

② Von Hippel，E. Sticky information and the locus of problem solving：Implications for innovation [J]. Management Science，1994（40）：429－439

③ Andrew C，Paul W. Beamish. Knowledge，Bargaining Power，and the Instability of International Joint Ventures [J]. Academy of Management Review，1997，22（1）：177－202

④ Paul W. Beamish，Andrew C. Inkpen. Keeping International Joint Ventures Stable and Profitable [J]. Long Range Planning，1995，28（3）：26－36

突协调的研究均按照这个稳定性框架展开。具体如图 7-1 所示：

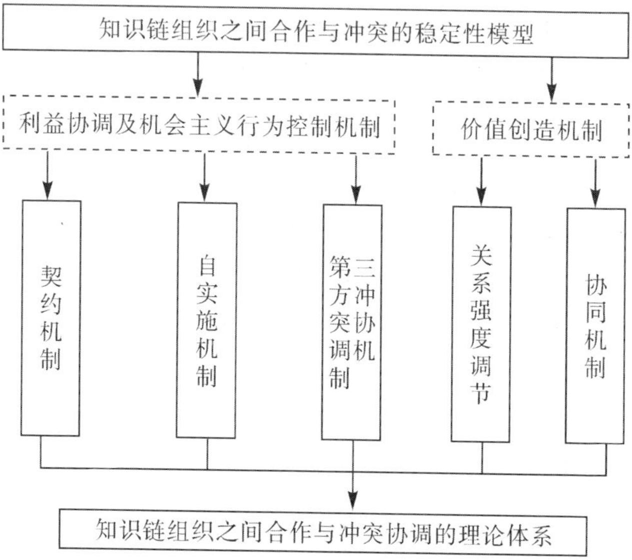

知识链组织之间合作与冲突的稳定性模型

利益协调及机会主义行为控制机制

价值创造机制

契约机制

自实施机制

第三方冲突协调机制

关系强度调节

协同机制

知识链组织之间合作与冲突协调的理论体系

图 7-1　知识链组织之间合作与冲突的稳定性框架

1）利益协调及机会主义行为控制机制。利益协调及机会主义行为控制机制实质上是一个分配收益的问题，包括契约机制（第 8 章）、自实施机制（第 9 章）、第三方冲突管理机制（第 10 章）。契约机制和自实施机制可以合理分配知识链的收益，控制成员的机会主义行为，这两个机制以知识链成员的双边互动为基础；第三方冲突管理机制是在知识链成员双边互动（签订正式契约、实施关系契约或信任）都不能解决彼此的冲突时，引入第三方管理机构，协调知识链成员的利益冲突。

2）价值创造机制。价值创造机制实质上是一个创造收益的问题。价值创造机制包括关系强度的调节机制（第 11 章）和协同机制（第 12 章）两部分。关系强度的适度调节可以提高知识链组织之间的合作效率，从而增加知识链组织合作创新的价值；

协同机制包括知识协同和外部环境协同两个部分，知识协同机制可以提高知识链组织的协同收益，促进知识创造；外部环境协同机制是知识链组织合作创新的重要条件，可以提升知识链合作创新价值。

第8章 知识链组织之间合作与冲突协调的契约机制

本章提出了知识链组织之间合作契约的一般框架，重新认识了契约的功能，并研究了知识链组织之间利益分配冲突协调的契约机制和知识分工冲突协调的契约机制。

契约一词源于拉丁语Nex。根据英国著名法学家H·梅因的研究，Nex是一种用铜片和衡具的交易，有联系的内涵。① 任何交易形式，无论企业内部组织的交易，还是跨组织之间的交易，都以契约作为交易的联结媒介。无论这种契约的形式是显性契约还是隐性契约，是公开的还是默契的。知识链组织之间的合作伙伴关系作为一种跨组织的交易形式，也是以一定的契约条款作为联结基础的，合作成员通过自愿签署的契约来实现对知识链的管理，协调成员之间的冲突。

8.1 知识链组织之间的合作契约概述

契约是经济活动的一种协调机制，在经济活动中起着重要作

① 李仁玉，刘凯湘．契约观念与秩序创新［M］．北京：北京大学出版社，1993：78

用。经济活动包括两方面的内容，一方面是生产活动，即人与自然的技术关系；另一方面是交易活动，即人与人之间的社会关系。人类活动还处于氏族社会时，就已经产生交换行为。随着社会的不断发展，交易行为逐渐演变为社会的经常性行为。对交易行为的约束客观上产生了契约。例如，我国最早记载契约的《周礼》中，把借贷契约称作“传别”，非买卖性产权的转移证明为“书契”；买卖典当合约称“质剂”。可见，人类通过契约来实现交易的目的。[①]

8.1.1 契约的概念与特征

易宪容（1997）认为，契约（contract）是当事人（两人以上）在地位平等、意念自由的前提下，各方同时为改进自己的经济状况（至少理性预期）而在交易过程中确立的一种权利流转关系[②]。简单地说，契约是交易双方就某些权利义务而达成的协议。现代经济学意义上的契约概念比法律意义上的契约广泛得多，不仅包含明示的契约，也包括默认的契约。知识链组织之间的合作契约是合作伙伴为了实现共同的利益目标而对研发知识、技术设备等资源达成的协议。

一般来说，契约包含如下特征：

1）社会性。契约反映的是人与人之间的一种社会关系，契约的签订、执行的主体都是人，反映的是人与人之间的一种权利、责任与义务关系。

2）平等性。契约的签订主体是具有独立意志的交易当事人，签约人在地位上是平等的，不受其他外在力量的强行干预，契约的缔结是各方自主选择的结果。

---

① 易宪容．合约经济学导论［M］．北京：社会科学出版社，1997：7－8

② 易宪容．合约经济学导论［M］．北京：社会科学出版社，1997：9

3）理性特点。契约的签订各方都是理性经济人，在签订合约时会根据自己所掌握的信息或约束条件，计算成本与收益，缔结契约的目的在于个体利益最大化。

4）互利性。签订契约各方在交易中都能获得一定的利益，契约签订的前提条件是各方都能在契约实施中获得一定的利益。

8.1.2 知识链组织之间合作契约的一般框架

为了研究知识链组织之间的合作契约，通过在互联网上收集大量研发合作协议，从中总结出知识链组织之间的合作契约的一般框架：

1）合作人员的确定。包括哪些人员参与合作，谁组织培训，谁参与培训。

2）合作人员的培训。包括培训方式、培训费用安排。

3）场地基础设施的建设以及设备的使用。包括建设的规模，建设费用的分摊，设备的使用权限等。

4）合作模式的确定，包括知识链组织之间是建立联合技术开发中心与实验室，还是采取技术转让的方式，或者是基于项目的合作方式等。

5）信息共享的确定。描述合作过程中信息的传递，实质上是一个知识流动的过程。

6）研发成果的利益分配。主要确定研发成果的所有权属，所得收益的分配比例等。

7）协调机构的确定，即是否建立一个中间机构，协调彼此的任务分工，解决暂时的矛盾冲突。

8）合作期限的确定。

从以上知识链组织之间合作契约的一般框架，可以得出，知识链组织间的契约必须明确以下问题：

首先，契约设计的功能目的是什么？知识链的契约与一般合作联盟的契约是有区别的，知识链建立合作伙伴关系的目的在于促进组织之间知识流动，实现知识创造，与供应链合作伙伴关系、战略联盟有根本区别。

其次，契约设计应如何协调知识链组织之间合作的冲突，如利益分配应如何确定才能实现知识链的运行优化，组织之间的知识分工又该如何确定，这些都是契约设计中应该明确的问题。

8.2　知识链组织之间合作契约的功能[①]

现代契约理论（Coase，1937；Williamson，1985）认为，合作契约的设计目的是为了克服组织之间的机会主义行为，降低交易成本[②③]。然而，知识链组织之间合作的动力来自于所创造的合作价值的最大化（Zajac 和 Olsen，1993）[④]，绝非仅仅为了降低交易成本。组织之间合作的效率绝不仅仅取决于是否有主观的机会主义行为，还取决于学习认知与协调上的差异。所以，契约设计仅局限于激励功能有一定缺陷。为此，企业组织选择适当的契约形式，奖励相互合作，惩罚机会主义行为（David

① 吴绍波，顾新，彭双．知识链组织之间的合作契约的功能［J］．情报杂志，2009，28（5）：107－110，18

② Coase，R. H. The nature of the firm［J］．Economica，1937（4）：386－405

③ Wlliamson，O E. The economic institution of capitalism：firms，markets，relational contracting［M］．The Free Press. New York/London. 1985

④ Zajac EJ，Olsen CP. From transaction cost to transaction value analysis：implications for the study of interorganizational strategies［J］．Journal of Management Studies，1993（30）：131－145

L. Deeds et al，1999)① 仅仅是实现合作目的的一方面，知识链组织为了提高合作效率，还必须通过契约设计提高学习技巧，实现提高外部知识内化效率的目的（Caloghirou et al.，2003)②；此外，知识链组织还必须选择适当的契约形式提升整体的协作效率。所以，在研究知识链组织的合作契约的过程中，除了应该重视契约抑制机会主义行为的激励功能外，还不能忽视其认知与组织协调功能，因为这些功能对于提高知识链组织的合作效率、协调成员组织之间冲突同样有重要作用。因此，有必要对知识链组织之间合作契约的功能重新认识并设计。

8.2.1 现代契约理论的契约功能

现代契约理论是近 20 年来发展起来的主流经济学最前沿的研究领域，已广泛应用于研究组织之间合作的领域。现代契约理论认为，契约的不完全性为机会主义行为创造了条件，造成了合作成员之间存在利益冲突。契约的不完全性及机会主义行为主要来自于以下三个方面。

8.2.1.1 契约的签订主体的有限理性

有限理性（bounded rationality）的概念最初由阿罗提出。他认为，有限理性就是人的行为“即使是有意识的理性的，但这种理性又是有限的”③。有限理性主要源于两方面：一方面，环境是复杂的，在社会交易中，人们面临一个复杂的、不确定的世

① David L. Deeds，Charles W. L. Hill. An examination of opportunistic action within research alliances Evidence from the biotechnology industry [J]. Journal of Business Venturing，1999，14 (2)：141—163

② Caloghirou，Y.，S. Ioannides，N. S. Vonortas. Research joint ventures：A critical survey of the theoretical and empirical literature [J]. Journal of Economic Surveys，2003，17 (4)：541—570

③ 阿罗．信息经济学 [M]．北京：北京经济学院出版社，1989

界，而且交易越多，不确定性就越大，信息也越不完全；另一方面，人对环境的认知能力是有限的，人不可能无所不知。正如 Simon（1955）所说："我们可以假设可供选择的对象不是一个数集，而设想有一个产生各种方案的过程……我们可以不作效用函数最大化的假设，而只设想一个令人满意的策略。"① 所以，契约主体不能追求最优方案，而只能追求最满意的方案，在签订契约时契约主体即使主观愿望上追求理性，但由于不能预测未来所有的可能事件，也不能把与契约相关的全部信息列入条款中。

8.2.1.2　信息的非对称性

信息非对称性是指，某些行为人拥有另一些行为人不拥有的信息，或者另一方无法验证的信息。这里的"无法验证"是指他方不具备"私人信息"的知识，或验证成本高昂。例如，在旧车市场上，有关旧车质量的信息，卖者通常要比潜在的买者知道得多。按照外生和内生区分，信息不对称可划分为隐藏行动和隐藏信息两类；按照时间区分，信息不对称可划分为事前的和事后的信息不对称两类。由于合作成员可能的信息不对称，代理人有可能在事前隐藏不利于委托人的信息，或在事后采取不利于委托人的行动，从而在契约执行过程中存在道德风险。在知识链组织之间的合作伙伴关系中，各成员组织作为独立的经济实体，在事前一定比合作伙伴更了解自身的知识能力，在事后一定比合作方更了解自身在知识投入过程中的努力程度，所以，知识链中信息对称是相对的，信息不对称是绝对的。不对称信息使掌握信息的劣势方察觉机会主义的能力有限，使掌握信息的优势方有欺骗的可能，从而加剧了成员之间的冲突。

---

①　孙国岩．供应链成员创新投资协调研究［D］．西南交通大学博士学位论文，2007：28

8.2.1.3 合作中的专用性投资

专用性投资是在组织之间长期交易关系中形成的，当一方对耐用的关系专用性资产进行前期投资后，由于前期投资是沉淀成本，所以投资方在协商中就面临合作方的事后“要挟”，使当事人投资贬值，从而面临很大的交易风险。在完全信息的前提下，专用性投资所引发的“敲竹杠”问题一般不会出现，而在非完全信息下则有滋生的土壤，从而使合作双方存在利益冲突。

传统交易成本理论认为，组织合作中的机会主义行为是影响合作稳定性的关键性因素，抑制各方面的机会主义行为是联盟治理的核心（Parkhe，1993）①。由此，现代契约理论把契约的功能限定在克服机会主义行为的单一功能内，契约设计集中于降低合作中的交易成本，而忽视了组织之间合作的根本目的在于价值创造。

8.2.2 知识链组织之间合作契约的基本功能再认识

知识链组织之间的合作契约是一种类似于 Jensen 和 Meckling（1991）② 的“网络组织”。Jensen 和 Meckling 把这种合作研发的网络组织称为介于垂直一体化与外部购买之间的中间组织形式。任何一种组织形式安排都是契约安排的一种形式，所以，也可以把知识链组织的合作契约看做以知识共享、知识创造为目的的特殊组织形式。March 和 Simon（1993）认为：“组织学是有关正式组织的理论，是个体与群体的选择、信息、利益与

---

① Parkhe，A. Strategic alliance structuring：A game theoretic and transaction cost examination of interfirm cooperation [J]. Academy of Management Journal，1993，8 (4)：794－829

② Jensen，M. C.，Meckling，W. H. Specific and general knowledge and organizational science [A] in L. Wetin and J. Wijkander (eds) .，Contract Economics [C]，Oxford，Basil Blackwell，1992

不同知识的协调体系。”① 可见，组织的显著特点是协调拥有不同知识与利益的个体的活动，本研究从组织学的角度，探讨知识链组织之间合作契约的激励、认知、协调三方面的基本功能对合作效率与冲突协调的重要影响。

8.2.2.1 激励功能

首先，契约条款具有传统交易成本经济学意义上的激励功能。激励是指通过某种有效的操作，激发或诱导他人，使其进入高动机状态，为某一目标的实现努力奋进。它包括奖励机制与制裁机制，其主要作用在于阻止组织内的利益冲突以及防范成员的机会主义行为，促使组织成员达到某种目标。传统的委托—代理理论、团队理论等对激励进行了大量研究。②

在知识链组织之间的合作中，合作成员的机会主义行为容易引发冲突，影响知识链的正常运行。机会主义行为主要来源于信息不对称所带来的监督困难。合作当事人一方拥有另一方不知道或者无法验证的信息和知识，不清楚对方参与合作的技术能力，难以监督合作方的努力程度，或监督费用特别高昂。所以，设计一个完善的契约条款对于知识链防范合作中机会主义行为的发生非常重要。契约条款通过设定知识链成员的成本支付与收益获取，给出每项行动的效用函数，调整每个成员参与知识链的行为偏好和预期，进而达成激励相容的均衡结果③。例如，契约条款“如果你方能实现产品的××功能，我方同意进行追加投资”，就能在一定程度上避免上述原因引起的机会主义行为。该条款的目

---

① March, J.G., Simon, H.Organizations revisited [J], Industrial and Corporate Change, 1983, 2 : 299-316

② 刘颂．关于现代激励理论发展困境的几点分析 [J]. 南京社会科学，1998 (4)：29-36

③ 祁红梅，黄瑞华．动态联盟形成阶段知识产权冲突及激励对策研究 [J]. 研究与发展管理，2004，16 (4)：70-76

的是激励代理人达到实现产品"××功能"的目的，能够自动实现抑制代理人"偷懒"的机会主义动机，降低委托人的监督成本，因为如果代理人不努力实现产品功能，就不能获得追加的投资。

因此，知识链合作契约的激励功能可以显著提高合作成员的努力水平，从而提高知识链的整体运行效率。

8.2.2.2 协调功能

协调功能是任何形式的组织的基本功能（March 和 Simon，1993）[①]。组织的协调功能是指通过内部权威的垂直指令，理顺部门之间关系，解决现有的部门冲突，或者抑制潜在的部门冲突。

知识链作为一种介于市场与垂直一体化之间的特殊中间组织形式，由具有独立法人资格的不同创新主体组成，所以组织之间的合作缺乏垂直的权威指令的协调。由于知识分工不同，各成员组织在知识链合作伙伴关系内承担着不同的角色与任务，在技术水平、工作经验、价值观念等方面必然存在一定差异与冲突，这些冲突的存在对组织之间的协作效率有一定的影响。为此，知识链组织之间的合作契约条款的协调功能对于实现合作创新的目标，提升组织之间的合作效率起着至关重要的作用。其作用主要体现在如下几个方面：

首先，契约条款能规定知识链的组成结构。知识链的创新效率与其成员的构成高度相关，契约条款只有明确规定各成员的知识构成以及关键成员的角色，才能实现边缘性工作的良好衔接与配合，使合作成员合理分工、知识互补，防止组织之间发生"撞车"与"扯皮"等结构性功能紊乱现象。

① March，J. G.，Simon，H. Organizations revisited［J］，Industrial and Corporate Change，1983（2）：299－316

其次，契约条款能使知识链实现信息沟通渠道畅通。知识链中的信息是指合作伙伴关系内的人、财、物等诸要素以及供、产、销等各环节有关的信号、数据、消息、情况、指令等，是知识链创新活动不可缺少的关键要素之一。人们靠信息沟通来交流思想、协调行为，如果沟通渠道堵塞，就容易引致误解和隔阂。知识链组织之间合作过程中面临的不确定性因素非常多，契约条款的执行有可能偏离合作初期的预期程度与范围，所以，契约中一般所规定的再协商条款可以及时反馈合作中的信息，并作出适当的修正，使合作双方协调一致。比如合作条款规定“所有合作者每两个月定期说明项目开发情况，并讨论下一步计划”，该条款的主要作用是使合作双方能了解项目的进度信息，使合作伙伴的进度协调一致。

8.2.2.3　认知功能

组织的认知功能是指组织个体在已有知识与信息的基础上，通过“干中学”等手段不断积累与提高知识水平，从而激活学习过程，最终实现组织对新知识的获取、吸收和应用。可见，组织的认知功能主要是促使个体对已有知识或者新知识的学习，促进组织内的知识流动。

知识链中合作契约的认知功能与组织内部的认知功能的差别在于知识来源不同。组织内部的知识主要来源于“干中学”（Arrow，1962）[①]、“用中学”（Rosenberg，1982）[②] 以及研发活动中的“探求中学”（Dosi，1988）[③] 等组织内部的学习过程。

① Arrow，K. J. The economic implication of learning by doing [J]. Review of Economic Studies，1962：155－173

② Rosenberg，N. Inside the black box [M]. Cambridge University Press，1982

③ Dosi，G. Sources，procedures，and microeconomic effects of innovation [J]. Journal of Economic Literature，1988，Vol. XXVI：1120－1171

知识链组织学习的知识更多地来源于组织外部，通过与供应商以及用户的契约联结的“互动学习”甚至竞争对手的溢出知识的学习（Lundvall，1988）[①]，实现组织间学习。知识链中合作契约的认知功能主要体现在能把合作各方联结起来，在组织之间非正式的日常交流的互动过程中实现交互学习。比如，契约条款规定“在合作期间，我们每月 15 日定期讨论开发进度”。契约中定期沟通有可能产生组织之间知识溢出的 MAR（Marshall－Arrow－Romer）外部性，这种外部性最好的案例是硅谷的芯片制造业，该产业通过模仿和技术人员的频繁流动，创新知识在相邻企业之间迅速传播。通过契约联结，知识链组织就有可能对合作组织的知识进行接收、学习，并内化为自己的知识，同时将自身知识外化、综合并反馈到知识链内，进而被整个联盟学习，这就体现为知识链组织的学习和反馈能力。组织学习理论表明，组织的学习能力和反馈能力与其对应的组织结构、规则、机制有关。[②] 所以，知识链组织之间的合作契约具有特定的认知功能。

通过以上分析可见，合作契约的认知功能的实现对于知识链组织之间的知识流动有重要影响，能提高知识链的创新效率。

---

① Lundrall，B. A. Innovation as an interactive process ：From user－producer interaction to the national systems of innovation [A]，in Dosi et alii（eds）：Technical change and economic theory [C]，Pinters Publishers，London and New－York，1988：349－369

② 郑传均，邢定银．知识型联盟中知识共享效率的影响因素分析 [J]．情报杂志，2007（2）：10－12

8.3 知识链的契约功能实现的设计

8.3.1 契约的激励功能设计

Williamson（1975）指出，企业主要通过监督与激励来控制机会主义行为。[①] 所以，知识链契约要设计有效的监督条款抑制成员的机会主义行为倾向。设计有效的监督条款要注意以下两点：

首先，知识链成员之间在契约中要体现出“质押”特征，如规定成员所投入的人力资产、物质资产要具备一定的专用性，以提高欺骗方的退出壁垒。随着知识链技术创新投资的专用化程度提高，未来的不确定性也随之增加，所以契约必须同时规定更长的合作时间与之匹配，以保证合作的延续性。长期合作可以提高交易频率，分摊合作创新的交易成本。而一旦知识链解体，合作伙伴关系内的组织承受的损失会比那些外部的组织更大，因为专用性资产已将其“套牢”，而寻找新的技术创新伙伴又要付出更多的新的交易费用，从而使损失扩大化。所以，契约条款的“质押”特征能有效防范成员的机会主义行为，提高知识链组织之间合作的稳定性。

其次，契约条款要为知识链成员提供“隐性担保”，提高合作收益以激励合作成员。当知识链本身具有一定的声誉和影响力时，参与知识链就意味着拥有一定的无形资产（如商誉、商标

① 赵昌平，葛卫华．战略联盟中的机会主义及其防御策略［J］．科学学与科学技术管理，2003（10）：114－117

等）。① 声誉的建立需要组织长期经营，组织的任何基于短期经营的机会主义行为都有可能被知识链的全体成员识别并拒绝合作，从而造成组织形象的损害，增大后续交易成本。因此，契约的“隐性担保”条款可以加强知识链成员的相互信任关系，巩固知识链的合作基础。

8.3.2 契约的协调功能设计

为了减少知识链组织之间合作中的冲突，提高知识链的整体运行效率，契约的协调功能的设计应该做到以下两点：

首先，契约条款要优化知识链的群体结构。由物理学中的晶核原理可知，一种物质的内核往往决定其功能和性质。核心企业是知识流动的中心组织，在创新过程中如果能够利用契约条款正确分配知识链成员的任务，就能大大提高知识链创新的效率。一个结构合理、排列有序的组织结构能产生大于个体能量之和的效能，即互补效应。在一个新组织加入知识链时，核心企业要利用契约条款从整体结构上控制各成员的知识背景、合作经历等因素，实现知识链群体结构的优化。

其次，契约条款要确保合作程序公平。程序公平是指参与主体在合作中所能感受到的过程公平（Folger 和 Konovsky，1989）②。程序公平程度取决于知识链组织对自身影响决策结果几率大小的认知和对决策影响的大小。它能够反映组织个体在知识链中的地位，确保合作各方在处理问题及相互交往中程序和政策上的公平，消除歧视性的处事方式或政策。契约条款的程序公平能有效防止知识链中核心企业与弱势组织的利益失衡，确保权益分配公正合理，弱化彼此的利益冲突，增加成员交流知识的积

①②顾新，李久平．知识链成员之间的相互信任［J］．经济问题探索，2005（2）：37-40

极性，从而间接提高创新效率。

8.3.3 契约的认知功能的实现

知识链合作契约的认知功能的实现要注意如下几点：

1）契约中要强化知识链组织之间的界面管理。界面管理是指为完成同一任务，企业需要处理企业之间、企业的各组织部门、各有关成员之间在信息、物质、财务等要素交流方面的相互作用，解决界面双方在专业分工与协作需要之间的矛盾，实现控制、协作与沟通，提高管理的整体功能，实现企业绩效的最优化（李凤莲，马锦生，2002）①。由于知识链组织之间的合作跨越不同的组织实体，各组织之间在工作方式、任务特征、管理规划等方面存在差异，知识差异、文化差异等导致的冲突在所难免。为了实现技术创新的目标，有必要设计并保持一种良好的界面环境，使得跨界面的交流、协调、合作能够有效进行。创新过程毕竟是关系到利益共享以及风险共担的商业过程，需要具有约束力的契约保障，需要与此相应的制度环境。因此，在知识链内建立界面模糊的综合化的创新组织，需要一种微观的制度安排，明确共同的利益和责任。为此，知识链要以契约方式明确各方的利益、责任，明确与合作创新相关的技术性、工艺性指标，明确工作程序、各环节的衔接方式和计划进度要求等事宜。只有这样才能形成一种跨界面的利益责任共同体，才能超越界面建立一种新的虚拟的组织关系（徐磊，2002）②。

2）契约条款要保证知识链组织之间合作过程中有一定相似

---

① 李凤莲，马锦生．企业技术创新与营销的界面管理［J］．哈尔滨商业大学学报：自然科学版，2002（5）：593－596

② 徐磊．如何建立有效的界面——关于技术创新界面管理的探讨［J］．科研管理，2002，23（3）：79－83

知识背景的人员的交流。知识链中成员组织的认知功能具有相关性特点，即成员组织更关注和选择与自身已有知识相关的信息，对差异较大的知识接受难度较大。但是，知识链作为一个知识分工系统，组织间必然出现知识角色的差别。为此，知识链的合作契约要保证有一定程度相似性的知识背景的人员在合作界面上参与互动，增加参与交流的人员的“共同语言”，提高知识链组织之间知识流动的效率。

3）契约条款要在技术上保证合作各方有知识交流的平台。比如，各方把建立信息交互网络列入契约条款，建立适当的交流平台，使不同组织中的雇员相互提出要解决的问题，相互提供解决方案，从而提高合作绩效。同时，信息技术的运用通常可以使知识编码简化，方便信息的交流与知识储存。

8.4 知识链组织之间利益分配冲突协调的契约机制①

在知识链组织之间的冲突协调中，最核心的问题是如何设计合理的利益分配系数，协调彼此的利益冲突。

8.4.1 模型建立

为了研究方便，作如下假设：

1）一条知识链中仅有两个组织成员，由一个核心企业和一

① Shaobo Wu , Xin Gu, Shuang Peng . Research on the knowledge Spillover’s influence on the stability of inter— organizational cooperation in knowledge chain, The 6th International Conference on Fuzzy Systems and Knowledge Discovery（FSKD, 2009), Tian Jin, 2009

个代理组织构成，成员 i（$i=1$，2）向知识链投入了知识、诀窍（know-how）、技能等资源，其中成员1表示核心企业，成员2表示代理组织，两个知识链成员均为风险中性。

2）e_i（$i=1$，2）表示成员的知识投入水平或者努力程度，成本函数为：$c(e_i)=\frac{1}{2}e_i^2$，成员组织共同为知识链创造的价值为线性形式：$R(e_1, e_2)=k_1e_1+k_2e_2$（$k_1, k_2>0$），$k_i$ 表示成员组织对知识链的贡献系数（$i=1$，2）。

3）知识链成员签订的契约采取收益提成的支付方式，契约结构为（θ，$1-\theta$）（$0<\theta<1$），即在合作收益实现后，核心企业向另一成员组织分配 $1-\theta$ 比例的收益。

4）成员组织 i 在知识链中获得的利益一部分来自于契约规定的知识链所创造的价值分配份额，另一部分来自于成员 j 知识投入过程中的知识溢出（$i, j=1, 2, i\neq j$）。假设成员 i 对溢出知识的吸收能力同时取决于 i 自身对知识链的投入 e_i 和吸收能力的基础系数 μ_i（$0<\mu_i<1$），将成员 i 的知识吸收能力表示为 μ_ie_i，其中 μ_i 代表了影响成员 i 的吸收能力的其他相关因素，如文化背景、知识差距等。成员 i 从知识溢出中获益的大小还取决于成员 j 的知识投入 e_j，所以，成员在知识溢出中获益可表示为 $\mu_ie_ie_j$。

与此同时，知识链组织在合作过程中，由于知识溢出还可能损失部分核心竞争力，假设涉及核心能力部分的知识溢出损失系数为 η_i（$0<\eta_i<1$），知识溢出损失为 η_ie_i，η_i 可看做成员 i 对所投入知识丧失专有性的那部分知识。当然，对于成员 i 而言，在合作过程中出于保护核心竞争能力的原因，有可能提供部分劣质知识，所以涉及核心竞争能力的知识溢出损失 η_ie_i 仅仅是成员 j 的知识溢出收益 $\mu_je_je_i$ 的一部分，有条件 $\eta_ie_i<\mu_je_je_i$。由于 η_ie_i 已经包含在 $\mu_je_je_i$ 之中，所以在计算成员 j 的知识溢出

收益时不重复计算，计算成员 i 的知识溢出收益时同样只需要计算 $\mu_i e_i e_j$，而不重复计算已经包含在 $\mu_i e_i e_j$ 中的成员 j 的核心能力溢出 $\eta_j e_j$（i，$j=1$，2，$i \neq j$）。

在合作中知识链成员的收益函数分别为：

$$R_1=\theta(k_1e_1+k_2e_2)+\mu_1e_1e_2-\frac{1}{2}e_1^2-\eta_1e_1 \tag{8-1}$$

$$R_2=(1-\theta)(k_1e_1+k_2e_2)+\mu_2e_1e_2-\frac{1}{2}e_2^2-\eta_2e_2 \tag{8-2}$$

8.4.2 不考虑知识溢出的利益冲突揭示及最优契约设计

先假设知识链合作成员之间没有知识溢出，则知识链成员的收益函数式（8—1）与式（8—2）可以改写为：

$$R_1=\theta(k_1e_1+k_2e_2)-\frac{1}{2}e_1^2 \tag{8-3}$$

$$R_2=(1-\theta)(k_1e_1+k_2e_2)-\frac{1}{2}e_2^2 \tag{8-4}$$

在式（8—3）与式（8—4）中分别对 e_1 与 e_2 求导可得：

$$\frac{\partial R_1}{\partial e_1}=\theta k_1-e_1 \tag{8-5}$$

$$\frac{\partial R_2}{\partial e_2}=(1-\theta)k_2-e_2 \tag{8-6}$$

令$\frac{\partial R_1}{\partial e_1}=0$，$\frac{\partial R_2}{\partial e_2}=0$，

可得知识链成员的最优努力投入为：$e_1^1=\theta k_1$，$e_2^1=(1-\theta)k_2$。

所以，在不考虑知识溢出的情形下，知识链成员的知识投入的努力程度与合作伙伴的努力程度无关，其反应函数如图 8—1 所示。但是，由于$\frac{\partial e_1^1}{\partial \theta}=k_1>0$，而$\frac{\partial e_2^1}{\partial \theta}=-k_2<0$，所以核心企业与代理组织存在利益冲突，即当核心企业分配较多的利益 θ

时，其努力程度较高，但同时由于代理组织必然得到更少的利益，所以会降低其努力程度。

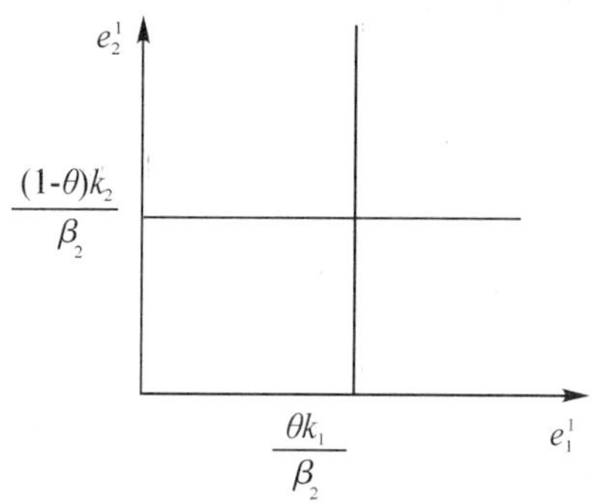

图 8—1 不考虑知识溢出的知识投入的反应函数

在此，要考察在不考虑知识溢出的情形下，知识链应该如何设计合适的分配比例 θ，激励成员达到最优努力程度，从而使知识链的运行达到一个最优的稳定运行状态。

将知识链成员的最优努力投入 $e_1{}^1=\theta k_1$，$e_2{}^1=(1-\theta)k_2$ 代入知识链的总剩余函数：

$R_T=k_1e_1+k_2e_2-\frac{1}{2}e_1{}^2-\frac{1}{2}e_2{}^2$，可得

$$R_T=\theta k_1{}^2+(1-\theta)k_2{}^2-\frac{1}{2}\theta^2k_1{}^2-\frac{1}{2}(1-\theta)^2k_2{}^2 \quad (8-7)$$

在式（8—7）中对 θ 求导可得

$$\frac{\partial R_T}{\partial\theta}=k_1{}^2-k_2{}^2-\theta k_1{}^2+(1-\theta)k_2{}^2$$

令 $\frac{\partial R_T}{\partial\theta}=0$，可求得契约的最优分配系数为

$$\theta=\frac{k_1{}^2}{k_2{}^2+k_1{}^2},\quad 1-\theta=\frac{k_2{}^2}{k_2{}^2+k_1{}^2}$$

因此，在不考虑知识溢出的契约设计中，只要给予对联盟的贡献系数较大的成员分配较高的份额比例，就能达到最优的激励

效率，知识链的运行在此时达到最优的稳定状态。

8.4.3 考虑知识溢出的利益冲突揭示及最优契约设计

在知识链组织之间的合作中，寻求合作伙伴的知识溢出价值 $\mu_i e_i e_j$ 是成员组织参与合作的重要原因（i，$j=1$，2，$i \neq j$），但在此过程中所产生的知识溢出损失也是成员组织之间产生冲突的原因。由于知识投入的信息具有不对称性，当成员 i 投入很少的努力程度 e_i（但 $e_i>0$）时，如果成员 j 投入比较大的努力程度 e_j，成员 i 就会获得较多成员 j 的知识溢出价值，甚至可能获得成员 j 的部分涉及核心竞争能力的知识。

在式（8－1）与式（8－2）中分别对 e_1 与 e_2 求导可得：

$$\frac{\partial R_1}{\partial e_1}=\theta k_1-\eta_1+\mu_1 e_2-e_1$$

$$\frac{\partial R_2}{\partial e_2}=(1-\theta)k_2-\eta_2+\mu_2 e_1-e_2$$

令 $\frac{\partial R_1}{\partial e_1}=0$，$\frac{\partial R_2}{\partial e_2}=0$，可得知识链成员的最优努力的反应函数为：

$$e_1^*=\theta k_1-\eta_1+\mu_1 e_2^* \tag{8-8}$$

$$e_2^*=(1-\theta)k_2-\eta_2+\mu_2 e_1^* \tag{8-9}$$

由式（8－8）与式（8－9），可以得到知识链成员的努力程度的反应函数图，如图 8－2 所示。参与成员的努力程度取决于合作伙伴的努力程度，对方的努力程度越高，参与成员的努力程度也越高。对比图 8－1 中不考虑知识溢出的合作成员的努力程度的反应函数可见，由于知识溢出的存在，知识链组织之间的合作很不稳定。

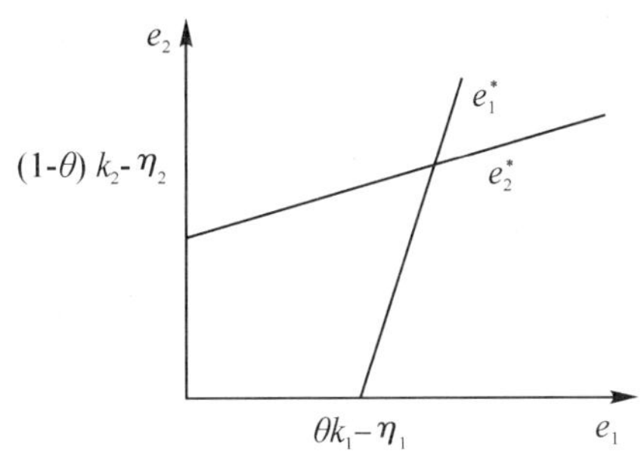

图 8－2　考虑知识溢出的知识投入的反应函数

由式（8－8）与式（8－9）的反应函数，通过联立求解可得

$$e_1^* = \frac{\theta k_1 - \eta_1 + \mu_1 [(1-\theta)\ k_2 - \eta_2]}{1-\mu_1\mu_2} \tag{8－10}$$

$$e_2^* = \frac{(1-\theta)\ k_2 - \eta_2 + \mu_2 (\theta k_1 - \eta_1)}{1-\mu_1\mu_2} \tag{8－11}$$

由于成员 1 与成员 2 对称，所以在式（8－10）和式（8－11）中仅分析成员 1 即可，其分析结果同样适用于成员 2。

在式（8－10）中对涉及核心能力的知识溢出损失系数 η_1 求导可得 $\frac{\partial e_1^*}{\partial \eta_1} = -\frac{\eta_1}{1-\mu_1\mu_2}$，由于 $0<\mu_1<1$，$0<\mu_2<1$，所以 $1-\mu_1\mu_2>0$。而 $0<\eta_i<1$，所以，$\frac{\partial e_1^*}{\partial \eta_1}<0$。这意味着，成员 1 在合作中由于知识溢出产生的核心竞争能力损失越大，知识投入的努力程度越小。

观察式（8－10），由于 $1-\mu_1\mu_2>0$，所以当满足条件 $(1-\theta)\ k_2-\eta_2>0$ 时，成员 1 的吸收能力的基础系数 μ_1 越高，其努力程度 e_1^* 越高。这是因为，吸收能力的基础系数越高，成员 1 知识投入所获得的知识溢出收益越高。$(1-\theta)\ k_2-\eta_2>0$ 的含义在于，成员 2 在知识链中的分成部分 $1-\theta$ 一定的情况下，其对知识链的价值创造的贡献系数 k_2 相对于其知识溢出损失系

数 η_2 大到一定程度时，有更高的积极性付出较高的努力程度，成员 1 由此能够从成员 2 的知识溢出中获得更多的溢出收益。

将式（8－10）与式（8－11）中的 e_1^* 与 e_2^* 代入知识链的联盟总收益函数，可得：

$$R_T^* = k_1 e_1^* + k_2 e_2^* + \mu_1 e_2^* + \mu_2 e_2^* e_1^* - \frac{1}{2} e_2^{*2} - \eta_1 e_1^* - \eta_2 e_2^*$$

$$= (k_1 - \eta_1) e_1^* + (k_2 - \eta_2) e_2^* + (\mu_1 + \mu_2) e_1^* e_2^* - \frac{1}{2} e_2^{*2} - \eta_1 e_1^* - \eta_2 e_2^* \quad (8-12)$$

在式（8－12）中对 θ 求导，即可求得在考虑知识溢出的情形下知识链的最优分配系数 θ。

$$\frac{\partial R_T^*}{\partial \theta} = (k_1 - \eta_1) \frac{\partial e_1^*}{\partial \theta} + (k_2 - \eta_2) \frac{\partial e_2^*}{\partial \theta} + (\mu_1 + \mu_2) e_1^* \frac{\partial e_2^*}{\partial \theta} + (\mu_1 + \mu_2) e_2^* \frac{\partial e_1^*}{\partial \theta} - e_2^* \frac{\partial e_2^*}{\partial \theta} - e_1^* \frac{\partial e_1^*}{\partial \theta} \quad (8-13)$$

由式（8－10）和式（8－11）可知，

$$\frac{\partial e_1^*}{\partial \theta} = \frac{k_1 - \mu_1 k_2}{1 - \mu_1 \mu_2} \quad (8-14)$$

$$\frac{\partial e_2^*}{\partial \theta} = \frac{\mu_2 k_1 - k_2}{1 - \mu_1 \mu_2} \quad (8-15)$$

为了计算方便，令 $\frac{k_1 - \mu_1 k_2}{1 - \mu_1 \mu_2} = T$，$\frac{\mu_2 k_1 - k_2}{1 - \mu_1 \mu_2} = S$。

令 $\frac{\partial R_T^*}{\partial \theta} = 0$，并把式（8－14）和式（8－15）代入计算即可求得在考虑知识溢出的情形下，最优的收益分配系数 θ 为：

$$\theta = [(k_1 - \eta_1)(k_1 - \mu_1 k_2) + (k_2 - \eta_2)(\mu_2 k_1 - k_2) + (\mu_1 S + \mu_2 S - 1)(-\eta_1 + \mu_1 k_1 - \mu_1 \eta_2) + (\mu_1 T + \mu_2 T - S)(k_2 - \eta_1 - \mu_2 \eta_1)] / [(\mu_1 k_1 - k_1)(\mu_1 S + \mu_2 S - T) + (k_2 - \mu_2 k_1)(\mu_1 T + \mu_2 T - S)] \quad (8-16)$$

通过对知识溢出的数量模型分析，揭示了知识溢出对知识链组织之间合作的影响作用。知识溢出对于知识链组织之间的合作就是一把“双刃剑”，既可能促进合作，也可能带来冲突，影响知识链运行的稳定性。

一方面，知识溢出带来的价值创造 $\mu_i e_j e_i$ 是组织之间合作的根本动力，知识链成员的吸收能力基础系数 μ_i 越大，其从合作伙伴的知识溢出中获益越多，知识投入的努力程度越高。另一方面，由于知识溢出的存在，知识链成员的知识投入的努力程度受到合作伙伴知识投入的影响，合作伙伴知识投入越少，知识链成员从知识溢出中所获得的收益也就越少。同时，知识链成员自身的知识溢出可能会由于核心知识资产的泄漏而带来损失，所以知识溢出增加了知识链组织合作中的道德风险与机会主义行为，从而影响到合作的稳定性。由此，为了提高知识链组织之间合作的稳定性，知识链组织应该增加合作中的透明度，提高合作双方知识投入的可观察性，尽量避免合作成员的机会主义行为。知识链组织之间透明度不足的主要原因往往正是相互之间对于机会主义行为的怀疑，这通常会导致双方不愿与对方共享知识。知识链组织之间的相互信任能减少这种对于机会主义的担心，从而提高合作边界的透明度，降低知识流动的不确定性和复杂性，增加知识投入的可观察性。因此，为了提高合作的透明度，知识链成员组织应该加强彼此之间的交流互动，提高相互之间的信任水平。

8.5　知识链组织之间的知识分工冲突协调的契约机制

知识链中的核心企业所生产的产品包含很多配件，例如，丰田公司生产的汽车包含发动机、车窗玻璃、轮胎等配件。每一个产品配件的完成，包括研究设计与开发生产两个阶段。核心企业在各个配件的生产中面临两个选择：一是自身研究设计，仅仅把配件的开发生产委托给知识链上的其他代理组织；二是将配件的研究设计与开发生产都委托给知识链上的其他代理组织。核心企业在知识链中对知识分工应该如何决策？契约又该如何设计以激励代理组织，协调彼此的利益冲突？

正是基于这两个问题，本节研究知识链组织之间知识分工冲突协调的契约机制，包括知识分工决策机制和多任务委托代理机制。

8.5.1 知识分工决策机制

在借鉴 Itoh（1994）①、Maria De Paola 等人（2009）② 所提出的任务分配模型的基础上，构建了一个关于技术能力增长和知识转移的知识链组织的知识分工决策模型。

8.5.1.1 知识分工决策的基本模型假设

为了便于研究，作如下假设：

1）知识链仅由一个核心企业 1 和一个外围的代理组织 2 构成，两个成员均为风险中性。

2）知识链组织合作创新由研究和开发两阶段构成，投入的努力程度分别为 e_r、e_d，$0 \leqslant e_r \leqslant 1$，$0 \leqslant e_d \leqslant 1$。

3）ω 为研究阶段的相对重要程度，$0 \leqslant \omega \leqslant 1$，$1-\omega$ 为开发阶段的相对重要程度。知识链组织之间合作创新成功的概率为 $e_r{}^{\omega} e_d{}^{1-\omega}$，成功的概率与研究和开发两阶段的努力程度及其相应

① Hideshi Itoh. Job design, delegation and cooperation: A principal－agent analysis [J]. European Economic Review, 1994 (April), Volume 38, Issues 3－4: 691－700

② Maria De Paola, Vincenzo Scoppa. Task assignment, incentives and technological factors [J]. Managerial Decision Economics, 2009, 30: 43－55

的重要性程度密切相关，任意一阶段投入为 0，合作创新就会失败，合作创新失败的概率为 $1-e_r^{\omega}e_d^{1-\omega}$。

4）创新成功后产品的价值为 V，知识链的契约结构为固定支付结构，当产品创新成功时，核心企业付给代理组织固定支付 R_0；当创新失败时，核心企业不用给代理组织任何支付，代理组织的收益为 0，则代理组织所能获得的期望收益为 $e_r^{\omega}e_d^{1-\omega}R_0$。

5）知识链的核心企业面临两种选择，或仅仅将开发阶段委托给代理组织（称之为部分委托），或把研究和开发两阶段同时委托给代理组织（称之为完全委托）。

在上述假设条件下，以下研究针对知识链的核心企业应该在何种条件下采取不同的知识分工决策，在两种不同决策过程中应该如何设计相应的契约支付。

8.5.1.2　研究和开发全委托知识分工

如果核心企业将研究和开发两阶段全部委托给代理组织，假如代理组织研究和开发两个过程的成本分别为 $\frac{c_1^2e_r^2}{2}$ 和 $\frac{c_2^2e_d^2}{2}$（$c_1^2>0$，$c_2^2>0$）。代理组织除了在研发中获得核心企业的支付 $e_r^{\omega}e_d^{1-\omega}R_0$ 外，还可获得研发能力增长的额外收益，假设这个额外收益为 $k_1e_r^{\omega}e_d^{1-\omega}R_0$，$k_1$ 是技术能力增长系数，且 $k_1>0$，代表了技术能力的增长潜力。一方面，代理组织所付出的研究和开发的努力程度越高，技术能力增长所带来的收益越高；另一方面，核心企业所给予的固定支付 R_0 代表了代理组织在签订契约时的一种议价能力，是代理组织已有的技术能力基础的体现，已有的技术能力基础越好，代理组织所获得的研发能力增长的额外收益越高。所以，代理组织的研发能力增长的额外收益最终体现为 k_1、e_r、e_d 和 R_0 几个参数的代数形式。那么，代理组织的收益函数可表示为：

$$R_2^F = e_r^{\omega} e_d^{1-\omega} R_0 - \frac{c_1^2 e_r^2}{2} - \frac{c_2^2 e_d^2}{2} + k_1 e_r^{\omega} e_d^{1-\omega} R_0$$

$$= (1+k_1)\ e_r^{\omega} e_d^{1-\omega} R_0 - \frac{c_1^2 e_r^2}{2} - \frac{c_2^2 e_d^2}{2} \qquad (8-17)$$

由于核心企业未参与研究与开发的过程，所以核心企业的收益仅仅是知识链创新成功后的收益分成，没有技术能力增长收益，则核心企业的收益函数可表示为：

$$R_1^F = e_r^{\omega} e_d^{1-\omega}\ (V-R_0) \qquad (8-18)$$

对于代理组织而言，在给定契约支付的情形下求出其最优努力投入程度，由于

$$\frac{\partial R_2^F}{\partial e_r} = \omega\ (1+k_1)\ e_r^{\omega-1} e_d^{1-\omega} R_0 - c_1^2 e_r,$$

令$\frac{\partial R_2^F}{\partial e_r}=0$，即可求得：

$$e_r = \left[\frac{\omega\ (1+k_1)\ e_d^{1-\omega} R_0}{c_1^2}\right]^{\frac{1}{2-\omega}} \qquad (8-19)$$

同理可求得 $e_d = \left[\frac{(1-\omega)\ (1+k_1)\ e_r^{\omega} R_0}{c_2^2}\right]^{\frac{1}{1+\omega}}$ (8－20)

将式（8－19）与式（8－20）联立求解可得：

$$e_r^F = (1+k_1)\ R_0 \left[\frac{1-\omega}{c_2^2}\right]^{\frac{1-\omega}{2}} \left[\frac{\omega}{c_1^2}\right]^{\frac{1+\omega}{2}} \qquad (8-21)$$

$$e_d^F = (1+k_1)\ R_0 \left[\frac{1-\omega}{c_2^2}\right]^{1-\frac{\omega}{2}} \left[\frac{\omega}{c_1^2}\right]^{\frac{\omega}{2}} \qquad (8-22)$$

由式（8－21）与式（8－22）可知，技术能力增长收益的系数 k_1 越大，代理组织的努力程度越高。契约中所制定的契约支付 R_0 越高，代理组织的努力程度越高。

把式（8－21）与式（8－22）代入式（8－18）可得核心企业的收益为：

$$R_1^F = (1+k_1)\ R_0\ (V-R_0) \left[\frac{1-\omega}{c_2^2}\right]^{1-\omega} \left[\frac{\omega}{c_1^2}\right]^{\omega} \qquad (8-23)$$

在式（8－23）中对契约支付 R_0 求导，可得：

$$\frac{\partial R_1^F}{\partial R_0}=(1+k_1)\left[\frac{1-\omega}{c_2^2}\right]^{1-\omega}\left[\frac{\omega}{c_1^2}\right]^{\omega}(V-2R_0)$$

令 $\frac{\partial R_1^F}{\partial R_0}=0$，可得在研究和开发完全委托的情形下，核心企业的最优契约支付为 $R_0=\frac{V}{2}$。代入式（8－23），可得全委托情形下核心企业的收益为

$$R_1^F=\frac{(1+k_1)V^2}{4}\left[\frac{\omega}{c_1^2}\right]^{\omega}\left[\frac{1-\omega}{c_2^2}\right]^{1-\omega} \tag{8-24}$$

不难发现，代理组织的技术能力增长的收益系数 k_1 越高，核心企业所获得的收益越高，这是因为技术增长收益系数越高，意味着代理组织付出的努力程度越高。

8.5.1.3　研究和开发部分委托知识分工

如果知识链的核心企业在研究阶段具有成本优势，在同样努力程度的情况下，可假设成本为 $\frac{c_1^2(\eta e_r)^2}{2}$（$0<\eta<1$），那么，在分工决策中就有可能采取部分委托的合作形式，即核心企业自身进行研究活动，而仅仅把开发过程委托给代理组织。此时，研发成功的概率除了取决于研究和开发的努力程度 e_r 和 e_d 外，还取决于由研究阶段向开发阶段知识转移的效率。假设知识转移效率为 μ，一般而言，知识转移过程中存在损耗，所以 $0<\mu<1$。那么研究和开发成功的概率变为 $(\mu e_r)^{\omega}e_d^{1-\omega}$。此外，由于核心企业与代理组织都参与了研发过程，它们都可以获得技术能力增长的收益，假设它们具有相同的技术能力的增长潜力系数 k_2（$k_2>0$）。与完全委托形式一样，一方面，核心企业和代理组织所付出的研发的努力程度越高，技术能力增长所带来的收益越高；另一方面，$V-R_0$ 和 R_0 代表了核心企业和代理组织在签订契约时的一种议价能力，是已有的技术能力基础的体现，已有的

技术能力基础越好，所获得的研发能力增长的额外收益越高。所以，核心企业和代理组织的研发能力增长的额外收益最终体现为 k_2、μ、e_r、e_d、$V-R_0$ 和 R_0 几个参数的代数形式。那么，代理组织在开发阶段的过程中的技术能力增长收益为 $k_2(\mu e_r)^{\omega}e_d^{1-\omega}R_0$，核心企业在研究阶段的过程中的技术能力增长收益为 $k_2(\mu e_r)^{\omega}e_d^{1-\omega}(V-R_0)$。那么，核心企业与代理组织的收益函数的形式可表示为：

$$
\begin{aligned}
R_2^P &= (\mu e_r)^{\omega}e_d^{1-\omega}R_0-\frac{c_2^2e_d^2}{2}+k_2(\mu e_r)^{\omega}e_d^{1-\omega}R_0\\
&=(k_2+1)(\mu e_r)^{\omega}e_d^{1-\omega}R_0-\frac{c_2^2e_d^2}{2}
\end{aligned}
\tag{8-25}
$$

$$
\begin{aligned}
R_1^P &= (\mu e_r)^{\omega}e_d^{1-\omega}(V-R_0)-\frac{c_1^2(\eta e_r)^2}{2}\\
&\quad +k_2(\mu e_r)^{\omega}e_d^{1-\omega}(V-R_0)\\
&=(k_2+1)(\mu e_r)^{\omega}e_d^{1-\omega}(V-R_0)-\frac{c_1^2(\eta e_r)^2}{2}
\end{aligned}
\tag{8-26}
$$

先计算在契约中支付给定的情形下，代理组织的最优努力投入程度。在式（8－25）中对 e_d 求导可得：

$$\frac{\partial R_2^P}{\partial e_d}=(k_2+1)(\mu e_r)^{\omega}(1-\omega)e_d^{-\omega}R_0-c_2^2e_d。$$

令 $\frac{\partial R_2^P}{\partial e_d}=0$，解之可求得：

$$e_d=\left[\frac{(k_2+1)(1-\omega)(\mu e_r)^{\omega}R_0}{c_2^2}\right]^{\frac{1}{1+\omega}} \tag{8-27}$$

将式（8－27）代入式（8－26）可得

$$
\begin{aligned}
R_1^P &= (k_2+1)^{\frac{2}{1+\omega}}(1-\omega)^{\frac{1-\omega}{1+\omega}}(\mu e_r)^{\frac{2\omega}{1+\omega}}c_2^{\frac{-2(1-\omega)}{1+\omega}}\cdot\\
&\quad R_0^{\frac{1-\omega}{1+\omega}}(V-R_0)-\frac{1}{2}c_1^2\eta^2e_r^2
\end{aligned}
\tag{8-28}
$$

通过式（8－28）对 R_0 求导，可以得到在部分委托的情形

下契约中的最优支付水平。由于

$$\frac{\partial R_1{}^P}{\partial R_0}=(k_2+1)^{\frac{2}{1+\omega}}(1-\omega)^{\frac{1-\omega}{1+\omega}}(\mu e_r)^{\frac{2\omega}{1+\omega}}c_2{}^{\frac{-2(1-\omega)}{1+\omega}}\cdot \left[\frac{1-\omega}{1+\omega}R_0{}^{\frac{1-\omega}{1+\omega}-1}V-\left(\frac{1-\omega}{1+\omega}+1\right)R_0{}^{\frac{1-\omega}{1+\omega}}\right]$$

令$\frac{\partial R_1{}^P}{\partial R_0}=0$，即可求得在研发部分委托知识分工的情形下契约的最优支付为：

$$R_0=\frac{1}{2}(1-\omega)V \tag{8-29}$$

由式（8－29）可知，在部分委托的情形下，核心企业对代理组织的支付与代理组织所从事的开发活动的重要性 $1-\omega$ 正相关。开发活动越重要，契约支付越高。

在式（8－28）中对 e_r 求导，得

$$\frac{\partial R_1{}^P}{\partial e_r}=(k_2+1)^{\frac{2}{1+\omega}}(1-\omega)^{\frac{1-\omega}{1+\omega}}c_2{}^{\frac{-2(1-\omega)}{1+\omega}}R_0{}^{\frac{1-\omega}{1+\omega}}\cdot (V-R_0)\frac{2\omega}{1+\omega}(\mu e_r)^{\frac{\omega-1}{1+\omega}}\mu-c_1{}^2\eta^2e_r \tag{8-30}$$

在式（8－30）中令$\frac{\partial R_1{}^P}{\partial e_r}=0$，可求得核心企业最优的研究投入为：

$$e_r{}^P=(k_2+1)(1-\omega)^{\frac{(1-\omega)}{2}}c_2{}^{\omega-1}R_0{}^{\frac{(1-\omega)}{2}}\cdot \left[(V-R_0)\frac{2\omega}{1+\omega}c_1{}^{-2}\eta^{-2}\right]^{\frac{1+\omega}{2}}\mu^{\omega} \tag{8-31}$$

由式（8－31）可知，核心企业在研发阶段技术能力增长系数 k_2 及知识转移效率 μ 越大，核心企业投入的努力程度越高。这是因为，技术能力增长系数 k_2 越大，核心企业投入较高的努力程度获益越多。知识转移效率 μ 越高，核心企业投入较高的努力程度，合作创新的成功概率越高。

把式（8－31）与式（8－29）代入式（8－28），可以求得在部分委托的情形下，核心企业的最大收益为：

$$R_1{}^P=\mu^{2\omega}\frac{k_2+1}{2}V^2\left[\frac{\omega}{\eta^2c_1{}^2}\right]^{\omega}\left[\frac{(1-\omega)^2}{2c_2{}^2}\right]^{1-\omega} \tag{8－32}$$

8.5.1.4 核心企业的知识分工决策条件分析

通过上述分析，求得了知识链的核心企业在两种不同知识分工情形下所能获得的最大收益。核心企业究竟采取何种知识分工形式——是把研究和开发两阶段的创新活动都委托给代理组织，还是把研究活动控制在企业内部，仅仅把开发过程委托给代理组织？这取决于两种不同知识分工形式的最大收益比较。

考察式（8－24）与式（8－32），当 $R_1{}^P>R_1{}^F$ 时，核心企业就会自身进行研究活动，仅仅把开发过程委托给代理组织，采取部分委托的形式，即必须满足条件：

$$\mu^{2\omega}\ \frac{k_2+1}{2}\ V^2\ \left[\frac{\omega}{\eta^2c_1{}^2}\right]^{\omega}\ \left[\frac{(1-\omega)^2}{2c_2{}^2}\right]^{1-\omega}\ >\ \frac{(1+k_1)\ V^2}{4}\left[\frac{\omega}{c_1{}^2}\right]^{\omega}\cdot\left[\frac{1-\omega}{c_2{}^2}\right]^{1-\omega}$$

由于在模型构建过程中考虑了核心企业与代理组织的成本系数的差异，使得模型过于复杂。现在假设核心企业与代理组织有相同的成本系数，即假设 $\eta=1$，简化上述不等式可得：

$$2\mu^{2\omega}\ (k_2+1)\ \left[\frac{1-\omega}{2}\right]^{1-\omega}>1+k_1 \tag{8－33}$$

考察式（8－33），可以发现：

k_2 越大，式（8－33）越容易满足条件，即核心企业自身从事研究活动所能获得技术能力的增长越大，越倾向于采取部分委托的合作形式，将研究活动环节紧紧控制在内部，这是因为技术能力的增长可以增强核心企业的核心竞争能力。

μ 越大，式（8－33）越容易满足条件，即核心企业向代理组织转移知识的效率越高，知识转移的损耗越小，核心企业越容易采取部分委托的知识分工形式。相反，μ 越小，技术知识越难以实现组织之间的转移，那么核心企业越容易将研究和开发两阶段的知识分工都委托给代理组织，因为知识难以转移意味着研究和开发相分离的经济非效率。

要考察研究活动的相对重要性程度 ω 对知识分工的影响，可以先不考虑知识转移中的损耗，即令 $\mu=1$，可把式（8－33）转化为

$$\left[\frac{1-\omega}{2}\right]^{1-\omega}>\frac{1+k_1}{2(k_2+1)} \tag{8-34}$$

令式（8－34）的左边为 $f(\omega)=\left[\frac{1-\omega}{2}\right]^{1-\omega}$，由于

$$\frac{\partial f(\omega)}{\partial \omega}=-\left[\frac{1-\omega}{2}\right]^{1-\omega}\log\left(\frac{1-\omega}{2}\right)>0,$$

所以 ω 越大，式（8－34）越容易满足条件，即研究活动在创新过程中的相对重要性越高，核心企业越倾向于自身从事研究活动。

通过上述分析，可以得到知识链中核心企业在知识分工过程中所要考虑的决策因素条件，即核心企业是否把研究活动委托给代理组织取决于如下条件：

1）从事研究活动所获得的技术能力增长。技术能力增长获益越大，越倾向于自身从事研究活动，实行部分委托的知识分工。

2）研究过程向开发过程转移知识的效率。知识转移效率越高，核心企业越倾向于自身从事研究活动，实行部分委托的知识分工。

3）研究活动相对于开发活动的相对重要性程度。研究活动的相对重要性越高，核心企业越倾向于自身从事研究活动，实行部分委托的知识分工。

以上的结论与现实中很多企业的知识分工情况是相吻合的。以日本的佳能数码相机为例，由于镜头的对焦性能技术的发展涉及企业核心竞争能力，技术创新过程中的研究活动相对于应用开发活动重要得多，并且企业自身从事研究活动能够获得持续的技术能力增长，所以，佳能公司对于镜头的研究过程始终控制在本企业内部，而仅把应用开发及其生产活动中的部分创新过程委托给了代工企业。再以我国华为技术有限公司为例，作为一个通信设备企业，由于软件开发不涉及企业核心竞争能力，其从事软件开发所获得的技术能力增长有限，而且软件的研究阶段向应用开发阶段进行技术转移的难度较大，知识损耗较多，所以，华为对于软件这一模块采取的是研究和开发完全委托的知识分工形式，完全分包给了惠通、成都科成信等外部 IT 企业。

8.5.2 知识分工中的多任务委托代理机制

如果知识链中的核心企业把研究和开发两阶段创新过程都委托给代理组织，那么核心企业与代理组织在委托代理中的利益冲突协调就变为 Holmstrom 和 Milgrom（1991）① 经典的多任务委托代理问题。借鉴张维迎（1999）②、彭本红等人（2007）③ 所建立的多项任务委托代理模型，我们可以解决知识链组织之间知识分工多任务委托代理的冲突问题。

8.5.2.1 多任务委托代理的基本模型假设

上述分工决策模型只考虑了契约固定支付的问题，假设了研

---

① Holmstrom，B.， and P. Milgrom. Multitask principal — agent analyses：incentive contracts，asset ownership，and job design [J]. Journal of Law，Economics，and Organization，1991，7（Special Issue），24—52

② 张维迎．博弈论与信息经济学 [M]. 上海：上海三联出版社，2004：284

③ 彭本红，罗明，周叶．物流外包中的契约分析 [J]. 软科学，2007，21（1）：26—28，36

究和开发两项任务的成本的相互独立性，没有考虑代理人的风险规避问题，所以有一定局限性。为了使研究更具有实际意义，作如下假设：

1）代理组织在研究和开发两阶段投入的努力程度分别为 e_r、e_d，且 $0 \leqslant e_r \leqslant 1$，$0 \leqslant e_d \leqslant 1$。

2）$C(e_r, e_d)$ 表示代理人的努力成本，且是严格递增的凸函数。$C_r = \dfrac{\partial C(e_r, e_d)}{\partial e_r}$，$C_d = \dfrac{\partial C(e_r, e_d)}{\partial e_d}$，$C_{rd} = \dfrac{\partial C_r}{\partial e_d}$。

若 $C_{rd}=0$，表示研究和开发两项任务相互独立，一项任务努力程度的增加不会引起另一项任务边际成本的改变。

若 $C_{rd}>0$，表示研究和开发两项任务相互替代，一项任务努力程度的增加会引起另一项任务边际成本的增加。

若 $C_{rd}<0$，表示研究和开发两项任务互补，一项任务努力程度的增加会引起另一项任务边际成本的减少。

3）核心企业通过如下两个可供观察的向量监督代理组织：

$$x_1 = e_r + \varepsilon_1$$

$$x_2 = e_d + \varepsilon_2$$

在上述两式中，ε_1 和 ε_2 是外部随机干扰因素，服从正态分布，均值为 0，方差分别为 σ_r^2 和 σ_d^2。

4）假定委托人是风险中性的，而代理人是风险规避的。$B(e_r, e_d)$表示研究与开发成功所能获得的最终价值，其支配权归核心企业。假设：

$$B(e_r, e_d) = \mu(e_r + e_d)$$

上式中 $\mu>0$，表示核心企业将代理组织在研究和开发两阶段的投入转化为利润的能力。

假如知识链中核心企业与代理组织签订的契约结构为：

$$R(x_1, x_2) = R_0 + k_1 x_1 + k_2 x_2 \tag{8-35}$$

在式（8－35）中，R_0 是核心企业给予代理组织的固定支付，k_1 和 k_2 分别表示核心企业对于研究与开发两项任务的激励程度。代理组织的效用函数具有风险规避特征，$u(R) = -e^{\rho R}$，ρ 是绝对风险规避量。$\frac{1}{2}\rho k_1{}^2\sigma_r{}^2$，$\frac{1}{2}\rho k_2{}^2\sigma_d{}^2$ 是代理组织从事研究和开发两项任务的风险成本。

8.5.2.2　多任务委托代理的模型建立

根据上述假设，不难得到核心企业的收益函数形式为：

$$\begin{aligned} M &= E[B(e_r, e_d) - R_0 - k_1 x_1 - k_2 x_2] \\ &= \mu(e_r + e_d) - R_0 - k_1 e_r - k_2 e_d \end{aligned} \tag{8-36}$$

代理组织的收益函数形式为：

$$\begin{aligned} N &= E[R_0 + k_1 x_1 + k_2 x_2 - C(e_r, e_d)] - \frac{1}{2}\rho k_1{}^2\sigma_r{}^2 \\ &\quad - \frac{1}{2}\rho k_2{}^2\sigma_d{}^2 \\ &= R_0 + k_1 e_r + k_2 e_d - C(e_r, e_d) - \frac{1}{2}\rho k_1{}^2\sigma_r{}^2 \\ &\quad - \frac{1}{2}\rho k_2{}^2\sigma_d{}^2 \end{aligned} \tag{8-37}$$

核心企业的问题是选择 $k^T = (k_1, k_2)$，使知识链的确定性等价收入最大化：

$$\begin{aligned} \max_{k_1, k_2} TCE = \mu(e_r + e_d) - C(e_r, e_d) - \frac{1}{2}\rho k_1{}^2\sigma_r{}^2 \\ - \frac{1}{2}\rho k_2{}^2\sigma_d{}^2 \end{aligned} \tag{8-38}$$

核心企业最大化确定性等价收入面临两个约束条件：一是参与约束条件，即代理组织从接受合同中所得到的期望效用大于或等于不接受合同时的最大期望效用，这个期望效用为代理组织的机会收入，在此假设代理组织的预留效用所对应的确定性收入即

机会收入为 w_0，其中 $w_0>0$。二是激励相容约束条件 IC，即当核心企业不能观察到代理组织的行为 $e=(e_r, e_d)$ 和自然状态 ε 时，对于任何给定的激励合同，代理人总是选择最大化自己的期望效用函数的向量 $e=(e_r, e_d)$，因此，任何委托人期望的 $e=(e_r, e_d)$ 都只能通过代理人的效用最大化行为来实现。[①]

因此，委托人最大化知识链确定性等价收入问题转化为如下规划问题：

$$\max_{k_1,k_2} TCE=\mu(e_r+e_d)-C(e_r, e_d)-\frac{1}{2}\rho k_1^2\sigma_r^2-\frac{1}{2}\rho k_2^2\sigma_d^2$$

$$s.t.\begin{cases}(IR)\ R_0+k_1e_r+k_2e_d-C(e_r, e_d)\\ \quad -\frac{1}{2}\rho k_1^2\sigma_r^2-\frac{1}{2}\rho k_2^2\sigma_d^2\geqslant w_0\\ (IC)\ (k_1, k_2)\in\arg\max\left[k_1e_r+k_2e_d\right.\\ \quad \left.-C(e_r, e_d)\right]\end{cases}$$

对上述问题进行规划求解可得：

$$k_1=\frac{\mu\rho(C_{dd}\sigma_d^2-C_{rd}\sigma_d^2)+\mu}{\rho^2C_{rr}C_{dd}\sigma_r^2\sigma_d^2+\rho C_{rr}\sigma_r^2+\rho C_{dd}\sigma_d^2-\rho^2C_{rd}^2\sigma_r^2\sigma_d^2+1} \tag{8-39}$$

$$k_2=\frac{\mu\rho(C_{rr}\sigma_r^2-C_{rd}\sigma_d^2)+\mu}{\rho^2C_{rr}C_{dd}\sigma_r^2\sigma_d^2+\rho C_{rr}\sigma_r^2+\rho C_{dd}\sigma_d^2-\rho^2C_{rd}^2\sigma_r^2\sigma_d^2+1} \tag{8-40}$$

8.5.2.3　多任务委托代理的模型分析

(1) 核心企业利润转化能力的影响

由上述式（8－39）和式（8－40）可知，知识链的核心企业

① 马亚男．大学－企业基于知识共享的合作创新激励机制设计研究［J］．管理工程学报，2008，22（4）：36－39

将代理组织的研究和开发的努力转化为利润的能力 μ 越强，对代理组织从事两种任务的激励程度 k_1 和 k_2 越大。这是因为较大的利润有更大的支付空间。

（2）研究与开发的任务关联性对冲突协调的影响

1）当 $C_{rd}<0$ 时，k_1 和 k_2 随着 C_{rd} 的增大而增大。这意味着，当研究和开发成本互补时，核心企业应该给予研究和开发某项单一任务较高的激励程度，因为核心企业如果对研究增大激励时，由于代理组织对研究的投入可以减少开发任务的成本，所以代理组织有积极性增加对开发的投入；反之亦然。

2）当 $C_{rd}>0$ 时，k_1 和 k_2 的值与 $C_{rd}<0$ 时相比较小。这意味着，当研究与开发成本替代时，如果替代程度很高，核心企业给予研究和开发某项任务的单一激励程度不应该太高。这是因为，如果核心企业给予研究较高的激励程度，由于成本的替代性，代理组织可能忽视产品的开发创新，影响最终产品的实用性。此外，如果核心企业给予代理组织开发较高的激励，代理组织同样有可能忽视研究部分的投入，从而影响产品的基础创新程度。

3）当 $C_{rd}=0$ 时，式（8－39）和式（8－40）可转化为：

$$k_1=\frac{\mu\rho C_{dd}\sigma_d^2+\mu}{\rho^2C_{rr}C_{dd}\sigma_r^2\sigma_d^2+\rho C_{rr}\sigma_r^2+\rho C_{dd}\sigma_d^2+1} \tag{8－41}$$

$$k_2=\frac{\mu\rho C_{rr}\sigma_r^2+\mu}{\rho^2C_{rr}C_{dd}\sigma_r^2\sigma_d^2+\rho C_{rr}\sigma_r^2+\rho C_{dd}\sigma_d^2+1} \tag{8－42}$$

由式（8－41）和式（8－42）可知，当研究和开发两项任务完全独立时，激励因子 k_1 和 k_2 的大小与核心企业的利润转化能力 μ，边际成本变化率 C_{rr}、C_{dd}，风险规避程度 ρ 相关，同时，激励因子还受到另一任务边际成本变化率和随机方差的影响。

进一步考虑，假设代理组织研究和开发的成本函数简化为 $C(e_r,e_d)=\frac{1}{2}e_r^2+\frac{1}{2}e_d^2$，那么 $C_{rr}=1$，$C_{dd}=1$，则式

(8－41) 和式 (8－42) 可简化为：

$$k_1=\frac{\mu}{\rho\sigma_r^{\ 2}+1} \tag{8－43}$$

$$k_2=\frac{\mu}{\rho\sigma_d^{\ 2}+1} \tag{8－44}$$

由式 (8－43) 和式 (8－44) 可知，在这种特殊情形下，激励因子的大小仅仅与核心企业的利润转化能力、风险规避程度以及自身努力程度可观察性的随机方差相关。激励因子是核心企业的利润转化能力的增函数，是风险规避程度以及自身努力程度可观察性的随机方差的减函数。此时两项任务的激励因子完全独立。

4) 当 $C(e_r,\ e_d)=C(e_r+e_d)$ 时，两种努力在成本函数上完全替代[①]。这意味着式 (8－39) 和式 (8－40) 的激励因子 $k_1=k_2$。因此，核心企业在给予激励时，必须给予两项任务相同的激励，这是因为代理组织两项任务的边际成本相等，如果给予某一项任务较高的激励，则这项任务的边际收益较高，代理组织不会在另一项任务上作出任何努力。

(3) 任务可观察性对冲突协调的影响

在代理组织研究和开发活动的两项任务中，假设研究活动与隐性知识相关难以观测，而开发活动创新由于更多地与显性知识相关易以观察，所以，可以有 $\sigma_r^{\ 2}=\infty$，而 $\sigma_d^{\ 2}$ 有限，则式 (8－39) 和式 (8－40) 可转化为：

$$k_1=0 \tag{8－45}$$

$$k_2=\frac{\mu C_{rr}}{\rho_{rr}^{C} C_{dd}\sigma_d^{\ 2}+C_{rr}-\rho C_{rd}^{\ 2}\sigma_d^{\ 2}} \tag{8－46}$$

由式 (8－45) 和式 (8－46) 可知，如果研究活动的任务难

① 张维迎．博弈论与信息经济学 [M]．上海：上海三联出版社，2004：284

以观察，可以使研究活动的激励因子为0，而仅仅给予开发活动一定程度的激励。开发活动激励因子的大小与核心企业的利润转化能力、风险规避程度、自身努力程度可观察性的随机方差以及核心企业和代理组织的边际成本变化率相关。

第 9 章　知识链组织之间合作与冲突协调的自实施机制

本章分析了知识链组织之间合作与冲突协调的关系契约和信任机制两种自实施机制，研究了关系契约的可自执行性及其影响因素；分析了信任在冲突协调中的重要作用、信任机制产生作用的博弈过程以及提高信任的途径。

知识链组织之间合作中的知识投入具有无形性的特点，彼此信息不对称的问题非常突出，极易出现“搭便车”等道德风险行为，由此引发的冲突会影响知识链运行的稳定性。正式契约即使在事前能达成共识，签订尽可能完备的条款，但事后的自然随机条件无法预期，契约再协商同样面临“敲竹杠”等问题。在合作双方对契约的执行产生争议的情况下，如法院等第三方介入规制是一个重要的治理机制。然而，契约机制同样存在一些重大缺陷，比如，法院并不比争议双方更有信息优势，或者其获取信息的成本非常高昂，使契约机制不经济。为此，一个能够确保契约顺利维持的自实施机制非常重要。自实施机制是一种契约双方的自动履约机制，不需要法院或仲裁机构介入，而更多地依赖社会规范，一般包括关系契约机制与信任机制两方面。

9.1 知识链组织之间合作与冲突协调的关系契约机制[①]

关系契约是指契约的执行结果只能由签约各方事后观察到，第三方无法证实，或者事前写出契约条款成本非常高昂的一种契约（George Baker，et al，2002）[②]。知识链组织之间合作的目的是为了实现组织之间的知识流动、知识共享与知识创造。在合作过程中，知识链组织的知识投入难以计量，知识产出的价值只有合作各方才能认识。所以，正式契约往往无法详列未来交易的完整条款，第三方也不能证实合作各方是否完成契约条款，契约的实施对于限制合作各方的机会主义行为作用有限（Chevalier 和 Ellison，1997，McMillan 和 Woodruff，1999）[③④]。因此，有必要引入关系契约的非正式治理机制，以弥补正式契约的不足。

9.1.1 关系契约的理论简单回顾

对关系契约的研究始于美国法学家 Macneil（1974）提出的关系契约理论。该理论认为，社会中的交易都嵌入在复杂的关系中，研究市场中的交易要求研究社会关系中的所有必要因素，从

---

① 吴绍波，顾新．知识链组织之间合作的关系合约研究［J］．科技进步与对策，2009，26（15）：138－141

② Baker G，Gibbon R，Murphy K J. Relational contracts and the theory of the firm［J］. The Quarterly Journal of Economics，2002（2）：39－84

③ Chevalier，Ellison. Risk taking by mutual funds as a response to incentives［J］. Journal of Political Economy，1997（105）：1167－1200

④ McMillan，Woodruff. Interfirm relationships and informal credit in vietnam［J］. Quarterly Journal of Economics. 1999（114）：1285－1320

而提出了一种全新的契约思想。[①] Macneil 认为契约中的关系特性包括：①交易中所嵌入的私人关系；②交换客体的难以观测性；③较长的契约持续时间；④交易没有确切的开始和结束时间；⑤契约不需详列所有交易成员的义务；⑥交易能否成功取决于是否有进一步的交易；⑦事前难以对未来的情况进行预测，交易依赖于未来履约过程中的完善与调整；⑧参与者共享收益，共担成本，但分享系数与成本分摊系数难以严格分配或分摊；⑨契约不具备可转让性；⑩参与者众多；⑪交易者希望合作伙伴有利他行为出现；⑫能预期到履约过程中的困难，但通过他们之间的协调能够解决。当交易中这些方面的关系性较强时，关系契约就会形成。[②]

在 Macneil 等人原创性思想的启发下，关系契约理论得到了蓬勃发展，Baker、Gibbons 和 Murphy（1999）将“关系契约”定义为基于未来关系价值的非正式协议，认为关系契约的主要特点是“自我履行（selfenforcing)”，即交易在很大程度上由参与者自行协调来完成，没有经过制度、仲裁者等第三方的干预。他们还运用博弈论，分析了关系契约与资产所有权结构的相互影响，解释了产生不同于市场与企业两种组织形态的中间组织形态的原因，认为关系契约是建立在未来关系的价值之上的[③]。Levin（2003）运用重复博弈模型，研究了非完全信息下的关系契约的激励作用，强调了关系契约执行过程中出现的绩效评估的

① Macneil. I. R. The many future of contracts [J]. Sourthern Califorlia Law Review，1974（47）：691－816

② 陈灿．当前国外关系契约研究浅析［J］．外国经济与管理，2004，26（12）：10－14

③ Baker，George，Gibbons，Robert and Murphy，Kevin J. Informal authority in organizations [J]. Journal of Law Economics &Organization，1999，15（1）：56－73

主观因素①。汤世强和季建华（2005）构建了基于关系契约的供应链合作伙伴关系的理论模型，给出了供应链合作伙伴关系中关系契约的可自执行的条件。② 王安宇等（2006）研究了合作研发中的关系契约问题。他们认为，关系契约作为正式契约互补的治理机制，可以降低合作研发组织内部的管理协调成本和成员的机会主义行为，提高合作研发绩效。③

在上述文献的基础上，本章将关系契约引入知识链管理的研究中，定义知识链组织之间合作中的关系租金、核心企业与代理组织的知识专用度的不同含义，并借鉴 Annen K（2003）④、汤世强和季建华（2005）⑤ 等提出的可自执行力的概念，分析贴现因子与知识专用度对知识链的关系契约的可自执行性的不同影响。

9.1.2 知识链组织之间合作的关系契约模型的基本假设

为了便于分析，作如下假定：

1）核心企业与一个代理组织签订一个 T_i 期的合作的合约（$i=1, 2, \cdots, n$），它们关于风险的态度均为风险中立型，且有相同的贴现因子 δ。

2）为了实现知识创造，核心企业每期都需要投入一定的专

① Jonathan Levin. Relational incentive contracts [J]. The American Economic Review，2003，93 (3)：835－857

② 汤世强，季建华．基于关系合约的供应链合作伙伴关系建模及其可自执行性分析 [J]. 上海交通大学学报，2005 (3)：479－483

③ 王安宇，司春林，骆品亮．研发外包中的关系契约 [J]. 科研管理，2006，27 (6)：103－108

④ Annen K. Social capital，inclusive network，and economic performance [J]. Journal of Economic Behavior & Organization，2003 (50)：449－463

⑤ 汤世强，季建华．基于关系合约的供应链合作伙伴关系建模及其可自执行性分析 [J]. 上海交通大学学报，2005 (3)：479－483

用性的知识资产 V_0，该资产可能是技术设备，也可能是与技术相关的文件资料。由于知识溢出，V_0 的价值能全部为代理组织所占有。而代理组织需要付出的知识贡献的努力水平 a_i（$i=h$，l），a_h 和 a_l 分别表示代理组织的高和低的两种努力水平。努力成本相应为 $c(a_i)$（$i=h$，l），$c(a_h)>c(a_l)$。当代理组织付出较高的努力水平 a_h 与核心企业的知识资产 V_0 结合时，产出的知识产品具有较高的价值 R_h；而当代理组织付出较低的努力水平为 a_l 时，产出的知识产品具有较低的价值 R_l，同时有 $R_h>R_l$。

3）知识链组织之间合作的知识资产具有专用性特征，代理组织与市场中其他任何知识资产相结合，或者单独生产都只能生产出价值较低的知识产品，其市场价值为 R_l。除此之外，该代理组织对核心企业具有不可替代性，在非合作情形下核心企业只能在市场中购买到价值为 R_l 的知识产品。那么，可将 R_h-R_l 定义为知识链中核心企业与代理企业所创造的关系租金，其来源于对关系专用型资产的投资、组织之间的知识交流、稀缺的互补性资源或能力的结合（Jeffery H. Dyer 和 Harbir Singh，1998）①。

4）核心企业与代理组织共同分享它们所创造的关系租金 R_h-R_l，分享比例为 α [$\alpha\in(0,1)$]，α 的大小取决于核心企业与代理组织的相对谈判能力，并且假设有条件 $V_0<(1-\alpha)(R_h-R_l)$，$\alpha(R_h-R_l)>c(a_h)-c(a_l)$，该假设条件分别表示核心企业所得的关系租金的分享部分大于其专用性的知识资产投资，否则其宁愿在知识市场购买价值 R_l 的产品；而代理

---

① Dyer J H，Singh H. The relational view：Cooperative strategy and source of interorganization competitive advantage [J]. Academy of Management Review，1998，23 (4)：660－679

组织所获得的关系租金大于合作中所必须付出的额外努力成本，否则代理组织也不愿合作。

5）双方约定，当代理组织生产的知识产品被核心企业鉴定为 R_h 时，核心企业付给代理组织 $\alpha(R_h - R_l)$ 的奖金，支付价格为 $P_h = \alpha(R_h - R_l) + R_l$，高于该知识产品的市场价格，则此时核心企业获得的收益为 $R_h - P_h - V_0 = (1-\alpha)(R_h - R_l) - V_0$，代理组织获得的收益为 $P_h + V_0 - c(a_h) = (1-\alpha)R_l + \alpha R_h + V_0 - c(a_h)$。

双方还约定，当代理组织生产的知识产品被核心企业鉴定为 R_l 时，核心企业就实施 $-\alpha(R_h - R_l)$ 的惩罚，支付价格 $P_l = -\alpha(R_h - R_l) + R_l$，低于该知识产品的市场价格，则此时核心企业获得的收益为 $R_l - P_l - V_0 = \alpha(R_h - R_l) - V_0$，代理组织的收益为 $P_l + V_0 - c(a_l) = (1+\alpha)R_l - \alpha R_h + V_0 - c(a_l)$。

9.1.3 知识链组织之间合作的关系契约的基本模型及其可执行性分析

关系契约能够使缔约双方保持合作的原因在于：任何一方的违约行为都会破坏长期的合作关系而受到损失未来合作收益的惩罚。假定知识链的核心企业与代理组织都采用触发战略，在第 T_i 期，对核心企业而言，如果代理组织的努力程度为 a_h，核心企业即支付价格 P_h，并继续投入 V_0 的知识资产，双方进入下一期的合作；如果代理组织的努力程度为 a_l，核心企业对代理组织实施惩罚，并支付价格 P_l，威胁以后各期终止合作。同理，在第 T_i 期，对代理组织而言，如果努力程度为 a_h，核心企业支付了价格 P_h 并投入 V_0 的知识资产，双方即进入下一期合作；而如果代理组织的努力程度为 a_h，核心企业违约仅仅支付 P_l，代理组织终止以后各期的合作。

在第 T_i 期，如果代理组织的努力程度为 a_h，核心企业遵守合约且支付价格为 P_h 时，双方长期合作，核心企业以后各期的收益为 $(1-\alpha)(R_h-R_l)-V_0$；则长期收益总和为 $\pi_{p1}=\frac{(1-\alpha)(R_h-R_l)-V_0}{1-\delta}$。如果代理组织的努力程度为 a_h，由于知识产品具有第三方不可证实的特性，所以核心企业可故意违约把知识产品的价值鉴定为 R_l，从而只支付给代理组织 P_l 的价格，则核心企业当期的收益为 $R_h-P_l-V_0=(1+\alpha)(R_h-R_l)-V_0$，但是代理组织以后各期均不与其合作，以后各期核心企业的收益为 0。[①] 所以，核心企业违约的未来收益总和为 $\pi_{p2}=(1+\alpha)(R_h-R_l)-V_0$。故核心企业的关系契约可自执行条件 $\pi_{p1}>\pi_{p2}$，即为：

$$\frac{(1-\alpha)(R_h-R_l)-V_0}{1-\delta}>(1+\alpha)(R_h-R_l)-V_0 \quad (9-1)$$

在 T_i 期，如果代理组织遵守契约，付出的努力程度为 a_h，双方长期合作，则代理组织未来收益总和为 $\pi_{A1}=\frac{(1-\alpha)R_l+\alpha R_h+V_0-c(a_h)}{1-\delta}$。如果代理组织违约，付出的努力程度为 a_l，此时知识产出价值也为市场价值 R_l，代理组织可以不用支付核心企业所规定的罚金 $-\alpha(R_h-R_l)$，而在市场中出售该产品，则代理组织当期的收益为 $V_0+R_l-c(a_l)$。以后各期核心企业均不与其合作，代理组织只能生产出价值为 R_l 的产品，以后各期的收益均为 $R_l-c(a_l)$。所以，代理组织违约的未来收益总和为 $\pi_{A2}=V_0+R_l-c(a_l)+\frac{\delta[R_l-c(a_l)]}{1-\delta}$。故代理组织关系契约的可自执行条件 $\pi_{A1}>\pi_{A2}$，即为：

① 即使核心企业可在市场上购买到价值为 R_l 的知识产品，但支付价格必为 $P=R_l$，不能获得该知识产品的关系租金。

$$\frac{(1-\alpha)R_l+\alpha R_h+V_0-c(a_h)}{1-\delta}>V_0+R_l-c(a_l)+\frac{\delta[R_l-c(a_l)]}{1-\delta} \qquad (9-2)$$

解式（9－1）与式（9－2）可得：

核心企业的关系契约的可自执行条件为：

$$\delta>\frac{2\alpha(R_h-R_l)}{(1+\alpha)(R_h-R_l)-V_0} \qquad (9-3)$$

代理组织的关系契约的可自执行条件为：

$$\delta>\frac{c(a_h)-c(a_l)-\alpha(R_h-R_l)}{R_l+V_0} \qquad (9-4)$$

可见，只要知识链中核心企业与代理组织的贴现因子足够大，即对未来有足够的耐心，其关系契约一定是可自执行的。

9.1.4 知识链组织之间的关系契约的可自执行性的影响因素分析

（1）知识链组织之间合作的关系契约的可自执行性与关系租金、专用性投资的关系

令 $\Delta R=R_h-R_l$，$\Delta c=c(a_h)-c(a_l)$，则式（9－3）与式（9－4）的右边可分别表示为 ΔR、Δc、V_0 的不同函数，式（9－3）的右边可表示为 $f(\Delta R,V_0)=\frac{2\alpha\Delta R}{(1+\alpha)\Delta R-V_0}$，易见

$$\frac{\partial f(\Delta R,V_0)}{\partial\Delta R}=\frac{2\alpha[(1+\alpha)\Delta R-V_0]-(1+\alpha)2\alpha\Delta R}{[(1+\alpha)\Delta R-V_0]^2}=\frac{-2\alpha\Delta R}{[(1+\alpha)\Delta R-V_0]^2}<0$$

所以，$f(\Delta R,V_0)$ 是 ΔR 的减函数，即随着知识产品的

市场价值与合作价值的差距的增大，f（ΔR，V_0）的值越小，式（9－3）的贴现因子越容易满足条件，也即合作的关系租金越大，核心企业的关系契约的可自执行性越强。而 $\frac{\partial f(\Delta R, V_0)}{\partial V_0}=\frac{1}{[(1+\alpha)\Delta R-V_0]^2}>0$，表示 f（ΔR，V_0）是每期投入的专用性知识资产 V_0 的增函数。如果核心企业的关系契约是可自执行的，随着 V_0 的增加要求更高的贴现因子，即核心企业在投入较多的知识资产 V_0 时，对未来收益有更高的预期才是可自执行的。

式（9－4）的右边可表示为 $g(\Delta c, \Delta R, V_0)=\frac{\Delta c-\alpha\Delta R}{R_l+V_0}$，可见，$g$（$\Delta c$，$\Delta R$，$V_0$）随着 Δc 的增加而增加，即代理组织在合作中如果付出的额外努力成本（也即专用性的知识投入）越多，其关系契约可自执行所要求的贴现因子越高；g（Δc，ΔR，V_0）随着 ΔR 的增加而减少，表示代理组织与核心企业合作所创造的关系租金越多，对于给定贴现因子其关系契约的可自执行性越强；g（Δc，ΔR，V_0）随着 V_0 的增加而减少，表示核心企业所投入的专用性的知识资产越多，其对合作关系所承诺的可置信程度越高，对于代理组织而言关系契约的可自执行性越强。

推论1 知识链组织之间合作的关系契约的可自执行性与关系租金正相关。

推论2 知识链组织之间合作的专用性的知识资产投入越多，关系契约的可自执行条件所要求的贴现因子越高。

（2）知识链组织之间合作的关系契约的可自执行性与贴现因子的关系

定义知识链中核心企业和代理组织的关系契约的可自执行力 S_P，S_A 为合作长期收益总和与违约长期收益总和的差值

（Annen K，2003；汤世强和季建华，2005），即 $S_P=\pi_{P1}-\pi_{P2}$，$S_A=\pi_{A1}-\pi_{A2}$。

$$S_P=\pi_{P1}-\pi_{P2}$$
$$=\frac{(1-\alpha)(R_h-R_l)-V_0}{1-\delta}-(1+\alpha)(R_h-R_l)-V_0$$
$$=\frac{-2\alpha(R_h-R_l)+\delta[(1+\alpha)(R_h-R_l)-V_0]}{1-\delta} \quad (9-5)$$

$$S_A=\pi_{A1}-\pi_{A2}$$
$$=\frac{(1-\alpha)R_l+\alpha R_h+V_0-c(a_h)}{1-\delta}$$
$$-\left[V_0+R_l-c(a_l)+\delta\frac{R_l-c(a_l)}{1-\delta}\right]$$
$$=\frac{\alpha(R_h-R_l)+V_0\delta-[c(a_h)-c(a_l)]}{1-\delta} \quad (9-6)$$

令 $\Delta R=R_h-R_l$，$\Delta c=c(a_h)-c(a_l)$，式（9－5）与式（9－6）可分别变为：

$$S_P=\frac{-2\alpha\Delta R+\delta[(1+\alpha)\Delta R-V_0]}{1-\delta} \quad (9-7)$$

$$S_A=\frac{\alpha\Delta R+V_0\delta-\Delta c}{1-\delta} \quad (9-8)$$

可见，知识链中组织之间合作的关系契约的可自执行力是贴现因子 δ、核心企业的专用性知识资产投资 V_0 以及代理组织在合作中所付出的额外努力成本 Δc 的函数。

考察式（9－7），由于

$$\frac{\partial S_P}{\partial\delta}=\frac{[(1+\alpha)\Delta R-V_0](1-\delta)+\{-2\alpha\Delta R+\delta[(1+\alpha)\Delta R-V_0]\}}{(1-\delta)^2}$$
$$=\frac{(1-\alpha)\Delta R-V_0}{(1-\delta)^2}$$

由于已经假定 $V_0<(1-\alpha)(R_h-R_l)$，即 $V_0<(1-\alpha)\Delta R$，否则核心企业宁愿在知识市场购买价值为 R_l 的产品而不

愿做 V_0 的专用性的知识资产投资。所以，$(1-\alpha)\Delta R-V_0>0$，即 $\frac{\partial S_P}{\partial \delta}>0$，故核心企业的关系契约的可自执行力是贴现因子的增函数，贴现因子越高，核心企业的关系契约的可自执行力越强。

考察式（9－8），

$$\frac{\partial S_A}{\partial \delta}=\frac{V_0(1-\delta)+(\alpha\Delta R+V_0\delta-\Delta c)}{(1-\delta)^2}$$

$$=\frac{V_0+\alpha\Delta R-\Delta c}{(1-\delta)^2}$$

由于已经假定 $\alpha(R_h-R_l)>c(a_h)-c(a_l)$，所以，$V_0+\alpha\Delta R-\Delta c>0$，即 $\frac{\partial S_A}{\partial \delta}>0$，代理组织的关系契约的可自执行力是贴现因子的增函数，贴现因子越高，代理组织的关系契约的可自执行力越强。

取 $\delta_P\in\arg\left\{\frac{-2\alpha\Delta R+\delta[(1+\alpha)\Delta R-V_0]}{1-\delta}=0\right\}$，$\delta_A\in\arg\left[\frac{\alpha\Delta R+V_0\delta-\Delta c}{1-\delta}=0\right]$，令 $\delta_0=\max[\delta_P,\delta_A]$，只要取 $\delta>\delta_0$ 就可以使 $S_P>0$，$S_A>0$ 同时成立，知识链组织之间合作的关系契约就可达到可自执行的条件。

推论 3　知识链组织之间合作的关系契约的可自执行力与贴现因子正相关。

（3）知识链组织之间合作的关系契约的可自执行性与知识专用度的关系

定义 $k_P=\frac{\Delta R}{V_0}$ 为知识链中核心企业的知识专用度，它是核心企业所投入的单位专用性知识资产所创造的关系租金，其单位专用性知识资产所能创造的关系租金越高，知识专用度越高。

定义 $k_A=\dfrac{\Delta R}{\Delta c}$ 为知识链中代理组织的知识专用度，它是代理组织在合作的知识贡献过程中单位额外努力成本所创造的关系租金，单位额外努力成本所能创造的关系租金越多，其知识专用度越高。

考察式（9－7），由于 $\Delta R=k_P V_0$，式（9－7）变为：

$$S_P=\frac{-2\alpha k_P V_0+\delta\left[(1+\alpha)k_P V_0-V_0\right]}{1-\delta}$$

$$=\frac{V_0}{1-\delta}\{-2\alpha k_P+\delta\left[(1+\alpha)k_P-1\right]\}$$

$$=\frac{V_0}{1-\delta}\{\left[-2\alpha+\delta(1+\alpha)\right]k_P-\delta\} \tag{9-9}$$

则要使核心企业的关系契约是可自执行的，必须满足 $S_P>0$，于是在式（9－7）中有：

$-2\alpha\Delta R+\delta\left[(1+\alpha)\Delta R-V_0\right]>0$ 成立，即满足：

$$\delta>\frac{2\alpha\Delta R}{(1+\alpha)\Delta R-V_0} \tag{9-10}$$

对式（9－10）变换形式有，$\delta>\dfrac{2\alpha}{(1+\alpha)-\dfrac{V_0}{\Delta R}}>\dfrac{2\alpha}{1+\alpha}$成立。

所以，式（9－9）中 $-2\alpha+\delta(1+\alpha)>0$ 成立，故 S_P 是 k_P 的增函数，所以知识链中核心企业的关系契约的可自执行力与其知识专用度正相关。核心企业的知识专用度越高，表明其知识资产锁定于与代理组织的特定交易关系的程度越深，交易的转换成本也越高，所以，与现有代理组织的交易关系的关系契约的可自执行力越强。

考察式（9－8），由于

$$S_A=\frac{\Delta R}{1-\delta}\left(\alpha+\frac{V_0}{\Delta R}\delta-\frac{\Delta c}{\Delta R}\right)=\frac{\Delta R}{1-\delta}\left(\alpha+\frac{\delta}{k_P}-\frac{1}{k_A}\right)$$

要使关系契约是可自执行的，必须满足 $S_A>0$，即要求

$$\alpha+\frac{\delta}{k_P}-\frac{1}{k_A}>0 \tag{9-11}$$

解不等式（9－11）可得条件 $k_A>\frac{k_P}{\alpha k_P+\delta}$ （9－12）

式（9－12）的右边可表示为 $h(k_P)=\frac{k_P}{\alpha k_P+\delta}$，由于 $\frac{\partial h(k_P)}{\partial k_P}=\frac{\alpha}{(\alpha k_P+\delta)^2}>0$，所以，$h(k_P)$ 是 k_P 的增函数，则当 k_P 越大时，代理组织的关系契约的可自执行条件所要求 k_A 的值越大，即当核心企业投入较高的专用性知识资产时，代理组织的知识专用度必须足够高，才能保证其关系契约可自执行，否则代理组织就会有机会主义行为损害核心企业的利益。

推论4 知识链合作双方必须要有较高的知识专用度，才能保证关系契约的可自执行性。

9.2 知识链组织之间合作与冲突协调的信任机制[①]

在知识链的运行过程中，成员之间缺乏相互信任会影响到联盟成功的可能性（Macneil，1980）[②]，Peng 和 Shenkar（1997）认为信任缺失是联盟失败的主要原因。[③] Cullen 等（2000）认

① 吴绍波，顾新，等．知识链组织的冲突与信任协调：基于知识流动视角[J]．科技管理研究，2009，29（6）：325－327

② Macneil L R. The new social contract [M]. New Haven，CT：Yale University Press，1980

③ Peng M. W.，Shenkar O. The meltdown of trust：A process model of strategic alliance dissolution [R]. Academy of Management Annual Meeting，Boston，1997

为，联盟合作成功的基础是成员间的信任与承诺。[①]

9.2.1 信任的涵义

《现代汉语词典》中信任是指“相信而敢于托付”，包含从观念到行为两方面的含义。观念主要指信任本身是一种相信别人的信念或意愿；行为则是说信任不是静态的，而是发生在双方之间的一种信任行为。[②] 在学术界，社会学、心理学、经济学和社会心理学等各个领域都对信任有一定程度的研究。但对信任并没有形成统一的概念。对信任的含义主要有如下论述：

社会心理学家 Deutsch（1958，1960）对信任的定义是，信任是个体在有风险的情景下，以某种方式（假设另一方会按照其期望而行为）行动的意愿。他认为，信任行为包含如下行动：①使己方处于劣势的情况增高；②对方行为不再受己方控制；③己方因对方滥用优势而产生的不利，可能会大于对方未滥用优势所得利益[③]。

关于联盟组织之间的信任，王蔷（2000）认为，战略联盟中的相互信任应包括下列几方面的含义：①相互信任是合作各方在面向不确定的未来时所表现出的彼此间的信赖。正是由于未来的太多不确定性而使联盟成员间的相互信任显得弥足珍贵。②建立在相互信任基础上的联盟实际上也意味着联盟的存在有着相当的脆弱性。即合作各方以有限理性代替完全的理性，以默契代替合

---

① JB Cullen，JL Johnson，T Sakano. Success through commitment and trust：The soft side of strategic alliance management ［J］. Journal of World Business，2000，35（3）：223

② 范晓屏，吴中伦．诚信、信任、信用的概念及关系辨析［J］. 技术经济与管理研究，2005（1）：98—99

③ 徐贵宏．非政府组织与中国政府部门间的信任与合作关系实证研究［D］. 西南交通大学博士论文，2008，17

约，以感情代替程序。一旦联盟中出现不诚实的行为，其带来的损失将远远超过彼此信赖时所能带来的收益。③相互信任意味着放弃对他方的控制，从而也决定了联盟中的成员对联盟的产出结果影响甚微。①

总之，上述文献对信任的定义虽然纷繁庞杂，但都强调了信任是委托人与受托人之间的一种依赖关系，尤其是在面对未来不确定性时对受托人的一种期望。因此，知识链成员之间的相互信任是合作各方在面向未来不确定性时，彼此间的一种承诺和相互信赖，由此而产生的各方心理上的认可。②

9.2.2 信任在知识链组织之间合作与冲突协调中的作用

9.2.2.1 信任能提高知识流动的透明度

当知识链组织之间的透明度很高时，合作组织就能意识到知识转移效率较低的真正原因。例如，如果知识链组织能认识到由于知识的复杂程度过高导致知识在组织之间难以移植，合作双方都不会从主观上在发送知识过程中故意掩藏，而选择努力使知识编码简化，知识链组织能更容易地从合作伙伴那里学到知识，知识就能顺利实现跨组织的流动。组织之间透明度不高的主要原因往往是相互之间对于机会主义行为的警惕和怀疑，这通常会导致双方不愿将知识与对方共享。知识链组织之间的相互信任能减少这种对于机会主义的担心，从而提高合作边界的透明度，降低知识流动的不确定性和复杂性。在信任的基础上，知识链组织之间知识流动的自由度得以提高，流动规模得以增大。同时，信任可

---

① 王蔷．战略联盟内部的相互信任及其建立机制［J］．南开管理评论，2000（3）：13－17

② 顾新．基于生命周期的组织之间知识链管理框架模型研究［D］．西南交通大学博士后工作报告，2004：70

以弥补以契约为基础的正式规则的不足，提高知识创新的效率。巴克曼实验室的创始人 Bob Buckman 认为，信任是企业公开运作的基础，并在实验室建立了公开透明三原则：允许每一个员工将自己的知识带进实验室；为每一个员工创造进入公司知识库的机会；让每一个员工可以和公司里知识最丰富的人交流。① 信任最终提高了巴克曼实验室知识创新的绩效，同样也可以提高知识链组织之间知识转移的效率。

9.2.2.2 信任能增加知识链组织的专用性资产投资

专用性资产是指一种资产只对某一特定的使用者有用，或只有用在特定的地方才能产生最大价值。组织一旦进行专用性投资就降低了合作中的后续讨价还价能力，面临合作方“敲竹杠”的机会主义行为，这就是威廉姆森所谓的“根本性转变”。所以，组织在对合作方缺乏信心的情形下，一般选择通用性投资而非专用性投资。在知识链中，企业组织如果信任合作方不会利用自身专用性投资获利，就会增加专用性投资，因为专用性投资可以创造关系性租金，提高组织的绩效（Dyer 和 Singh，1998）。按照 Williamson（1985）的分类，资产专用性分为地点的专用性（site specificity）、物质资产的专用性（physical asset specificity）和人力资产的专用性（human asset specificity）三类。知识链组织的地点专用性投资可以使合作双方地理位置相邻，面对面地进行密切交流和磋商，协调彼此相异的观点，促进知识流动。此外，知识链组织之间地域差异的缩小会形成知识链社群的共同语言、习俗和习惯，减少合作中的摩擦。知识链组织物质资产的专用性是组织之间物化知识专用程度的体现，它使组织之间的生产流程、管理经验等积累性学识所形成的不同技术系统能够兼容，

① ［美］唐·科恩，劳伦斯·普鲁萨克. 社会资本：造就优秀公司的重要元素［M］. 北京：商务印书馆，2006：60

从而降低知识共享的障碍。知识链组织人力资产的专用性投资能使知识发送方与接受方的知识背景相似，知识差距缩小，从而提高组织的知识吸收能力，减少知识流动过程中的耗损，避免知识转移效果不佳的猜疑。

9.2.2.3　信任能使知识链组织保持沟通的开放性

知识链组织之间的沟通是组织之间传递信息、指令、观念的过程，也是情感交流的过程。这种传递跨越组织边界，沟通中的噪声和障碍比在一个企业组织内部要大得多。知识链组织的深入沟通意味着成员组织相互对计划、期望、动机、目标等重要事项的全面披露，通过正式或者非正式的渠道保持信息的及时共享，能够加强成员之间在情感上的深度交流。知识链组织的深入沟通必须以成员之间的高度信任为基础。

根据信任的不同发展阶段，Lewicki 和 Bunker（1995）将信任分为计算型信任、了解型信任和认同型信任。在知识链形成的初级阶段，由于组织之间相互不了解，合作有很大的不确定性，双方的信任是以契约为基础的计算型信任。① 这种计算型信任非常不稳定，根据 Dwyer 等（1987）② 的观点，在计算型信任阶段，组织只是理性地进行少量的投资，关系终止很容易。所以，基于计算的信任并不能很好地协调知识链组织之间的冲突。随着知识链成员的相互了解与交往，成员之间的心理距离变小，逐渐发展成为以他人行为的可预测性为基础的了解型信任。了解型信任阶段的定期交流与沟通能够使一方与另一方保持定期联系，交换各方所需要的信息、偏好以及问题解决的方式，并使知识链组

① R. J. Lewicki，B. B Bunker，Trust relationships：a model of trust development and decline ［A］，in：B. Bunker，J. Z. Rubin（Eds.），Conflict，Cooperation and Justice ［C］，Jossey－Bass，San Francisco，1995：133－173

② Dwyer，R. F.，Schurr，P H.，Oh，S. Developing buyer － seller relationships ［J］. Journal of Marketing，1987，51（April）：11－27

织有相似的思考能力以及预测对方行为的能力。认同型信任是基于知识链成员对其他成员意愿的高度理解和认同，包括需要、偏好、想法以及行为方式等。在此阶段，知识链成员充分相信自己的利益将被完全保护，没有必要对合作伙伴采取监督或控制的措施（Lewicki 和 Bunker，1996）①。

知识链组织的了解型信任能在合作伙伴关系内营造坦诚而开放的交流，能加强联系纽带，缩短合作双方的情感距离，从而有助于问题的解决，消除潜在的冲突。知识链组织在认同型信任基础上建立起来的强联系促使知识链成员组织有更大的意愿进行知识互动，并期望由此形成知识链的整体竞争力，这样在合作伙伴关系中知识的共享、转移和获取活动就会获得适当的资源配置，从而提高知识流动的绩效，推动持续的知识创造。因此，以信任为基础的开放的双向交流是成功解决知识链组织之间冲突的关键因素。

9.2.3 知识链组织之间合作与冲突协调的信任机制的博弈分析

9.2.3.1 完全无约束条件下的博弈分析

完全无约束条件是指知识链成员之间的信任博弈不受专用性资产投资影响，不考虑社会规则、习俗等社会实施惩罚等约束条件。

假如知识链中存在 A、B 两个成员，当两个成员完全信任对方时，知识完全共享的收益分别为 R_1、R_2。当成员 A 单方面信任 B，而 B 滥用 A 的信任时，有可能获得 A 的核心技术知

---

① R. J. Lewicki，B. B Bunker. Developing and maintaining trust in working relationships［A］，in：R. M. Kramer，T. R. Tyler（Eds.），Trust in Organizations：Frontiers of Theory and Research［C］，Sage Publications，Thousand Oaks，CA，1996：114－139

识，所以此时 B 的收益 $R_2' > R_2$，假如 $R_2' = R_2 + \Delta R$；而成员 A 存在知识泄漏损失，故单方面信任获得的收益 $R_1' < R_1$，假如 $R_1' = R_1 - \Delta R$。如果双方都不信任对方，完全不共享知识，获得的收益分别为 R_1''，R_2''，很显然 $R_1'' < R_1$，$R_2'' < R_2$，$R_1' < R_1''$。双方博弈过程如图 9－1 所示。

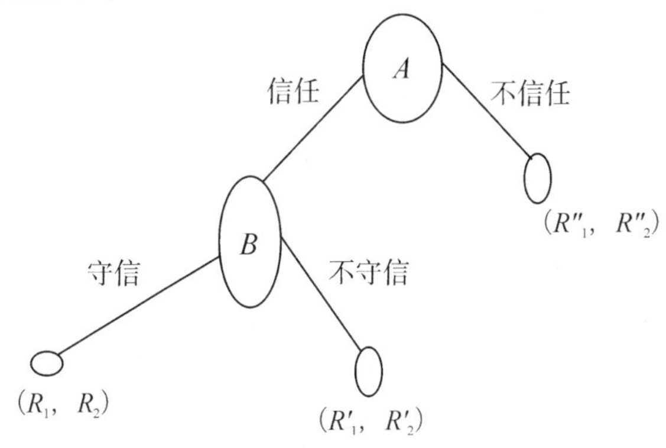

图 9－1　完全无约束条件下的信任博弈

当知识链成员 A 一旦信任 B，就面临 B 不守信的机会主义行为，因而 A 一开始就不会信任成员 B。所以，知识链成员会陷入博弈纳什均衡——（不信任，不信任）的“囚徒困境”状态。

9.2.3.2　存在约束条件下的信任博弈分析

如果知识链成员双方存在其他约束条件，有可能使双方达到（信任，信任）的纳什均衡条件。假设知识链成员 A、B 在合作中分别投入 h_1 和 h_2 的专用性资产，此外，他们的合作还受到非正式的社会制度环境包括社会习俗、行业协会等维护交易关系的道德行为的社会规则的影响。如果参与组织滥用合作伙伴的信任，将受到非正式的社会环境的惩罚（如声誉损失）。假设他们滥用信任受到的惩罚幅度都为 t，那么，在存在约束条件下的知识链成员的博弈收益矩阵如表 9－1 所示。

表 9-1　存在约束条件下知识链成员的博弈收益矩阵

		知识链组织 B 信任	知识链组织 B 不信任
知识链组织 A	信任	R_1，R_2	$R_1-\Delta R$，$R_2+\Delta R-h_2-t$
知识链组织 A	不信任	$R_1+\Delta R-h_1-t$，$R_2-\Delta R$	R_1''，R_2''

当知识链成员 A 信任 B 时，如果 $R_2+\Delta R-h_2-t<R_2$，即 $\Delta R<h_2+t$ 时，成员 B 不会采取机会主义行为损害 A 的利益。这意味着，当知识链成员 B 采取机会主义行为所攫取的收益小于专用性资产投资和非正式的社会环境的惩罚之和时，从理性经济人的角度考虑，成员 B 的最优策略也是信任对方。

9.2.4　提升知识链组织之间信任的途径

知识链组织之间如果缺乏信任，容易制造出一种猜忌与怀疑、对立与抵触的负面情绪，知识流动必然受到阻碍。因此，提升知识链组织之间的信任程度非常重要，其途径有如下几个方面。

9.2.4.1　增加专用性资产投资

信任与知识链成员的专用性投资呈现出一种良性循环的关系。一方面，信任可以促使成员增加专用性资产的投入，因为相信合作伙伴不会对投入的专用性资产采取机会主义行为。另一方面，专用性资产是一种投入的抵押物，如上所述，当一方施与信任，另一方采取机会主义行为必须考虑到专用性资产所带来的损失。因此，知识链组织的专用性投资是一种对合作伙伴关系的“承诺”与“抵押”，意味着组织不会有短期的机会主义行为。专用性投资作为一种沉没成本，一旦合作终止，沉没成本的损失有可能超过机会主义行为所带来的收益。因此，专用性投资反过来又能增加知识链成员彼此的信任程度，减少合作中的猜忌，使组织之间在互动过程中“亲密”而“无间”，由此知识能够在彼此互动的关系中实现流动。

9.2.4.2　建立知识链的信用评级体系

如果知识链能够建立一个良好的信用评级体系，那么当合作伙伴采取施信行为的情形下，另一方采取滥用信任的机会主义行为就不得不考虑“信誉污点”所带来的潜在损失。因此，良好的信用评级体系是一系列社会规则有效约束知识链成员的交易行为的必要条件。在建立信用评级体系过程中，社会中介机构、消费者协会等机构应该制定严格的规范、科学的评价方法和标准，发挥其应有的作用。

9.2.4.3　构建知识链组织的共生创新系统

Davenport（1997）提出了企业的知识生态模式，将组织视为一个资源共享的知识生态系统（Knowledge ecological system）①。借鉴 Davenport 的观点，知识链组织之间要建立密切的、长期的和可信赖的合作伙伴关系，就要构造一个能使价值增值的、相互制约的共生创新系统。在知识链的共生创新系统内，组织之间既有共同的知识创新目标又有特定的知识能力，彼此分享知识资源（如科研院所分享企业组织的市场信息反馈能力，企业组织分享科研院所的研发能力）。知识链内组织间的互动及交互影响所形成的共生创新系统就是一个知识群落（knowledge community），在知识群落内，组织成员分工协作、相互补充，为着共同目标有机地形成一个利益相关的整体，成员间既有共同利益也有共同风险，在市场竞争中共同发展，必然加强组织之间

---

① Davenport，T. H. Information ecology [M]. Oxford University Press，N. Y.，1997

知识流动过程中相互依赖的关系纽带，从而提高信任度。信任度的提高可以降低合作的关系风险，提高知识链共生创新系统的稳定性。

9.2.4.4 树立核心企业的优秀价值观

企业组织的核心价值观是对于客观事物的基本信仰，是关于好坏、善恶、美丑的判断，是生存与发展的指导思想和基本准则，是组织一如既往的行动纲领。知识链中核心企业的优秀价值观是一种以企业的用户为中心，追求为社会服务的远大目标的价值观。优秀的价值观不仅可以培养知识链成员的责任感与奉献精神，而且可以增强成员间的相互信任程度。在日常交往中，人们倾向于信任一个有崇高价值信念的企业组织而非唯利是图的公司。如果知识链中的核心企业有令人鼓舞的价值观，整个知识链的信任程度都会提高。例如，在强生公司与供应商、经销商以及消费者所形成的知识链中，强生公司一直如此强调自己的信条："我们相信，我们首先要对医生、护士、病人负责，向父亲、母亲以及所有使用我们产品和接受服务的客户负责。"对泰诺危机的迅速反应是他们核心价值观的体现。当发现一些泰诺药品有毒时，强生公司当即决定撤回所有泰诺药品。强生公司的危机处理方式强化了各个合作成员的信心，尤其是经销商对于公司的信任程度，同时也赢得了消费者的信赖。此后，供应商、经销商都以与强生合作为荣，即使成员之间存在一些小的利益冲突，相互信任也能使各方仍然保持合作关系。

9.2.4.5 形成良性的信任循环

知识链成员之间已经建立起来的信任并非牢不可破，成员之间的一次破坏行为就有可能使已经建立起来的信任前功尽弃，正如多年的恩爱夫妻可能因为一次的不忠而以分手告终一样。组织的任何机会主义行为都有可能毁坏其声誉，而声誉恰好是组织之间持续信任的一个重要条件（Mari Sak et al，1998）[①]。这是因为，知识链组织在合作过程中非常关注合作伙伴的行为的可预测性，一个组织拥有诚实、可信赖的声誉意味着它在将来的合作中的行为更加透明，更值得信任。组织在合作经历中的机会主义败德行为则会留下不良的诚信记录，招致合作成员的报复与模仿，破坏已经建立起来的信任关系，形成恶性循环。信任就像一个“增殖反应堆”，知识链组织良好的声誉所带来的信任达到一定程度会不断扩展，随着过往合作经历的逐渐积累将带来更多的信任（Bo Bernhand Nielsen，2001）[②]，产生良性的信任循环。所以，知识链组织成员一定要珍惜已有的信任，避免信任条件受到破坏而产生冲突，以致影响到组织间合作伙伴关系的可持续性。

---

① Mari Sako.，Susan Helper，Determinants of trust in supplier relations：Evidence from the automotive industry in Japan and the United States [J]. Journal of Economic Behavior&Organization，1998（34）：387－417

② Bo Bernhand Nielsen. Trust and learning in international strategic alliances [W]. http：// ideas. repec. org/，2001，（8）：4－28

第10章　知识链组织之间合作与冲突协调的第三方管理机制

本章分析了知识链引入第三方管理机构进行冲突协调管理的机构设置和必要性，通过建立数理模型，研究了第三方冲突管理机构对知识链进行利益协调的两种方法：模糊层次分析法和Shapley值法。

知识链是由契约联结而成的一种跨组织的合作伙伴关系，组织之间的显性契约与隐性契约虽然对于组织之间的冲突协调有重要作用，但是，当知识链成员对于合作过程中的目标或者利益分配存在严重分歧时，成员之间可能没有办法友好协商，有必要引入第三方中立机构参与冲突协调。第三方冲突协调的研究由来已久，例如，Blake等（1964）研究了团队之间的第三方冲突协调[①]，郑称德和吴爱胤（2003）把第三方冲突协调机制引入了供应链管理中[②]，刘俊波（2007）分析了第三方管理机构介入国际关系中的危机管理的条件[③]。本章在借鉴上述研究的基础上，将

① Blake，R.，H. A. Sherpard，J. S. Mouton. Managing intergroup conflict in Industry［M］. Houston，TX：Gulf，1964

② 郑称德，吴爱胤．供应链管理的发展、问题及第三方管理机制［J］．南京大学学报：哲学・人文科学・社会科学，2003，40（4）：152－160

③ 刘俊波．试析第三方国际危机管理的条件性［J］．外交评论，2007（12）：44－49

第三方冲突管理机制引入知识链组织之间的冲突协调的研究中。

10.1 第三方冲突管理机构的建立

知识链的第三方冲突管理机构应该是一个独立机构，一般由政府或者行业协会指定特定的机构组成。第三方管理机构在经济上独立核算，对知识链成员没有依赖性，并且具有沟通协调功能，能够平衡各方之间的利益关系，能够在知识链组织之间利益冲突的协调中发挥沟通的桥梁作用。

第三方管理机构必须具备一定的基础条件才能在冲突协调过程中发挥重要作用。概括起来，这些条件包括如下几个方面。

10.1.1 专业知识

由于知识链成员都拥有一定的知识存量和独特的知识结构，[①] 并且这种知识存量与知识结构与组织自身发展历程密切相关，有自身的独特发展路径，表现出一种路径依赖特性，所以知识在各主体之间的分布可能并不均衡，存在着知识势差。一方面，知识势差使得知识链组织之间的合作非常必要；另一方面，这种知识势差也为知识链组织之间的合作设置了障碍，成为冲突产生的一种重要诱因。为此，知识链组织的合作创新过程是非常复杂的。第三方冲突管理机构只有拥有相关背景知识，才能在知识链成员的信息交流中起到沟通的桥梁作用，消除成员之间的“信息孤岛”，避免知识链成员在沟通过程中产生误会，识别各个成员在合作创新中的贡献程度。相反，如果第三方管理机构不具

① 计世网．知识不对称与知识共享［EB/OL］．http：//www.ccw.com.cn/cio/research/qiye /htm2005/20051102 _ 11X4Y.asp，2005－11－2

有相关专业知识，与其他知识链成员信息不对称，那么，第三方冲突管理机构不可能根据各个成员对知识链的贡献大小合理分配知识链的收益，协调成员之间的利益冲突。

10.1.2 独立性

第三方冲突管理机构要有独立的经济来源，或者来源于所有知识链成员所交的“协调管理费用”，或者来源于政府管理机构与行业管理协会。总之，第三方管理机构在经济上不能依赖于某一个特定的成员组织，否则难以保证第三方参与冲突协调的独立性。独立性意味着在某些限定的领域，具有一定程度自治的能力，使得他们在处理知识链成员间的争论和冲突时有一种中立的运作能力。[①] 因此，只有在相对独立的情况下，第三方管理机构才能在冲突协调中保持公正和中立。公正性和客观性是知识链成员在第三方介入冲突协调中最为关心的问题。第三方管理机构只有站在完全公正的立场，取得冲突双方的信任，才具备冲突协调的资格。相反，如果第三方机构在冲突中有偏袒倾向，只会加剧成员之间的冲突。

10.1.3 权威性

权威性（authority）是指使他人服从的权力，对他方有一定的控制力。知识链的第三方管理机构的权威性可以来自如下几个方面：①知识链内的知识资源。知识链成员通过结盟，可能共享知识，共享专利技术，缩短产品的创新周期，如果不服从第三方管理机构的协调，脱离知识链，可能面临在创新中单打独斗被孤立的危险。②加入知识链的良好声誉。声誉可能对于知识链成员是一种隐形资产，如果不服从第三方管理机构的协调，被驱逐出

① 何曜．作为冲突解决的国际干预［J］．世界经济研究，2002（6）：72－76

知识链就有可能失去这种隐形资产。虽然第三方对冲突各方的未来发展最好不要行使任何控制权，但从摩尔的冲突调解步骤看，第三方必须具有选择调解会议场所、参加调解人员组成、调解议程以及调解阶段划分等一定的权力。[①]

10.2 第三方冲突管理机构在冲突协调中的作用

当知识链合作各方无法协调彼此的冲突时，引入第三方冲突管理机构是一种有效的解决方法。相对于冲突各方自行协商解决冲突的方式，引入第三方具有许多优点，在冲突协调中有非常重要的作用。

10.2.1 保证知识链成员收益的合理分配

如果知识链的利益分配仅仅由彼此的权力地位决定，那么核心企业往往占有绝对的主导地位，很可能损害其他知识链成员的利益。例如，在沃尔玛的产销联盟中，由于其强大的销售网络，美国很多零售商对它都具有一定的依赖性，导致产销双方关系并不对等。所以，1996 年沃尔玛在没有与供应商协商的条件下，就强行要求所有供货商下调价格，严重损害了供应商的利益。由于沃尔玛在市场上的优势地位，供应商不得不接受这种明显不公正的决策。同样，知识链中也有可能出现这种利用权力进行利益分配的现象。如果引入第三方管理机构，知识链中弱势成员的利益可以得到一定的保障，对核心企业起到一定的制约作用，避免

① 郑称德，吴爱胤．供应链管理的发展、问题及第三方管理机制［J］．南京大学学报：哲学·人文科学·社会科学，2003，40（4）：152－160

利用强权损害弱势成员的利益。

10.2.2 第三方冲突管理机构可以公正评估知识链成员的绩效

由于知识链组织之间合作创新的知识产品具有无形性特点，创新成果的质量优劣用市场检验耗时比较长，短期评估往往具有一定的主观性。知识链的核心企业为了降低给予代理组织的报酬，有可能在知识产品的绩效评估中刻意降低代理组织的贡献程度，损害其他成员的利益。第三方冲突管理机构的介入可以使绩效评估更公正，避免由绩效评估的主观性所带来的利益冲突。

10.2.3 对知识链冲突进行事实调查

事实调查指在有关事实问题发生争端的冲突中，当事方让第三方介入来调查有争议的事实问题，确认或否认某种特定情形的存在，从而最终促成冲突解决的方法。调查的实施一般是由第三方管理机构成立一个特定的调查小组来进行，最终的调查报告将提交给知识链成员各方①。

事实上，第三方冲突管理机构在知识链管理的实践中有现实的案例。例如，为了加快我国 TD－SCDMA 产业化进程，早日形成完整的产业链和多厂家供货环境，2002 年 10 月 30 日，TD－SCDMA 产业联盟在北京成立。TD－SCDMA 产业联盟的成员企业覆盖了 TD－SCDMA 产业链从系统、芯片、终端到测试仪表的各个环节。TD－SCDMA 产业联盟的部分职能就是一个第三方冲突管理机构，主要围绕 TD－SCDMA 技术进行标准的推进与完善以及产业的管理和协调，促进企业间资源共享和互惠互利；在产业联盟内部贯彻统一的知识产权管理政策，通过密

① 何曜．作为冲突解决的国际干预 [J]．世界经济研究，2002 (6)：72－76

切的沟通、合理的分工，推动 TD－SCDMA 产业快速健康发展[①]。

10.3　知识链引入第三方冲突管理机构协调收益分配的数理模型

知识链组织在合作创新过程中，如果由核心企业确定每个成员利益分配的比例，由于经济学的私利性假定，毫无疑问，核心企业自己会获取较多的收益，不能保证分配的公平性，从而带来冲突，破坏知识链运行的稳定性。第三方管理机构的介入，可以在某种程度上保证利益分配的公正性。第三方管理机构确定收益分配的比例可以采用模糊层次分析法和 Shapley 值两种方法。

10.3.1　模糊层次分析法

第三方冲突管理机构的主要职责是确定分配因子 α_i 的大小，关键是如何确定分配原则，做到分配的公平合理。知识链组织之间的利益分配应该遵循如下原则（罗利和鲁若愚，2000）：①互惠互利原则。知识链组织是独立的社会经济主体，尽管组织目标有差异，但应该充分保证各方的自主利益，否则会影响合作的积极性，甚至导致合作的失败或破裂。②结构利益最优原则，即从实际情况出发，充分考虑各种影响因素，合理确定利益分配的最优比例结构，促使知识链成员各方实现合理合作、协调发展。③风险与利益对称原则。合作的利益分配应与各方承担的风险相称，并谨慎区分科技开发风险与生产经营风险，不仅要有恰当的

① 中国 TD 联盟网站．TD 联盟简介［EB/OL］．http：//www.tdscdma－alliance.org/aboutus/index.asp，2008－06－23

利益分配方式，还要有合适的风险补偿措施，以增强合作的信心[①]。桂良军等人（2006）提出了第三方管理机构应该按照企业的资源投入与贡献率来分配供应链的收益[②]。结合上述研究，我们认为第三方管理机构在确定分配因子时，应根据知识投入、创新性努力、承担的风险大小三个方面来衡量。

10.3.1.1　模糊层次分析法的求解

第三方管理机构通过采用模糊层次分析法对三个方面建立判断矩阵得到权重，一般要采取如下步骤：[③]

（1）建立各因素重要性的判断矩阵 **A**

$$\mathbf{A}=\begin{bmatrix} a_{11} & a_{12} & a_{13} \\ a_{21} & a_{22} & a_{23} \\ a_{31} & a_{32} & a_{33} \end{bmatrix}$$

在上述矩阵中，$a_{ij}=\dfrac{1}{a_{ji}}$（$i\neq j$），$a_{ij}=a_{ji}$（$i=j$）。

（2）归一化处理

现将矩阵按列归一化（使列的和为 1）得：$b_{ij}=a_{ij}/\sum a_{ij}$，然后按行求和得到 $v_i=\sum b_{ij}$，接着可以求得权重 $W_i^0=v_i/\sum v_i$。

为了检验判断矩阵的相容性，必须计算一致性指标 $C.I.=\dfrac{\lambda_{\max}-n}{n-1}$，其中 $\lambda_{\max}=\dfrac{1}{n}\sum_i(\dfrac{(AW)_i}{w_i})$，当 $C.I.<0.1$ 时，判断矩阵的一致性是可以接受的。

---

① 罗利，鲁若愚．产学研合作对策模型研究［J］．管理工程学报，2000，14（2）：1-5

② 桂良军，赵志明，田志莹．基于第三方参与的供应链收益分配机制研究［J］．会计研究，2006（10）：56-63

③ 汪应洛．系统工程理论、方法与应用［M］．北京：高等教育出版社，2004：170-176

（3）模糊综合评价

设因素集 $U=\{$知识投入，创新性努力，风险承担$\}=\{u_1,\ u_2,\ u_3\}$，评价集 $V=\{$很低，低，较高，很高$\}=\{v_1,\ v_2,\ v_3,\ v_4\}$，然后请专家评价三种因素，统计评价结果，可得模糊矩阵

$$\boldsymbol{R}=\begin{bmatrix} r_{11} & r_{12} & r_{13} & r_{14} \\ r_{21} & r_{22} & r_{23} & r_{24} \\ r_{31} & r_{32} & r_{33} & r_{34} \end{bmatrix}$$

由于各因素权重已经计算出来 $\boldsymbol{A}=\{W_1{}^0,\ W_2{}^0,\ W_3{}^0\}$，可得到知识链成员的综合评价为：$\boldsymbol{B}=\boldsymbol{A}\cdot\boldsymbol{R}=\{b_1,\ b_2,\ b_3,\ b_4\}$。

（4）计算分配因子

进行归一化处理，将 $\boldsymbol{B}$ 标准化可得 $\boldsymbol{B}'=\{b_1',\ b_2',\ b_3',\ b_4'\}$。如果赋予各评价集 V 以量值，就可求得分配因子 $\alpha_i=\boldsymbol{B}'V^{\mathrm{T}}$。

重复上述方法，可以求得每个知识链成员的分配因子 α_i。

10.3.1.2 算例

假如由 E、F、G 三个成员组成了知识链。知识链合作创新的价值为 200 万元。按照专家意见，知识投入、创新性努力、承担的风险大小三个方面采用层次分析法的判断矩阵如下：

表 10－1 知识投入、创新性努力、承担的风险判断矩阵

$\boldsymbol{A}$	$\boldsymbol{A}_1$	$\boldsymbol{A}_2$	$\boldsymbol{A}_3$
知识投入 $\boldsymbol{A}_1$	1	2	3
创新性努力 $\boldsymbol{A}_2$	1/2	1	3
承担的风险 $\boldsymbol{A}_3$	1/3	1/3	1

进行归一化处理可得：

表 10-2　归一化处理结果

A	A_1	A_2	A_3	V_i
知识投入 A_1	6/11	6/10	3/7	1.573
创新性努力 A_2	3/11	3/10	3/7	1.001
承担的风险 A_3	2/11	1/10	1/7	0.425

由此可以得到三个指标的权重：

$$W_1^0=\frac{1.573}{\sum V_i}=0.525$$

$$W_2^0=\frac{1.001}{\sum V_i}=0.334$$

$$W_3^0=\frac{0.425}{\sum V_i}=0.141$$

假如专家对知识链成员 E 的模糊评价矩阵为

$$\boldsymbol{R}_E=\begin{bmatrix}0.4 & 0.2 & 0.3\\ 0.2 & 0.2 & 0.3\\ 0.5 & 0.1 & 0.1\end{bmatrix}$$

可得知识链成员 E 的综合评价为

$$\begin{aligned}\boldsymbol{B}_E &= [W_1^0,\ W_2^0,\ W_3^0]\begin{bmatrix}0.4 & 0.2 & 0.3 & 0.1\\ 0.2 & 0.2 & 0.3 & 0.3\\ 0.5 & 0.1 & 0.1 & 0.3\end{bmatrix}\\ &= [0.35,\ 0.19,\ 0.27,\ 0.19]\\ &= (0.35,\ 0.19,\ 0.27,\ 0.19)\end{aligned}$$

将 $\boldsymbol{B}_E$ 标准化可得 $\boldsymbol{B}'_E=(0.35,\ 0.19,\ 0.27,\ 0.19)$。

如果 $V=\{$很低，低，较高，很高$\}=\{v_1,\ v_2,\ v_3,\ v_4\}$的评价级的尺度为 $c=(1,\ 3,\ 5,\ 7)$，则可得到成员 E 的分配因

子的标量值为：

$$\boldsymbol{D}_E = cB_E'^{\mathrm{T}} = (1,\ 3,\ 5,\ 7)\ (0.35,\ 0.19,\ 0.27,\ 0.19)^{\mathrm{T}} = 3.6$$

同样，假如求得成员 F、G 的分配因子分别为 $D_F=2.4$，$D_G=4$，按照各个分配因子的权重，可以计算得到各个成员应该分配到的利润分别为：

$$R_E = 200 \times \frac{\boldsymbol{D}_E}{\boldsymbol{D}_E + \boldsymbol{D}_F + \boldsymbol{D}_G} = 200 \times 0.36 = 72$$

$$R_F = 200 \times \frac{\boldsymbol{D}_F}{\boldsymbol{D}_E + \boldsymbol{D}_F + \boldsymbol{D}_G} = 200 \times 0.24 = 48$$

$$R_G = 200 \times \frac{\boldsymbol{D}_G}{\boldsymbol{D}_E + \boldsymbol{D}_F + \boldsymbol{D}_G} = 200 \times 0.4 = 80$$

10.3.2　Shapley 值分析方法

Shapley 值是求解多人合作博弈时的利益分配问题的一种方法。第三方管理机构根据各个企业加入知识链给知识链带来的增值大小决定分配利益的多少，同样可以避免知识链核心企业在分配利益份额上的非公平性。

10.3.2.1　Shapley 值的求解

我们借鉴 Shapley 值在企业联盟及供应链利益分配中的应用（徐凤琴，2004；郝海和郑丕锷，2005）[①②]，探讨知识链成员的利益分配问题。假如由 n 个成员组成知识链 N，S 为 N 中的任一子集，表示局中人可能形成的一个知识链，V（S）称为知识链 S 的特征函数，表示知识链 S 通过联盟具有的优势所获得的最大收益。N 人合作博弈有很多解，寻求一个最为合理的唯一解就是解

---

① 徐凤琴．企业联盟及联盟竞争的博弈分析［D］．中国农业大学博士论文，2004

② 郝海，郑丕锷．基于 Shapley 值的供应链合作伙伴利益风险分配机制［J］．哈尔滨工业大学学报：社会科学版，2005，7（5）：71－75

决问题的目标。用 φ_i（V）表示局中人 I 能够从合作获利中获得的报酬，φ（V）$=\{\varphi_1$（V），φ_2（V），φ_3（V），…，φ_n（V）$\}$ 为一个分配方案。

Shapley 值分析方法关于知识链成员合作博弈中的合理分配有如下的公理[①]：

（1）对称性

设 λ 是 $N=\{1, 2, 3, \cdots, n\}$ 的一个排列，即 N 上的一个一对一映射，如 λ_i 是 i 的对应，对知识链博弈 V，则

$(\lambda V)(S)=V(\lambda S)$

该公理是指参与人因合作而分配到的利益与他所被赋予的记号无关，即若知识链的总收益没有变化，而对策中的两个局中人相互替代时，所得到的 Shapley 值相等，这意味着局中人的平等关系。

（2）有效性

如果对于所有包含 i 的子集 S，都有 $V(S\setminus i)=V(S)$，则：

$\varphi_i(V)=0$，且 $\sum_{i=1}^{n}\varphi_i(V)=V(N)$

该公理是指若成员 i 对于他参加的知识链没有作出贡献，那么就不应该从该联盟中获得报酬；另外，各参与人的收益总和应等于知识链的总体收益。

（3）可分可加性

对于定义在 N 上的任意两个特征函数 U 和 V，则

$\varphi_i(V+U)=\varphi_i(V)+\varphi_i(U)$。

该公理是指如果局中人同时进行两项合作时，每个人的总分配分别是两项合作之和。

---

① 王玲．供应链联盟：作为一种新的企业合作模式［D］．南开大学硕士论文，2006

对每个博弈，存在唯一的 Shapley 值 $\varphi(V)=\{\varphi_1(V), \varphi_2(V), \varphi_3(V), \cdots, \varphi_n(V)\}$，其中

$$\varphi_i(V)=\sum_{s \in si} w(|s|)[V(s)-V(s \setminus i)], \quad i=1, 2, \cdots, n$$

$$w(|s|)=\frac{(n-|s|)!(|s|-1)!}{n!}$$

第三方管理机构以 Shapley 值为依据，按照各个联盟成员的贡献大小进行分配，体现了某种程度的“公平”与“合理”。

10.3.2.2　算例

假设一条知识链由核心企业 A 和两个非核心成员 B、C 组成，$I=\{1, 2, 3\}$，A、B、C 三个成员单独创新可创造价值 $V(1)=V(2)=V(3)=15$ 万元；若成员 A 和成员 B 组建知识链可创造价值 $V(1, 2)=45$ 万元；若成员 A 和成员 C 组建知识链可创造价值 $V(1, 3)=60$ 万元；若成员 A、B 和 C 组建知识链可创造价值 $V(1, 2, 3)=90$ 万元；假如知识链必须要求核心企业的存在，所以成员 B、C 不能组建知识链，两者组合创造的价值为 0，故 $V(2, 3)=0$。

运用合作博弈中的 Shapley 值分析方法来建立模型进行分配。$\varphi(V)=\{\varphi_1(V), \varphi_2(V), \varphi_3(V)\}$ 即表示知识链成员 A、B、C 组建知识链后获得的利益的分配，其中 $\varphi_i(V)$ 是分配给第 I 合作人的部分。对固定的 I，记 S_i 为包含 I 的子集构成的集合。结合公式计算成员 B 得到的收益如表 10-3 所示：

表 10—3　成员 B 可以从知识链中得到的收益

S	{2}	{1,2}	{1,2,3}	
$V(S)$	15	45	90	
$V(S-\{2\})$	0	15	60	
$V(S)-V(S-\{2\})$	15	30	30	
$\|s\|$	1	2	3	
$w(\|s\|)$	1/3	1/6	1/3	
$w(\|s\|)[V(S)-V(S-\{2\})]$	5	5	10	$\sum 20$

通过计算可以求得成员 B 所应该分配到的收益为 20 万元，同理可得第三方管理机构应该给知识链中核心企业 A 分配 47.5 万元，知识链成员 C 分配 22.5 万元。

第11章　知识链组织之间合作的关系强度调节机制①

本章在关系强度的理论回顾的基础上，提出了知识链组织之间合作的关系强度的概念，实证分析了关系强度与合作效率的关系，提出了知识链组织调节关系强度的途径、措施。

国内外的大量研究表明（Granovetter，1973；Grabher，1993a；Grabher，1993b）②③④，企业知识管理活动嵌入在特定的关系网络中：如企业与外部其他企业的协作网络、企业管理人员之间的关系网络、集群企业与当地政府的关系网络等，这些社会网络关系无形地渗透在知识链中，增强了组织之间知识共享的意愿，提高了合作的效率。然而，知识链组织之间合作的关系网络在为组织的发展提供各种资源与信息支持的同时，也可能对组织

---

① 吴绍波，顾新．知识链组织之间合作的关系强度研究［J］．科学学与科学技术管理，2008，29（2）：113－118

② M Granovetter. The strength of weak ties［J］. American Journal of Sociology，1973，78（6）：1360－1380

③ Grabher. Rediscovering the social in the economics of interfirm relations［A］. In：Grabher. The embedded firms：on social－economics of industrial networks［C］. London：Routledge，1993a

④ Grabher. The weakness of strong ties：the lock－in of regional development in the Ruhr area［A］. In：Grabher. The embedded firms：on social－economics of industrial networks［C］. London：Routledge，1993b

的创新产生限制，导致其学习失败，锁定于既定的技术路径。正如 Crouch，C 和 Farrell，H（2002）所说："在某种情况下，行动者的社会关系将允许行动者使用某些社会资源，但与此同时，它将限制行动者进行其他的某些行为。如果行动者缺乏正确的关系，他就会发现自己被锁定在某种次优的行为模式中，无法合适地对外部环境作出反应。"① 所以，关系强度的提高对知识链组织之间的合作效率既有正面影响，也有负面影响。关系强度的调节对于知识链组织合作创新的价值创造有重要作用。

11.1 关系强度的理论回顾

关系强度的研究起始于社会学的研究。1973 年，美国学者 Granovetter 首先提出"关系强度"的概念②，他将关系强度定义为"一种时间、感情深度、亲密度与互惠程度的集合"，认为关系强度是一种人与人、组织与组织由于交流和接触而形成的纽带联系。根据纽带联系强弱的不同，他从互动频率、感情深度、亲密程度和互惠程度四个方面，将关系纽带分为强关系和弱关系(Strong Ties，Weak Ties)。互动次数多为强关系，反之为弱关系；感情较强、较深为强关系，反之为弱关系；关系密切程度高为强关系，反之为弱关系；互惠程度高为强关系，反之为弱关系。由 Granovetter 关于强、弱关系的划分标准出发，B. Uzzi (1997) 研究产业集群时，将集群内部的交易关系划分为市场性

① 林竞君．网络、嵌入性与集群生命周期研究——一个新经济社会学的视角[D]，复旦大学博士论文，2005

② M Granovetter. The strength of weak ties [J]. American Journal of Sociology，1973，78 (6)：1360－1380

关系（arm's length ties）与嵌入性关系（embedded ties）两类。Uzzi 认为，市场关系是弱关系，交换双方缺乏长期的互惠关系，是一种非重复性的、纯粹的商业交换关系；而嵌入性关系则具有强关系的特征，以这种关系相联系的交易双方具有高度的信任与互惠预期，并将纯粹的商业交换关系私人化，赋予交易者主体社会性解释。Nooteboome 和 Gilsing（2004）所提出的关系强度的定义主要针对创新网络（Innovation Networks）而言，分别用合作范围、专用性投资、合作的持续性、合作成员的互动频率、个人信任与正式控制六个指标来描述关系强度。①

Granovetter 等的关系强度体现的是社会网络中的联系强度，而近年的研究则把关系强度引入了市场营销领域，如 Barbara 等于 2000 年把关系强度的概念引入了关系营销领域，他们测量关系强弱程度的两个变量是信念和行动，其中，信念要素测量的是对方行为过程中的社会联系因素；行动则反映各方的经济联系，测量的是经济因素②。Ball（2001）提出了基于权变的客户关系管理原则，认为应根据企业发展需要，在互惠的原则下按照市场化交易原则把握客户关系交往尺度。③

基于以上关系强度的研究，将关系强度引入组织之间知识链管理的研究中。知识链的关系强度是构成知识链的组织为了实现知识共享和知识创造而相互依赖和关联的程度。这种关系强度体现在社会性与结构性两方面。正如 Granovetter（1985）等社会学家强调的那样，关系强度的社会性方面是一种组织之间社会嵌

---

① Nooteboom.，V A Gilsing. Density and strength of ties in innovation networks：A competence and governance view [J]. Ecis，2004（1）：1－44

② 石贵成，王永贵，等．对服务销售中关系强度的研究——概念界定、量表开发与效度检验 [J]. 南开管理评论，2005，8（3）：74－81

③ Ball，J. Daimler's new boss for Chrysler orders tough，major repairs [J]. The Wall Street Journal：2001，Vol. 237，Issue 15：A1，A8

入的互动，在互动中基于社会网络的信任与互惠发挥了重要作用；关系强度的结构性方面体现的是知识链合作各方的资产的专用化程度，专用性越强，则合作双方关系度越强，反之则说明关系度越弱。

11.2 知识链组织之间的关系强度与合作效率的理论分析与假设

知识链创新活动的本质就是对知识的获取、整合与创造的过程，组织之间的关系对于创新的作用在于其关系网络是知识获取的主要渠道，是知识整合的平台。因此，知识链组织之间合作的关系强度对知识链的知识共享、知识创造等知识活动有重要影响。然而，并非如想象的那样，强关系就一定能提高知识链组织之间合作的效率，而弱关系就一定降低知识链组织之间合作的效率，必须用辩证的观点来分析这个问题。

11.2.1 关系强度与知识链内部知识获取的效率

知识链组织之间建立合作伙伴关系的一个重要目的是实现组织之间的知识共享。在知识链内，组织之间知识转移的难度大小与成员之间关系的紧密程度密切相关（Szulanski G，1996）[①]，紧密的社会关系有利于组织获得更多的机会去分享合作伙伴的知识。

① Szulanski G. Exploring internal stickiness：impediments to the transfer of best practice within the firm [J]. Strategic Management Journal，1999 (17)：27－44

11.2.1.1 知识链组织之间强关系中较高的互动频率有利于隐性知识的共享

隐性知识蕴藏于组织惯例之中，只可意会，不可言传，不能通过简单的市场关系［相当于 Uzzi（1997）的弱关系］获得，必须通过“干中学、用中学”获得，而不能像程序、符号等显性的编码知识可以简单移植。所以，合作中只有通过强关系的频繁互动，隐性知识才会跨越组织边界，实现知识共享。

11.2.1.2 强关系中较高的信任度有利于隐性知识的共享

Andrews 和 Delahay（2000）认为：“信任在知识共享过程中的作用在某种程度上甚至超过了正式的合作程序的作用，如果没有信任的存在，知识共享就不可能实现。”[①] 原因在于，隐性知识的转移效果与转移主体的转移意愿密切相关，较高的信任度可以减轻甚至消除组织对知识的自我保护意识，使其不必防备其他组织的机会主义行为。在强关系网络中，任何一方的机会主义行为信息都可能在网络成员间传播、扩散，使其受到网络成员的共同惩罚，从而减弱了合作成员的机会主义动机，保证了成员间合作的持续进行。从学习者的角度看，相互信任的氛围有利于组织之间知识的自由交换，彼此相互理解和支持也使学习方更愿意对学习投入专用化的学习资源，提高其对知识的吸收能力。

11.2.1.3 知识链组织之间强关系中较高的资源依赖程度可以增强组织之间知识共享的动机

知识链组织之间的知识共享动机可以增强组织转移隐性知识的意愿，提高知识流动的效率，使合作成员组织能更有效和更积极地介入到知识的开发与获取活动中。知识链组织之间建立合作

---

① Andrews K M, Delahay B L. Influence on knowledge processes in organizational learning: the psychosocial filter [J]. Journal of Management Studies, 2000 (37): 797-810

伙伴关系的目的之一是从外部寻找资源弥补自身的不足，而在双方彼此愿意合作，共享各自拥有的资源技术且投入程度很高时，双方均可以达到在市场上形成较强的竞争优势的目的（Dyer 和 Singh，1998）。这种竞争优势一旦成为共享的价值取向与共同的目标，就会提高合作成员之间的相互理解程度，进而会影响合作成员之间知识共享对合作价值创造的预期（Nahapiet 和 Ghoshal，1998）①，合作中的价值创造成为组织之间合作的动力因素。

对于弱关系而言，由于组织之间的信任度较低，合作过程中存在着较远的心理距离，保护主义成为心理距离的主要表现，合作伙伴的保护会限制知识的可获得性（Inkpen，1998）②。同时，较低的互动频率也不利于隐性知识的转移，即使企业组织有较强的学习动机，也只能实现编码化的显性知识的转移。所以，强关系比弱关系更有利于知识链内部隐性知识的共享。

假设 1：关系强度越高，知识链组织内部的知识获取效率越高。

11.2.2 关系强度与知识链外部的信息获取效率

由上述分析可知，知识链组织之间合作的强关系保证了组织在创新过程中可以通过其所在的关系网络获得源源不断的共享知识，并提升组织的创新效率。然而，企业组织的创新不仅需要整合知识链内部的知识，也需要整合知识链外部所获取的信息。外

① Nahapiet J，Ghoshal S. Social capital，intellectual capital，and the organizational advantage［J］. Academy of Management Review，1998，23（2）：242－266

② Andrew C Inkpen. Learning and knowledge acquisition through international strategic alliances［J］. The Academy of Management Executive，1998，12（4）：69－80

部信息能反映技术变迁的趋势以及消费者需求偏好的变化，是形成产品概念、创新思想萌芽的重要来源之一。因此，有必要对知识链内部共享的知识与外部信息作一个区分，两者有一定联系，但不完全相同。任志安和毕玲（2007）对知识与信息作了区分，他们认为，知识更强调其默会性，具有可观察性低、转移成本高等特点，而信息则更强调其公共物品特征，具有可观察性高、转移成本低等特点①。

强关系在知识链内部知识共享获得优势的同时，也限制了组织个体对知识链外部信息的获取。原因在于，知识链内部组织个体所具有的时间、精力以及物质资本等资源是一定的，由于单个互动单位在建立与维护强关系方面比弱关系占有更多资源，所以，强关系与弱关系相比，知识链中合作伙伴的数量就会较少。由此，强关系使知识链的整体规模偏小，组织与外部环境的接触点也偏少，这导致了两方面的结果：一方面限制了知识链外部信息的输入量，使其无法及时了解外部市场，也不能迅速获取产品创新所需要的信息，技术创新的渠道也会变得日益狭窄；另一方面，知识链内组织个体在一个狭小的范围内频繁地互动，各方所掌握的信息也可能为对方所了解，在知识链中传播的信息大多具有相似性，重复程度很高，有效性差，使得信息严重受到噪音干扰，而企业组织不得不把大量时间与成本用于信息甄别上，从而严重影响知识链的创新效率。

弱关系则恰恰相反。由于知识链内组织对单个个体维护和建立关系所耗费的资源少，在资源量一定的情形下能与更多的组织建立合作伙伴关系，从而形成较大的知识链整体规模，与外部环境建立更多的接触点。由此，一方面，知识链整体及其组织个体

---

① 任志安，毕玲．网络关系与知识共享：社会网络视角分析［J］．情报杂志，2007（1）：75－78

可以从外部环境获取更多信息，保持对外部环境变化的敏感性；另一方面，知识链组织个体从外部环境捕获的信息差异性也较大，即使在弱关系中知识链内组织个体的互动频率较低，但由于获取的外部信息是非重复的，其有效性得以提高，也能更快速地反映环境的变化，从而对推动知识链的创新大有裨益。知识链组织之间合作中的弱关系网络类似于 Rogers（1995）提出的拥有不同资源的群体的异质性网络，异质性网络更容易携带具有创新意义的新信息，在知识扩散方面较同质性网络更具优势。① 所以，知识链组织之间合作的弱关系可以获取有效性更高、更具多样性的外部信息资源，从而能提升整个知识链的创新能力。

假设 2：关系强度越高，知识链组织对知识链外部的信息获取效率越低。

11.2.3 关系强度与知识链组织之间的交易选择效率

在交易选择效率方面，强关系中较高的信任度与互动频率尽管可以降低知识链组织之间合作中的信息成本、谈判成本和监督成本，也可以在一定程度上获得较多的关系租金，但也限制了组织选择交易对象的范围。在知识链内部，强关系网络的组织之间有较高的资源依赖程度以及资产专用化程度，例如，如果知识链组织成员在资产、技术、产品、服务及市场等方面高度依赖，则在交易中存在巨额的转换成本，组织个体就不会轻易改变交易对象，所以，即使在知识链外部存在比合作伙伴效率更高的交易方也会被排除在外。此时，知识链组织成员的互惠关系取代了交易的市场机制，共同利益取代了个体利益，群体决策取代了效率最大化的个体决策。由于交易的锁定，知识链组织成员个体的技术

① 林竞君．网络、嵌入性与集群生命周期研究——一个新经济社会学的视角[D]，复旦大学博士论文，2005

选择受制于集体行动，很难从关系的约束中解脱出来，技术变迁路径也有可能被锁定在低效率的状态之上，从而降低创新效率。

在知识链组织之间合作的弱关系中，组织个体在选择交易对象方面有较大的自主权，不会受制于知识链内部成员的集体选择。同时，弱关系没有必要对专用性投资作关系性承诺，虽然弱关系的合作过程需要付出一定的监督成本，但却免除了专用性投资锁定的风险，个体决策也更具灵活性，对环境变化的适应能力更强。相应地，由于弱关系中个体的交易没有合作伙伴关系承诺的保护，交易必须受到市场中优胜劣汰的规则约束，所以，组织个体也更富有创新动力。当然，合作中的弱关系也面临机会主义的考验，尤其在知识链组织之间的合作过程中契约无法被第三方执行时更是面临难题，所以，需要适当地调节知识链组织之间合作的关系强度。

假设 3：关系强度越高，知识链组织选择合作伙伴的自由程度越低，交易选择效率越低。

11.3　变量界定

Hausman（2001）认为，构成关系强度的三个关键维度是：承诺、相互信任和双边关系主义。①双边关系主义描述关系伙伴的标准信念——认为企业间的关系富有价值，并对企业的生存和成功至关重要。本文在此基础上，从信任度、互动频率、资源的相互依赖程度、资产专用化程度等几个方面分析知识链组织之间

① Hausman，Angela. Variations in relationship strength and its impact on performance and satisfaction in business relationships [J]. Journal of Business & Industrial Marketing，2001，16（7）：600－616

合作的关系度强弱的影响因素。其中，资产专用化相当于Hausman的关系承诺，而互动频率与资源的相互依赖程度则体现的是一种双边关系主义。

11.3.1 信任度

信任对组织之间的合作具有重要的促进作用，可以使组织之间以合作的态度处理相互关系，减少机会主义行为，有助于组织之间频繁发生关系，提高交易效率。同时，对频繁发生关系的预期进一步增强信任，频繁的相互关系使各方更愿意分享彼此的知识，因此，长期合作的预期是知识链组织之间彼此信任的一个重要体现。知识链组织之间的信任度体现了彼此的合作意愿，组织之间共享隐性知识的意愿越强，信任度越高，其关系强度也越高；长期合作的预期越高，其关系强度越高。因此，知识链组织之间的合作伙伴关系的信任程度可用组织之间的知识共享意愿程度和长期合作的预期来衡量。

11.3.2 互动频率

互动频率是指在一个给定时间内合作双方发生的、与合作相关的活动的次数。知识链组织之间的合作过程不是一次性的市场交易行为，合作双方也不是纯粹的商业关系，只有通过合作伙伴间频繁地互动，双向的知识流动才能实现，所以，互动频率对知识链组织之间的合作具有重要影响。随着时间的推移，知识链组织之间的关系效能会产生损耗，通过双方频繁互动可以抵消关系损耗可能给关系质量和绩效带来的负面影响。关系双方的互动频率高，说明双方都不愿意看到关系损耗对关系产生不利的影响，倾向于通过频繁互动来抵消不利影响，保证双方高质量的合作。知识链组织之间的互动频率可以通过以下几个方面体现：合作双方是否有定期交流的惯例、合作伙伴间信息交流是否是双向的和主动的以及合作双方非正式沟通频率是否很高。互动频率越高，关系强度越高。

11.3.3　资源的相互依赖程度

从资源视角解释企业组织之间的合作伙伴关系的学者认为，如果某种互补资源由于特有和不可分割而不能在要素市场轻易获得时，联盟可以成为主要的获取渠道（Gulati，1995）[①]。因此，获得互补资源是组织形成联盟的主要原因（Glaister 和 Buckley，1996）[②]，具有互补能力的公司有更多参与知识联盟的机会（Gulati，1995）[③]。知识链组织之间的资产、技术、产品、服务及市场等方面相互依赖程度越高，其关系强度越高。知识链组织之间资源的相互依赖程度体现在两方面：一是合作双方的知识、技术在市场中的可获得性。可获得性越低，则依赖程度越高，其关系强度也越高。二是双方资源的互补性，互补性越高，其关系强度越高。

11.3.4　资产专用化程度

专用化资产是投资于某项特定交易的资产。资产专用化意味着投资方锁定于特定的交易关系中，比如，生产电子设备的厂商如果与上游的零件商和下游的经销商为建立稳定的合作伙伴关系而进行关系性投资，当其转入钢铁行业时，以前的关系投资价值就会大大贬值。按照 Williamson（1985）的分类，资产专用化包

---

① Gulati，R. Social structure and alliance formation：A longitudinal analysis [J]，Administrative Science Quarterly，1995（40）：619－652

② Glaister，K. W.，Buckley，P. J.. Strategic motive for international alliance formation [J]. Journal of Management Studies，1996（33）：301－332

③ Gulati，R. Social structure and alliance formation：A longitudinal analysis [J]，Administrative Science Quarterly，1995（40）：619－652

括物质资产的专用化、地点的专用化、贡献资产的专用化与人力资产的专用化。对于参与知识链的组织而言，人力资产的专用化程度具有更重要的影响。知识链内组织为当前的合作投入一定人力资本时，如果人力资本的价值被锁定在合作伙伴关系中，只有在当前的关系下人力资本的专业技能才具有最大价值，此时人力资本投资成为抵押品，组织承担着一定的关系风险。所以，资产专用化程度是关系强度的重要影响因素，专用化程度越高，组织的资产越不能挪作他用，其关系强度越高。资产专用化程度可用硬件资源和软件资源转移到其他合作伙伴的难易程度来衡量。

按照以上对知识链组织之间关系强度的影响因素分析，可以从以下维度界定知识链组织的关系强度，如表 11－1 所示：

表 11－1　知识链组织关系强度的界定题项

相关变量	界定题项
信任度	R_1：合作伙伴有很强的知识共享意愿
	R_2：对合作伙伴有很高的长期合作的预期
互动频率	R_3：与合作伙伴定期会晤的频率很高
	R_4：与合作伙伴非正式的交往频率很高
资源依赖程度	R_5：与合作伙伴资源互补程度很高
	R_6：合作伙伴的资源在市场中的可获得性很低
资产专用性	R_7：硬件资源（厂房及其设备）马上转移到知识链以外的其他合作伙伴的难度很高
	R_8：软件资源（技术、人员）马上转移到知识链以外的其他合作伙伴的难度很高

知识链组织的合作效率包括内部知识获取效率 E_1、外部信息获取效率 E_2，以及反映合作中对合作伙伴的自由选择程度的交易选择效率 E_3，在问卷题项中可直接提问。其题项如表 11－2 所示：

表 11－2　知识链组织的合作效率的界定题项

相关变量	界定题项
内部知识获取效率	E_1：合作极大地提高了对合作伙伴内部知识的获取效率
外部信息获取效率	E_2：合作极大地提高了对外部信息的获取效率
交易选择效率	E_3：合作对合作伙伴的自由选择程度的影响很小

对于总体合作效率，采用德尔菲问卷调查方法，以确定三个指标在合作效率中的权重。通过问卷，走访了多名资深专家，得出内部知识获取效率所占比重为 0.6，外部信息获取效率所占比重为 0.3，合作中对合作伙伴的自由选择程度的交易选择效率所占比重为 0.1，则合作效率 E ＝内部知识获取效率 $E_1\times0.6$ ＋外部信息获取效率 $E_2\times0.3$ ＋对合作伙伴的自由选择程度的交易效率 $E_3\times0.1$。

11.4　问卷设计与样本选取

本研究在上述变量界定的基础上设计相关题项，问卷采取封闭式形式，用 Likert 五级量表来衡量，要求所访问的知识链组织的相关人员根据组织之间的合作的实际情况作答，分别选择完全不同意、部分不同意、不确定、部分同意、完全同意等五项。为了便于量化，分别赋值 0.2 分、0.4 分、0.6 分、0.8 分、1.0 分。

项目组在 2009 年 2 月至 2009 年 7 月，采取直接发放、书面邮寄、电子邮件等方式，对四川、重庆等地的 300 家企业作了问卷发放，问卷填答者包括四川大学工商管理学院的 MBA 学员、总裁班学员以及工程管理硕士班学员等。剔除一些无效问卷，共收到有效问卷172份。本研究利用SPSS 16.0对所收集到的相关数据进行处理。

11.5 实证结果

11.5.1 用因子分析测度知识链组织的关系强度指标

11.5.1.1 信度分析

信度，又称可靠性，是指问卷的可信程度，主要表现检验结果的一贯性、一致性、再现性和稳定性。一个好的测量工具，对同一事物反复多次测量，其结果应该始终保持不变才可信。Nunnally（1978）认为，一份信度系数好的量表或问卷，其总量表的信度系数Cronbach's α 最好在0.80以上，若在0.70～0.80之间，还算是可以接受的范围；若是分量表，其信度系数Cronbach's α 最好在0.70以上，若是在0.60～0.70之间，还可以接受使用。如果分量表（层面）的内部一致性系数Cronbach's α 在0.60以下，或总量表的信度系数在0.80以下，应考虑重新修订量表或增删题项①。

利用SPSS中的reliability analysis命令，将回收的有效问卷中8个关系强度指标作可靠性分析，得到总体Cronbach's α 系数为0.979，信度水平较高，所以问卷结果是可靠的，不需要删减题项，可以进行下一步的分析。

11.5.1.2 效度分析

由于知识链组织的关系强度指标过多，并且各指标表现出一

① 朱青松．员工与组织的价值观实现度匹配及其作用的实证研究［D］．四川大学博士论文，2007

定的相关性，所以需要采取因子分析法进行信息处理，以解决信息重复相关的问题，并通过提取主成分以保证信息的完整性。

效度指样本数据的正确性程度，即所收集样本在多大程度上反映了我们想要测量的指标的真实情况，效度越高，表示所收集数据越能显示出所测量指标的真正特征①。本研究通过因子分析判断题项是否真实反映所测度变量的特性。SPSS 软件中可以通过测量 KMO 值来判断数据的效度，是否适宜做因子分析。当 KMO 值在 0.9 以上，非常适合；0.8～0.9，很适合；0.7～0.8，适合；0.6～0.7，不太适合；0.5～0.6，很勉强；0.5 以下，不适合（马庆国，2002）②。

对所获得的关系强度数据进行 KMO 样本测度，得到表 11－3 的结果：

表 11－3　关系强度的 KMO 样本测度结果

Kaiser－Meyer－Olkin Measure of Sampling Adequacy.	0.944
Bartlett's Test of Sphericity Approx. Chi－Square	2.161E3
df	28
Sig.	0.000

由表 11－3 可知，关系强度的 KMO 值为 0.944>0.9，巴特利球体检验中的 χ^2 统计值的显著性概率是 0.000，小于 0.01，说明数据具有相关性，非常适合做因子分析。

11.5.1.3　关系强度的因子提取

采取主成分分析法提取关系强度的因子，因子分析收敛的最

① 孙刚．合资企业中的关系资本、知识冲突与知识转移效能的关系研究［D］．浙江大学硕士论文，2008：76

② 马庆国．管理统计——数据获取、统计原理：SPSS 工具与应用研究［M］．北京：科学出版社，2002：320

大迭代次数为 25 次，采用方差最大旋转法，提取特征根大于 1 的因子。分析结果如表 11—4 所示。

表 11—4　总方差分解表

Component	Initial Eigenvalues			Extraction Sums of Squared Loadings		
	Total	% of Variance	Cumulative %	Total	% of Variance	Cumulative %
1	6.964	87.047	87.047	6.964	87.047	87.047
2	0.294	3.671	90.718			
3	0.234	2.926	93.644			
4	0.206	2.574	96.219			
5	0.113	1.413	97.632			
6	0.089	1.108	98.740			
7	0.054	0.674	99.414			
8	0.047	0.586	100.000			

如表 11—4 所示，在关系强度的 8 个因子中，由于第一个因子的特征根为 6.964，远远大于其他因子的特征根，并且仅此一个特征根大于 1，所以只提取一个因子，能解释总体方差的 87.047%。

如表 11—5 所示，因子 1 对关系强度的 8 个因子均有较高的影响，因此能反映知识链组织之间合作的关系强度的情况。由于只提取了一个因子，所以 SPSS 没有进行因子旋转，将因子 1 命名为关系强度 R。

表 11-5 因子负荷值表

影响因素	Component
	1
知识共享意愿 $R1$	0.954
长期合作预期 $R2$	0.884
定期会晤的频率 $R3$	0.939
非正式的交往频率 $R4$	0.910
资源互补程度 $R5$	0.886
资源在市场中的可获得性难度 $R6$	0.948
硬件资源转移难度 $R7$	0.963
软件资源转移难度 $R8$	0.974

11.5.2 合作效率与关系强度的回归分析结果

由 11.2 这节中阐述的理论假设可知，内部知识获取效率、外部信息获取效率、交易选择效率与关系强度均呈线性关系。设定回归模型为：

$E_i=\alpha_i+\beta_i R+e$ （$i=1$，2，3）

E_1、E_2、E_3 分别为内部知识获取效率、外部信息获取效率与交易选择效率。α_i 为截距项，β_i 为系数，e 为残值。

11.5.2.1 内部知识获取效率与关系强度

对内部知识获取效率与关系强度进行回归，得到表 11-6 和表 11-7 的分析结果。

表 11-6 模型总体参数表

Model	R	R Square	Adjusted R Square	Std. Error of the Estimate
1	0.878	0.772	0.770	0.14096

表 11－7　回归系数及显著性检验表

Model	Unstandardized Coefficients		Standardized Coefficients	t	Sig.
	B	Std. Error	Beta		
1 (Constant)	0.627	0.011		58.310	0.000
REGR factor score 1 for analysis 1	0.258	0.011	0.878	23.972	.000

由表 11－6 可知，判定系数 R^2 为 0.772，表明已解释变差占总变差的 77.2%。由表 11－7 可知，截距项为 0.627，其 t 值为 58.310，t 检验的 P 值为 $P=0.000<0.05$，即显著异于 0，t 检验通过。关系强度的系数为 0.258，其 t 值为 23.972，t 检验的 P 值为 $P=0.000<0.05$，即显著异于 0，t 检验通过，总体回归显著。内部知识获取效率与关系强度的关系可表示为：

$E_1=0.627+0.258R+e$

回归结果基本能够验证 11.2.1 节的假设 1。

11.5.2.2　外部信息获取效率与关系强度

对外部信息获取效率与关系强度进行回归，得到表 11－8 和表 11－9 的分析结果。

表 11－8　模型总体参数表

Model	R	R Square	Adjusted R Square	Std. Error of the Estimate
1	0.843	0.711	0.710	0.18115

表11—9 回归系数及显著性检验表

Model	Unstandardized Coefficients		Standardized Coefficients	t	Sig.
	B	Std. Error	Beta		
1 (Constant)	0.622	0.014		45.039	0.000
REGR factor score 1 for analysis 1	−0.283	0.014	−0.843	−20.461	0.000

由表11—8可知，判定系数 R^2 为0.711，表明已解释变差占总变差的71.1%。由表11—9可知，截距项为0.622，其 t 值为45.039，t 检验的 P 值为 $P=0.000<0.05$，即显著异于0，t 检验通过。关系强度的系数为−0.283，其 t 值为−20.461，t 检验的 P 值为 $P=0.000<0.05$，即显著异于0，t 检验通过，总体回归显著。外部信息获取效率与关系强度的关系可表示为：

$$E_2=0.622-0.283R+e$$

回归结果基本能够验证11.2.2节的假设2。

11.5.2.3 交易选择效率与关系强度

对交易选择效率与关系强度进行回归，可以得到表11—10和表11—11的分析结果。

表11—10 模型总体参数表

Model	R	R Square	Adjusted R Square	Std. Error of the Estimate
1	0.822	0.676	0.674	0.18037

表 11－11 回归系数及显著性检验表

Model	Unstandardized Coefficients		Standardized Coefficients	t	Sig.
	B	Std. Error	Beta		
1 (Constant)	0.601	0.014		43.710	0.000
REGR factor score 1 for analysis 1	−0.260	0.014	−0.822	−18.841	0.000

由表 11－10 可知，判定系数 R^2 为 0.676，表明已解释变差占总变差的 67.4%。由表 11－11 可知，截距项为 0.601，其 t 值为 43.710，t 检验的 P 值为 $P=0.000<0.05$，即显著异于 0，t 检验通过。关系强度的系数为 −0.260，其 t 值为 −18.841，t 检验的 P 值为 $P=0.000<0.05$，即显著异于 0，t 检验通过，总体回归显著。交易选择效率与关系强度的关系可表示为：

$$E_3=0.601-0.260R+e$$

回归结果基本能够验证 11.2.3 节的假设 3。

11.5.2.4 总体合作效率与关系强度

由于知识链组织之间的总体合作效率由外部信息获取效率、内部知识获取效率、交易选择效率三部分构成，而关系强度越高，知识链组织内部的知识获取效率越高，外部的信息获取效率越低，交易选择效率越低，因此，总体的合作效率与关系强度之间的关系并不是简单的线性关系。那么，二者之间究竟呈何种关系呢？可以先作散点图对二者关系的趋势模型加以预测，然后再作相关分析验证。散点图如图 11－1 所示。

总体合作效率与关系强度呈一个中间高、两头低的倒 U 形关系，所以可假设二者的关系为：

$$E=\beta_0+\beta_1 R+\beta_2 R^2+e$$

再利用 SPSS 16.0 的曲线拟合功能加以验证，可得到表

11－12 的结果。

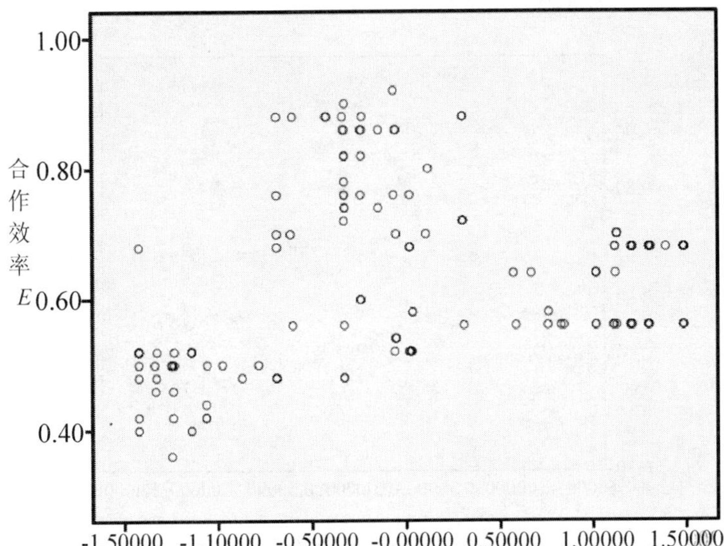

图 11－1　总体合作效率与关系强度散点图

表 11－12　模型总体参数表

Equation	Model Summary					Parameter Estimates		
	R Square	*F*	*df*1	*df*2	Sig.	Constant	b_1	b_2
Quadratic	0.305	37.019	2	169	0.000	0.691	0.050	−0.068

The independent variable is REGR factor score 1 for analysis 1.

由表 11－12 可知，判定系数 R^2 为 0.305，表明已解释变差占总变差的 30.5%。F 值为 37.019，其检验 P 值 $P=0.000<0.5$，即显著异于 0，检验通过，曲线拟合效果较好。截距项为 0.691，β_1 和 β_2 分别为 0.050 和－0.068，则总体合作效率与关系强度的关系为：

$$E = 0.691 + 0.050R - 0.068R^2 + e$$

总体合作效率与关系强度的二次曲线拟合如图 11－2 所示。

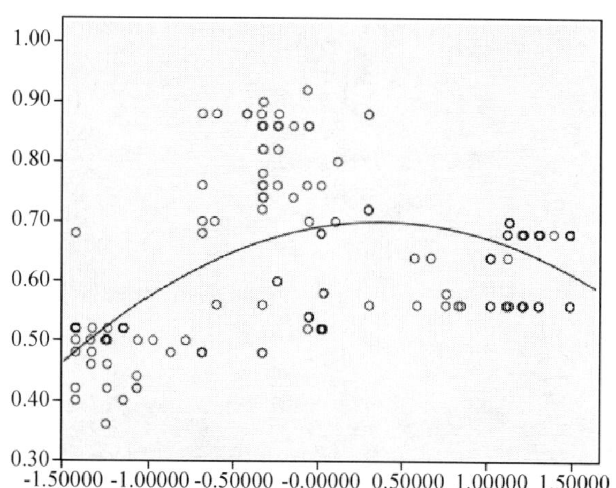

图 11－2　总体合作效率与关系强度的二次曲线拟合

由总体合作效率与关系强度的实证分析可知，合作效率与关系强度并非简单的线性关系，关系强度过高或过低都不能达到最优的合作效率。

11.6　知识链组织之间合作的关系强度的调节

如上文所述，关系强度对于知识链组织之间的合作具有不同的影响，在对合作效率产生正效应的同时也产生负效应。当知识链组织之间合作的关系强度过高时，组织有可能因过高的资产专用性失去自治，陷于一个封闭的关系网络，无法及时获得外部信息。同时，对关系的过度依赖也可能导致技术变迁陷于特定路径，从而降低创新效率。此外，关系强度过低则使合作中信任度降低，机会主义凸显；而过低的互动频率更难以实现隐性知识的共享，达不到组织之间合作的目的。Uzzi（1997）认为，“市场性关系”只有与“嵌入性关系”相结合，才能提高网络组织的经济绩效，仅存在一种关系的网络，其经济绩效会下降。① 所以，为了提高知识链组织之间的合作效率，适当地调节其合作的关系强度非常必要。

11.6.1 提高关系强度的途径

为了提高知识链组织之间的关系强度，采取如下措施。

11.6.1.1 知识链组织之间签订长期契约

如果知识链成员签订的是短期合约，则成员之间的合作伙伴关系的形态较为松散，成员自治程度较高，而退出知识链的成本较低。如果知识链成员签订长期合约，成员之间在合作伙伴关系内能够长期互动，长期的频繁交流能使彼此的思维方式更接近，知识共享与传递的效率也更高。长期合约的签订是双方关系长期发展的一种承诺，能够增加长期合作中彼此之间资源、技术的相互依赖程度②。

11.6.1.2 加强知识链成员之间的互动

知识链成员之间的频繁互动可以增进彼此的了解与信任，消除误会与隔阂，提高沟通的信息透明度。由于知识链涉及核心企业、供应商、经销商以及科研院所等不同类型的组织，其所在地域、行业背景差异较大，合作中的风险防范在所难免，在合作过

---

① Uzzi，B. Social structue and competetion in interfirm networks：the paradox of embeddedness [J]. Administrative Science Quarterly. 1997，42（1）：35—67

② 蔡双立，刘捷．组织合作关系强度的柔性调节：客户关系动态管理的艺术 [J]. 中央财经大学学报，2006（10）：71—76

程中，尤其在合作的初期，知识链成员应该建立良好的互动信息网络，以加强彼此之间关系的联结强度。在信息技术飞速发展的今天，互联网、共享数据库的建立大大方便了组织之间的互动交流，成员之间不需要“面对面”就能实现信息的快速交换。例如，知识链可以建立成员之间的管理信息系统（MIS）或ERP对信息集成，从而使知识链各成员建立起沟通的桥梁。知识链还可以使用电子数据交换（EDI）技术进行跨组织的信息集成，在合作伙伴间有效交换信息。EDI是一种通过计算机和公共信息网络能实现电子化传输的商业文件。在知识链中，供应商、经销商和科研院所可以利用EDI技术，通过公共EDI网络，自动交换电子商业文件。当然，知识链成员还可以通过建立协调委员会、成立联合工作小组、定期安排座谈等手段加强成员之间的“面对面”的交流。

11.6.1.3 增加专用性资产的投入

当组织之间的资产专用性程度很低时，知识链成员之间的关系也较为松散，例如，美国的汽车供应商与生产商之间的资产专用性程度远低于日本。因此，美国的汽车生产商可以在更广的范围内采购零部件，然而，松散的市场关系并不一定能带来竞争优势。相反，日本的汽车生产商与供应商由于关系紧密，例如，由于双方地理位置接近（这是一种基于地理位置的资产专用性），大大节约了运输成本，由此日本汽车比美国汽车成本更低。所以，知识链成员为了提高自身的竞争优势，当彼此的关系联结强度较低时，可以增加专用性资产的投入增强关系。这些投入既包括人力资产的专用性投入，又包括物质资产的专用性投入。

11.6.2 降低关系强度的途径

当关系强度过高，影响知识链组织之间合作的价值创造时，知识链必须采取以下措施降低组织之间的关系强度。

11.6.2.1　减少知识链成员的单边互动投入

知识链成员如果有较高的关系强度，则必然要投入大量的时间、精力以及物质成本，以维持彼此之间的既有关系。然而，这种高投入并非都有高效率，“过犹不及”，过多的关系投入有可能限制知识链的整体规模，降低获取外部信息的效率。所以，知识链为了扩大成员的规模，增加外部信息的接触点，在关系联结度过高时，必须有意识地降低互动投入，提高知识链组织的自治性，以增强知识链对外部环境不确定性的适应能力。例如，在 20 世纪 80 年代，瑞士侏罗钟表业集群的企业之间联系紧密，只通过与本地的行业协会保持联系，仅由他们不定时提供的一些信息获得全球最新的钟表业信息动态，这就造成了本地企业无法了解外部市场，技术变化的渠道非常狭窄。企业组织无法获得产品更新换代的足够信息，最终导致了瑞士侏罗钟表业集群的衰落。相反，如果集群企业能够有意识地降低彼此的关系投入，采取措施使集群企业之间变得松散一些，也许能跟上钟表业日新月异的市场与技术变化，避免区域产业集群的衰落。①

11.6.2.2　调整关系结构

在知识链组织之间的合作过程中，合作的范围、合作的方式等都会影响到合作的关系强度，影响知识链的创新效率。例如，如果知识链成员联系过于紧密，合作范围过于宽泛，由于规模经济或者专业化分工经济的原因，知识链内的合作伙伴并不一定是最优的选择。为了提高创新效率，知识链成员可以缩小合作范围，降低关系强度，在某些创新项目上选择其他更具比较优势的合作伙伴。在合作方式上，知识链成员可以采取人员交换等“面对面”的交流方式，可以采取依赖于 EDI 等电子数据的间接信

---

① 林竞君．网络、嵌入性与集群生命周期研究——一个新经济社会学的视角[D]．复旦大学博士论文，2005

息交流方式。显然，“面对面”交流方式是一种成本更高，更有利于隐性知识转移的合作方式。然而，这种关系强度更高的方式意味着需要付出更大的精力与成本，未必是合作效率更高的方式。所以，为了降低关系强度，知识链成员可以选择间接的信息交流方式。

11.6.2.3　关系终止

当知识链成员之间的关系强度过高，不仅影响到合作效率的提升，而且影响到组织技术选择的自由时，知识链成员可以采取降低关系强度的最极端的方式，即提出终止合作关系。合作关系的终止分为协商终止和单边终止。当合作双方都认识到继续合作可能不利于知识创新时，如果协商成本较低，协商终止是降低关系强度的最好方法。当仅有一方意识到强关系的合作条件不再适宜时，协商终止有可能无法达成一致意见，知识链可以选择单边终止。单边终止可以采用告知形式，也可以采用通过改变合作规则的方式迫使另一方退出的策略。当然，单边终止有可能带来负面影响，比如，可能影响知识链成员的信誉，使得知识链中的其他成员对其不信任。此外，还有可能因为另一方不愿意退出合作关系，采取法律诉讼，从而带来诉讼成本与赔偿成本。因此，在降低关系强度的过程中，单边终止合作关系的方式要慎用，只是协商不成功时的次要选择。①

① 蔡双立，刘捷．组织合作关系强度的柔性调节：客户关系动态管理的艺术[J]．中央财经大学学报，2006（10）：71—76

第12章　知识链组织之间合作的协同机制

本章研究了知识链组织之间的知识协同机制和外部环境协同机制。在知识协同机制中分析了知识协同的概念、特征、知识协同效应的来源和知识协同过程。在外部环境的协同中研究了知识链组织合作创新过程中外部环境中的技术因素、市场因素、政府政策因素对技术轨道形成的影响，并以我国的 TD 联盟作为案例，实证分析了外部环境协同对知识链组织合作创新的重要作用。

组织之间的合作伙伴关系是企业获取竞争优势、实现价值创造的一种重要方式。然而，许多实证研究表明，跨组织合作所形成的联盟的失败率是很高的。以国际合资联盟为例，发达国家之间合资联盟失败率在 30%左右，而发展中国家之间合资联盟的失败率在 45%～50%之间[①]。跨组织合作失败的一个重要原因是组织之间缺乏协同，无法实现有效的价值创造。在有关协同的研究中，很多文献或局限于组织内部协同机制的研究，或重在研究跨国公司、战略联盟、供应链等跨组织的协同，而尚未有文献研究知识链组织之间的协同机制。因此，有必要研究协同机制对知识链组织价值创造的重要作用。

---

① 林季红．跨国公司战略联盟［M］．北京：经济科学出版社，2003：49－53

12.1 协同理论的简单回顾

协同学是一种系统理论，是在一般系统论基础上发展起来的。美国生物学家 Bertalanff 在《一般系统论》中将“系统”定义为“相互作用的诸要素的综合体”①。系统的主要特征表现为层次性、整体性、集合性、相关性、目的性、环境适应性。系统理论提出了从整体上认识事物的新视角，改变了人类的思维方式。然而，系统论是建立在生物学基础之上的，虽然对人类技术进步的推动作用巨大，但仍然存在一定局限性。为了弥补一般系统理论的不足，德国科学家哈肯在 20 世纪 60 年代对激光现象的研究中提出了协同理论。他认为，一个由大量子系统构成的复杂系统，各子系统之间既存在着相互作用和影响，又存在着相互制约和协作，在一定条件下，由于这种相互作用和协作，系统就会形成具有一定功能的自组织结构，在客观上产生时间结构、空间结构，或使时空结构从低级有序向高级有序演化②。

美国管理学家安索夫（1965）把协同引入管理学领域，认为协同就是取得有形和无形利益的潜在机会，以及利用这种潜在机会与公司能力之间的匹配关系来成功地拓展新的事业。他将战略的构成要素分为：产品与市场范围、增长向量、协同效应和竞争优势。安索夫将协同划分为以下几种类型：销售协同、运营协

---

① 中国大百科全书总编辑委员会．中国大百科全书·自动控制与系统工程卷［M］．北京：中国大百科全书出版社，1996

② 徐雨森．企业研发联盟三维协同机制研究［D］．大连理工大学博士论文，2006：16

同、投资协同、管理协同①。

安德鲁·坎贝尔等（2000）在《战略协同》一书中认为："协同就是搭便车，当从公司一个部分积累的资源可以被同时且无成本地应用于公司的其他部分时，就发生了协同效应。"②

伊丹广之（2000）在《启动隐形资产》中把协同区分为"互补效应"和"协同效应"两部分。互补效应是通过充分使用资源来实现的，可以用于实体资源，也可以用于金融资产。协同效应指当从公司一个部分中积累的资源可以被同时且无成本地应用于公司的其他部分所带来的收益。③

赵昌平和王方华等（2004）研究了战略联盟形成的协同机制，认为协同就是"1+1>2"的现象，即相对于各独立的组成部分进行简单加总而形成的业务表现而言，群体业务的业绩表现要大于简单加总的表现。把握战略联盟与非战略联盟的比例变化，考虑各因素之间的关系，可以预测、调整战略选择，从而保证跨国公司战略选择的灵活性，维持长期持续的竞争优势。④

在上述有关协同理论文献的基础上，本章研究知识链组织之间的协同机制对知识链形成竞争优势的重要作用，包括知识协同机制和外部环境协同机制两部分。

---

① 马云辉，王猛．传统战略协同理论的主要观点及其评价［J］．当代经理人，2006（21）：1149－1150

② 安德鲁·坎贝尔，等．战略协同［M］．北京：机械工业出版社，2000

③ 马云辉，王猛．战略协同理论综述［J］．现代企业教育，2006（9）：28－29

④ 赵昌平，王方华，葛卫华．战略联盟形成的协同机制研究［J］．上海交通大学学报，2004，38（3）：417－421

12.2 知识链组织之间合作的知识协同机制①

12.2.1 知识链组织之间知识协同的概念与特征

知识链组织之间的知识协同是在组织的互相协作与配合过程中，通过整合合作伙伴关系内的知识资源，使知识链知识要素的运动从无序走向有序，从差异走向协调一致，从而实现知识链的整体效益大于各部分效益之和的过程。

知识链组织之间的知识协同具有如下特征：①知识链组织之间的知识协同是为了提升组织的竞争优势，能产生"1+1>2"的协同效应，即相对于各独立的组成部分进行简单加总而形成的创新绩效而言，群体创新的绩效表现要大于简单加总的表现。②知识链的知识协同从过程上看是一个知识流动的动态过程，贯穿于组织之间合作伙伴关系的发展过程。比如，在合作初期知识协同仅表现为显性知识的流动，只有在合作伙伴关系发展到一定阶段才能实现隐性知识的流动。③知识链知识协同的主体是参与合作的组织成员，其协同过程中的知识流动跨越组织边界，协同机制也远比组织内部知识协同复杂。④知识链的知识协同的中心任务是知识创造，组织间的知识学习、知识共享与知识转移都是为了实现知识创造的基本手段，协同效应最终取决于组织内和组织间学习、利用与创造知识的状况。

① 吴绍波，顾新．知识链组织之间合作的知识协同研究［J］．科学学与科学技术管理，2008，29（8）：83－87

12.2.2　知识链组织之间知识协同效应的来源分析

在合作过程中，知识链各成员组织的知识系统相互作用、相互影响、协调运作，共同构建了一个新的知识系统。这种知识系统体现了价值增殖性，即整体功能大于各成员的功能之和，从而实现了知识链的协同效应。其协同效应来源于如下几个方面。

12.2.2.1　知识协同的规模经济效应

规模经济指在一个给定的技术水平上，随着规模的扩大和产出的增加而平均成本（单位产出成本）逐步下降。知识协同的规模经济主要来源于知识的无形性与公共性等特征。在知识链组织之间合作创新过程中，知识的搜寻成本、编码成本、组织成本等共享总成本是一定的，而知识的使用却不会因为一方的使用而减少另一方的效用，随着使用次数与使用个体的增加，总成本的分摊会逐渐下降，从而实现规模经济效应，凸显合作创新的优势。

12.2.2.2　知识协同的范围经济效应

范围经济是指将两种或更多的产品合并在一起生产比分开来生产成本要低。范围经济更能反映出知识协同效应的实质，即通过不同组织之间的协调管理，组织以更低成本、更快速度地发挥已有的知识资源优势，并建立新的竞争优势。比如，知识链组织通过知识协同所创造的知识可以运用于不同企业组织的相关产品上，从而降低知识创造的单位成本，实现范围经济。

12.2.2.3　知识协同的学习经济效应

学习经济效应是指因知识链组织合作经验的增加或者通过学习因知识积累的增加而导致单位成本减少。知识链组织之间的知识协同需要通过广泛而深入的相互沟通和协调，其间必然伴随着正式和非正式的组织学习，学习过程是经验性知识不断积累的过程。当经验性知识积累到一定程度时，合作中的沟通与协调的边际成本必然下降，由此实现学习经济效应。知识协同的学习经济效应体现了协同过程在时间上的动态优势。

12.2.3 知识协同机会识别机制

知识链组织之间知识协同机制包括协同机会识别机制与知识协同过程机制两部分。知识协同机会的识别机制是指，知识链组织在确定了战略发展方向后，通过与外部市场需求的比较可以发现自身的知识差距，从而为寻找合适的合作伙伴提供依据。知识协同过程机制是指知识链组织发现学习机会，进行知识共享、知识转移以及组织学习，并运用所获取的知识，进行知识创造。知识链组织之间知识协同的概念模型如图 12－1 所示。

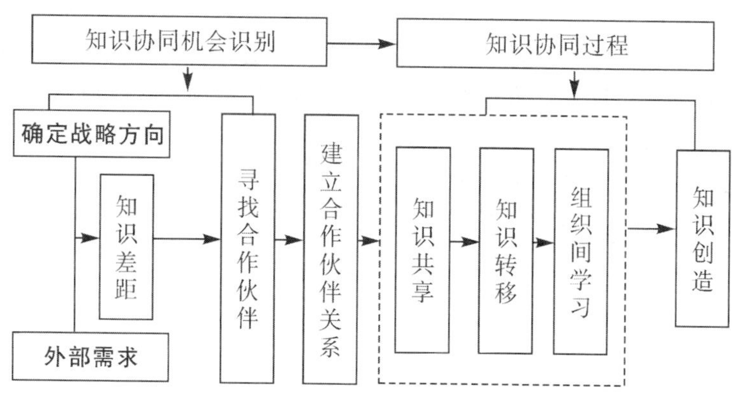

图 12－1 知识链组织之间的知识协同模型

知识链组织的知识协同机会识别就是寻求组织之间哪些知识可能产生协同，其核心是寻求可以弥补自身知识差距的合作伙伴。在此过程中，组织首先评估自身的战略方向与外部需求的知识差距，从而确定需要寻找什么样的合作伙伴。组织一般通过分析业务行为共享如何影响竞争优势的价值链及其拓展等多种方法，识别知识的协同机会。为了考察与合作伙伴的知识协同潜力，必须用一定的量化维度来分析。借鉴 Rodermann（1999）① 对协同机会的考察，可以用表 12－1 来评估协同机会。

表 12－1　知识协同机会评估示例表

评估维度	问题描述	特征描述
协同点	何处可以产生知识协同？	通过部门分析与价值链分析
协同效应	协同的潜在效应有哪些？	收入、成本、时间、市场等
协同的影响方向	对部门或组织有何影响？	正面影响或负面影响
协同可能性	实现协同效应的可能性多大？	用数字表示
稳定性	协同效应稳定吗？	稳定或不稳定
持续性	协同效应能持续多长时间？	用时间长度表示

为了使合作成功，选择一个合适的合作伙伴至关重要（Hitt et al，1995）②。组织一般倾向于选择能够知识互补，能从其学到知识的合作伙伴以加强自身的竞争优势（Powell et al，1996）③。知识互补要求组织之间的知识有一定的差别，这是因为异质性知

---

① Rodermann，M.：Strategisches Synergiemanagement［M］. Wiesbaden，1999

② Hitt，M. A.，Dacin，M. T.，Levitas，E.，Arregle，J. L.，Borza，A.，Partner selection in emerging and developed market contexts：Resourse－based and organizational learning perspectives［J］. Academy of Management Journal，2000（43）：449－467

③ Powell，W. W.，Koput，K. W.，Smith－Doerr，L. Interorganizational collaboration and the locus of innovation：Networks of learning in biotechnology［J］. Administrative Science Quarterly，1996，41：116－145

识能为合作成员提供潜在的学习机会及创新思想，如果知识链组织成员的知识背景完全相似，则合作中的互动表现为冗余知识在组织之间的流动，组织不得不花费大量的时间成本提取有价值的信息，知识获取的效率大大降低。然而，合作伙伴的知识差距也不宜过大，因为组织对知识的吸收要求合作双方的知识背景有一定程度的相似性，否则知识在组织之间难以转移。只有那些具有相似图式的主体才能从这些稍纵即逝的信息中获得隐性知识。图式是一种知识结构，描述已有知识是如何影响人们对新信息的加工处理过程。图式的基本理论是人们头脑中已有的概念决定着他们如何看待所接收的原始材料①。

当然，合作伙伴具有一定的技术能力，只是为知识转移提供了机会（Dyer 和 Singh，1998）②，但并不意味着知识转移就一定会发生，知识转移还取决于合作伙伴的转移意愿。当组织不具备与合作伙伴相同的知识背景时，就需要合作伙伴提供相应的经验，以帮助企业组织提高知识的吸收能力。所以，企业组织需要选择那些愿意分享知识、提供相应经验的合作伙伴。

12.2.4 知识协同过程机制

知识链组织之间合作中的知识协同过程是组织之间通过频繁互动而实现组织之间知识流动的过程。如图 12－2 所示，知识链由组织 A 与组织 B 建立合作伙伴关系构成，在合作过程中，组织 A 的构成个体 A_1 与组织 B 的构成个体 B_1 互动，建立关系纽带，两个组织通过关系纽带将知识输入知识链。在合作初期，由

① 张钢，倪旭东．知识冲突管理［M］．北京：科学出版社，2007：80－83

② Dyer J H，Singh H. The Relational View：Cooperative Strategy and Source of Interorganization Competitive Advantage［J］. Academy of Management Review，1998，23（4）：660－679

于组织 A 与组织 B 的知识系统的相关性较弱，根植于组织日常经营活动的隐性知识并不能实现共享与转移。随着时间的推移，由于两个组织的构成个体在知识链内频繁地互动，通过“干中学、用中学”等组织学习途径，企业组织就会逐渐熟悉对方的知识，从而具备一定的吸收能力。知识链内的知识就可以由关系纽带回流到组织，从而实现组织之间的知识转移。在知识链内，由于组织的不同知识系统持续发生共享、学习与转移，知识流动会从无序走向有序，实现知识协同。知识链的知识水平在协同过程中也会不断积累，当积累水平突破某一阈值时，就可能产生知识创新，产生创新成果，这也是知识链组织之间知识协同的最终目标。

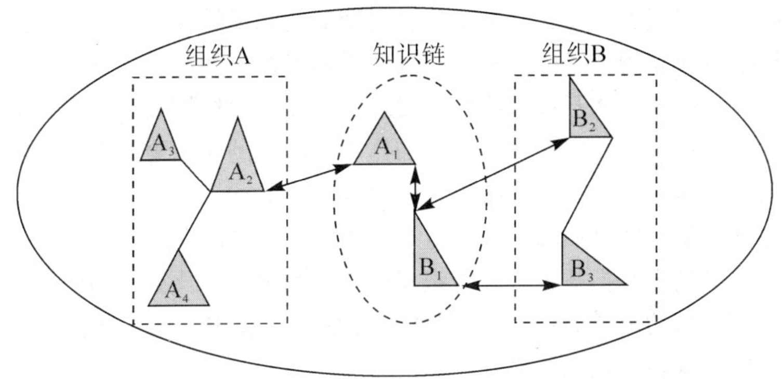

图 12－2　知识链组织之间的知识协同过程图

图形说明：△表企业组织中的构成个体，↔表示组织之间的关系纽带，——表示组织内部个体关系纽带

12.2.4.1　知识共享机制

知识共享机制是其他机制发挥作用和产生协同的基础和必要条件。知识共享指知识链成员的各种知识（包括隐性和显性知识）通过各种交流和学习方式为知识链其他成员所共享，从而转变成知识链的核心资源和竞争力。

知识共享的微观机制与知识的性质相关。Polanyi（1966）[①]将知识分为显性知识与隐性知识。显性知识指能够以一种系统的方法表达的、正式而规范的知识。显性知识是客观的、有形的知识，通常以语言、文字等结构化的形式存储，并且表现为产品外观、文件、数据库、说明书、公式和计算机程序等形式。隐性知识是指高度个体化、难以形式化或沟通的、难以与他人共享的知识。隐性知识是主观知识，通常以个人经验、印象、感悟、团队的默契、技术诀窍、组织文化、风俗等形式存在，而难以用文字、语言、图像等形式表达清楚[②]。显性知识主要通过组织的正式机制实现共享。这种正式机制是合作过程中所制定的知识共享的程序、规则、方法与信息技术支持手段。信息技术的运用通常可以使知识编码简化，方便信息的交流与知识储存。组织合作过程中所建立的技术交流平台可以使不同组织中的雇员相互提出要解决的问题，相互提供解决方案，从而提高组织绩效。然而，信息技术对于组织之间知识共享的作用是有限的，因为组织中人的因素才是隐性知识共享的决定性要素（Polanyi，1967）[③]，所以，隐性知识的共享依赖于知识链组织之间合作中的非正式机制。非正式机制主要指知识链中组织成员的互动关系，比如，知识链中不同组织的成员 A_1 与 B_1 在私人关系的聚会中，通过交流与讨论实现创新思想的共享。

12.2.4.2　知识转移机制

知识转移指知识链的一方从另一方获得知识的过程。Davenport（1998）等认为，知识转移包括两个过程：一是传达

---

① Polanyi，M. The logic of tacit inference [J]. Philosophy，1966 (41)：1-18

② 顾新 . 知识链管理——基于生命周期的组织之间知识链管理框架模型研究 [M]. 成都：四川大学出版社，2008

③ Polanyi M. The tacit dimention [M]. New York：M. E. Sharp Inc，1967

知识给潜在的接收者；二是由接受的个人或团体加以吸收①。知识转移得以实现的重要决定因素是知识势能的存在。知识势能类似于物理学的"势能"概念，由知识主体所拥有的知识的数量、质量与结构决定。知识数量越丰富、质量越高、结构越合理，知识势能就越高。知识转移是知识势能高的主体向知识势能低的主体转移知识的过程。知识链组织之间合作的初期，组织的知识势能较知识链高，所以，知识转移的路径是由组织流向知识链内。随着合作的深入，不同知识系统的协同使得知识链内的知识从无序走向有序，知识数量不断积累，并创造出新的知识，知识的质量由此显著提高，所以，知识链的知识势能会慢慢高于组织，知识链内的知识会转移到组织。在图 12－2 中，组织的构成个体 A_1 与 B_1 是知识转移实现的媒介。

借助 C. Shannon 和 W. Weaver (1949)② 的沟通理论，可以把知识链组织之间合作的知识转移的基本过程看做从发送者发送到接收者的过程，如图 12－3 所示。

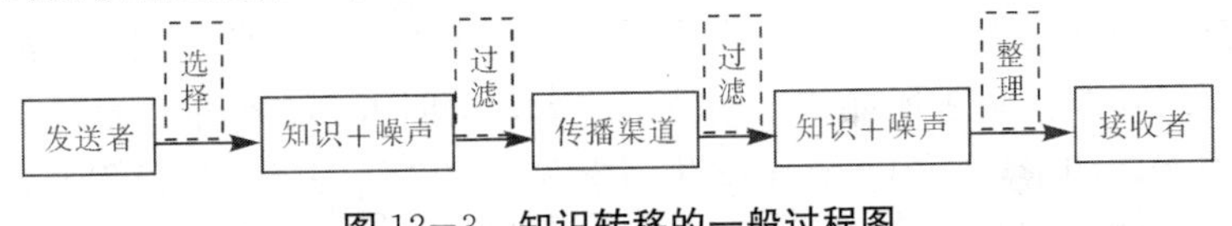

图 12－3　知识转移的一般过程图

在合作过程中，知识发送者如图 12－2 中的 A_1 会有选择性地发送那些不影响组织 A 的核心竞争力的知识，并且由于受个体 A_1 的知识经验、能力、态度等因素的影响，A_1 所发送的知识受到一定干扰因素的影响，称之为噪声。由于知识通过载体传向接收者时还会进一步吸收传播渠道中的各种噪声，所以，导致

① T. H. Davthport，L. Prusak. Working knowledge：How organizations manage what they know [M]. Boston，MA：Harvard Business School Press，1998

② C. E. Shannon and W. Weaver. The mathematical theory of communication [M]. The University of Illinois Press，Urbana，1949

知识转移发生偏差①。同时，知识链内组织 B 的个体 B_1 会根据自身的知识与经验，有选择性地整理传播渠道中的知识加以吸收。因此，知识链组织之间合作的知识转移效果取决于参与合作的个体的知识、经验与态度，同时还受正式或非正式的传播渠道的影响。

12.2.4.3　组织之间的学习机制

在知识链组织之间的合作过程中，由于知识呈现出非线性扩张的趋势，组织仅依靠自己的力量，发展其需要的所有知识和能力是一件成本高昂并且很困难的事，因而组织具有相互学习的动力（Myers，1996）②。知识链组织之间的学习是指知识链组织中的个体、团队和整个组织层在与其他组织的互动过程中，获得和应用新知识、新行为的过程。

知识链组织之间合作伙伴关系的发展是一个长期的动态的过程，组织之间的学习过程伴随着伙伴关系的发展而呈现出阶段性变化。第一个阶段是组织学习的初级意识阶段。在此阶段还没有真正建立合作伙伴关系，组织只是在初步了解潜在合作伙伴的战略目标及其将来所能带来的技术能力，同时考察合作的外部环境因素，如市场竞争、社会文化因素等，这个初级学习的过程是合作开始的预兆（Doz，1996）。③ 组织只是学习潜在合作伙伴的一些显性知识，如具有公关产品性质的产品与服务说明书等。第二个阶段是组织学习的探索性阶段。合作伙伴开始尝试性地互动，一些合作的规章制度开始建立。虽然知识链成员之间已经开始一

① 王开明．论知识的转移与扩散［J］．外国经济与管理，2000（10）：39－43

② Myers P S. Knowledge management and organization design［M］. Boston：Butterworth－ Heinemann，1996

③ Doz，Yves L. The evolution of cooperation in strategic alliances：Initial conditions or learning processes?［J］. Strategic Management Journal，1996，17 (Summer)：55－83

些非正式的信息交流，但此时的伙伴关系还非常脆弱，组织也还在评估自身对合作伙伴关系的义务以及所能获得的利益（Dwyer et al，1987）①。所以，该阶段学习重点在于合作伙伴的文化、战略定位，以及探索彼此的技术是否真正互补。如果在探索阶段发现文化严重冲突，技术不能实现互补，组织间的学习随着合作伙伴关系的终止而终止。第三个阶段是组织间学习的发展阶段。合作伙伴之间在此阶段高度相互依赖，技术高度分享。知识链内成员互相信任，彼此学习根植于生产流程中的隐性知识，并创造新的知识提高知识链的生产力，实现知识的高度协同，协同效应开始使合作成员受益。第四个阶段是组织间学习的关系承诺阶段。此阶段是组织合作的最高级阶段，组织之间重要的经济资源、信息资源已经实现互换（Dwyer et al，1987）②，组织之间的关系纽带甚至为终止合作关系设置了障碍（Wilson，1995）③，知识链内两个组织的知识系统已浑然一体。所以，此时组织学习已经超越了竞争性学习的范畴，已不再是学习对方的互补性知识，而是更多地关注外部环境对知识链的威胁。综上所述，组织之间学习的前两个阶段是组织间实现知识协同的基础，而后两个阶段则是知识协同的过程体现。

12.2.4.4　知识创造机制

知识创造是协同作用的终极体现和最高阶段，知识链组织之间合作所创造的新知识不是原先或现在部分成员拥有的知识，而是知识链成员原先不具备的组织程式和编码。

知识链组织之间的知识创造活动只有当知识协同发展到一定

①② Dwyer，Robert F.，Paul H. Schurr，Sejo Oh. Developing byer－seller relationships [J]. Journal of Marketing，1987，51 (2)：11－27

③ Wilson，David T. An integrated model of buyer－seller relationships [J]. Journal of the Academy of Marketing Science，1995，23 (4)：335－345

阶段时才会出现。在合作初期，首先，必须经过学习与分享的阶段，即通过知识链成员之间深入的对话和了解，分享彼此之间的知识与经验，从而理解知识链的宗旨和目标，形成一定的“共同语言”。其次，还要经过“知识碰撞”的激发阶段（Inspiration），在这个阶段，通过契约和规则，对知识链组织之间合作的发展过程中出现的问题、挑战寻求解决途径，该过程的实现可以激发并增加知识链内的知识。在前两个阶段的基础上，接下来才是知识创造（Creation）的阶段，就是在经过激发和增值的知识的基础上实现创新。

日本学者野中郁次郎（1990）[①] 提出的 SECI 模型描述了企业内部知识创造的一般过程，即社会化、外在化、整合、内在化，对于知识链中的知识创造过程同样有借鉴意义。

1）社会化阶段，知识链内的个体通过共享经历、交流经验、讨论想法及见解等社会化的手段完成隐性知识间的交流。就知识创造而言，社会化的作用是有限的，因为个体所掌握的知识还不能被明晰地表达出来，不能被知识链作为一个整体加以利用。知识链内虽然掌握隐性知识的人数增加了，但知识总量并没有增加。

2）外在化阶段，这个阶段是从隐性知识到显性知识的阶段。知识链内的个体通过隐喻、类比和模型等方式将隐性知识明晰地表达出来，隐性知识经整理被转化为显性知识。此过程增加了知识链内显性知识的总量，但知识系统仍处于一个无序的状态，条理性较差。

3）整合阶段，知识链内的个体对显性知识进行重新组织，并将其整理为新的知识和概念，以便于知识链成员接受，这是一

① Ikujiro Nonaka. The knowledge－creating company ［J］. Harward Business Review，1990（5－6）：79－91

个显性知识系统化的过程，在此过程中知识链中的知识从无序走向了有序。

4）内在化阶段，知识链内通过整合所产生的新的显性知识被内部成员吸收、消化并升华为隐性知识，使其原有的隐性知识系统得到拓宽、延伸和重构，完成知识在组织之间的扩散。

由以上分析可见，知识链组织之间知识协同的过程是一个组织之间知识流动的过程，该过程的最终目标是使不同组织的知识系统在合作伙伴关系内从无序走向有序，从差异走向一致，从而实现合作伙伴关系内的知识创造。首先，组织通过分析自身的战略方向与外部需求的差距，寻找知识互补、有知识共享意愿的合作伙伴，为组织之间的知识协同提供基础。然后，知识链组织在合作伙伴关系内部通过彼此的互动，实现知识共享、组织学习与知识转移，最终创造出新的知识。

12.3　知识链组织合作创新外部环境协同机制——以技术轨道形成为例①

知识链组织合作创新是在一定的环境条件下实现的，必然受到外部环境的约束。知识链所处的外部环境包括技术环境、市场环境与制度环境，只有外部环境与自身的合作创新实现了协同，才能实现合作价值的最大化。本节拟从技术轨道形成的角度探讨知识链组织合作创新的外部环境的协同管理。

① 吴绍波，顾新，彭双．知识链组织合作创新的技术轨道的形成——一个有关我国TD—SCDMA创新的案例分析［J］．科学学与科学技术管理，2009，30（5）：79－84

12.3.1 技术轨道的概念

技术轨道的概念由 Dosi（1988）首先提出。他认为，技术轨道就是技术沿着由范式规定的经济和技术折衷的技术进步轨迹发展，其形成受到原材料、科学规律、产业冲突、功能约束、市场动力和法律法规等因素的限制[①]。W. Brian Arthur（1989）把路径依赖理论纳入技术轨道研究。他认为，一旦某一技术受到某一偶然性因素的影响而被采用，收益递增机制便会促使它进一步流行并呈现前后连贯、相互依赖的特征，而很难被其他潜在的甚至更优的竞争技术所替代。[②] Mark Jenkins 和 Steven Floyd（2001）则认为，技术轨道对技术进步具有重要推动作用，技术轨道的形成受到未来不确定性的影响。[③]在已有文献研究中，都强调了技术轨道形成中技术本身的推动作用，也有文献注意到了市场需求与政府政策的作用，但少有文献注意到在市场需求与政府政策作用下技术改进对技术轨道形成的作用。本节将在前述文献的基础上，主要从技术轨道改进的角度研究知识链组织合作创新的技术轨道的形成。

12.3.2 知识链组织合作创新的技术轨道形成优势

由于技术轨道决定了技术创新的方向和强度，从而也就决定了企业发展的目标和前景，所以，企业成功与否与所选择的技术

① Dosi，G. Sources，procedures，and microeconomics of innovation [J]. Journal of Economic Literature，1988，26：1127－1128

② 杜跃平，高雄，赵红菊．路径依赖与企业顺沿技术轨道的演化创新 [J]. 研究与发展管理，2004，16（4）：52－57

③ Mark Jenkins，Steven Floyd．Trajectories in the evolution of technology：A multi－level study of competition in formula 1 racing [J]. Organization studies.，2001，22（6）：945－962

轨道密切相关。然而，企业组织所选择的技术轨道的价值并不仅仅取决于技术本身的先进程度，而更多地取决于该技术的产品安装基数。安装基数是指某一产品的用户数量的最低规模。由于产品的某一消费者的效用随着用户规模的增加而增加，所以只有在产品的安装基数达到一个临界点之后，由于市场锁定效应，新用户才会只选择此产品而非彼产品。消费者在决定是否购买某一产品时，不仅会考虑该产品现有的用户规模是否足够大，而且还要预测未来的用户规模和互补产品的种类。知识链组织合作创新相对于单个企业而言，所选择的技术轨道产品更容易达到安装基数，从而提高消费者对用户规模的预期。

首先，由于知识链中核心企业与上游供应商、下游经销商及用户的协调配合，所选择的技术轨道更具有兼容性和开放性。良好的兼容性与开放性能减少消费者选择产品的顾虑，扩大安装基数。例如，在苹果与 IBM 的竞争中，苹果独享 Macintosh 操作系统，控制硬件的同时也控制软件，选择的是自成体系的“封闭式”发展道路。所以，尽管苹果可以向用户提供硬件、软件、内容以及服务等“最完整的解决方案”，但却无法和大部分软件兼容。而 IBM 则选择了开放式的体系架构，在对外开放 LINUX 等源代码的同时，对 PC 机的操作系统与微处理器的两大核心部件采取外包策略，从而实现了知识链上下游高效而紧密的协作，在一个开放的技术平台上增加了产品的兼容性。结果到了 2005 年苹果机的全球保有量不超过 3000 万台，而 IBM 的 PC 机则有 4 亿台，而且每年还有 1 亿台的更新，苹果在计算机市场的霸主地位彻底被 IBM 取代。①

其次，知识链组织合作创新可以产生协作研发优势。知识链

① 湖南一力股份公司网站．战略是机会与能力的协调［EB/OL］，http：//www. apower. com. cn/lq/show. asp? id=733，2008－05－16

通过协调和互补使联盟成员都获得其需要的技术，从而加快技术的推出时间。例如 Motorola 公司本来只拥有很少的 GSM 标准专利，但通过加入 GSM 联盟，其获得了大量的联盟成员的专利使用权，从而大大加快了相应的产品开发步伐。产品开发速度的加快可以使公司在市场上获得一定的先发优势，率先达到安装基数临界点，将消费者的预期锁定，最终成为事实的技术标准。例如，QWERTY 键盘虽然不是输入效率最高的技术产品，但是由于使用者已经习惯使用先进入市场的 QWERTY 键盘，改换键盘对于消费者存在一定的转换成本，DVORAK 键盘即使在设计上更为先进，也未能撼动 QWERTY 键盘巨大的先动优势，市场需求最终选择了 QWERTY 键盘。

最后，知识链对技术轨道演进方向的影响比单个企业组织更大，知识链的规模、实力、声望可以决定其技术轨道在消费者心目中的地位，从而影响消费者对技术选择的用户规模的判断。例如，GSM 标准的形成过程中，Nokia 与 Motorola 等几个通信企业的协同配合起了至关重要的作用。

12.3.3 知识链组织技术轨道形成的外部环境约束

知识链的技术轨道形成除了受到技术本身的价值影响外，还受到外部环境中的政府政策因素与市场因素的影响。而政府政策因素与市场因素对知识链的技术轨道形成的主要作用在于它们是否给予了新兴的技术轨道在应用中改进的机会。

12.3.3.1 知识链组织技术轨道形成的技术因素

技术因素指知识链组织合作创新的技术状态对技术活动的影响。技术因素对创新的制约作用表现在知识链对技术轨道的选择将决定技术创新的潜力与方向。知识链组织的技术轨道选择取决于技术轨道的价值。其价值由以下两个方面决定。

(1) 技术轨道的间接网络效应

网络效应是产业组织学的一个概念，Katz 和 Shapiro (1986)[①] 把网络效应分为直接网络效应与间接网络效应。直接网络效应是指同一市场内消费者之间的相互依赖性，即使用同一产品的消费者可以直接增加其他使用者的效用。间接网络效应主要产生于基础产品与辅助产品之间技术上的互补性，这种互补性导致了产品需求上的相互依赖性。间接网络效应的存在对知识链有两方面含义：一方面，知识链中单个企业组织的产品的价值取决于与该产品互补的其他知识链环节的产品的数量和质量，如VCD 播放机与 VCD 碟片，PC 机与应用软件。所以，企业组织的技术轨道选择不能脱离知识链的集体轨道，否则其生产的单一产品对消费者没有多少价值。另一方面，知识链整体的技术轨道的价值同时受到同行业的其他知识链的价值的影响，知识链之间存在着激烈的技术轨道的竞争。

(2) 技术轨道的创新潜力

如图 12-4 所示，如果知识链的初始技术状态处于 E 点，面临 A、B 两条技术轨道可供选择，由于 A 技术的技术性能极限比 B 技术高得多，显然选择 A 技术促进创新的可能性更大。所以，知识链组织不同技术轨道的选择预示着不同的演进方向与不同的创新潜力。

12.3.3.2 知识链组织技术轨道形成的政府政策因素

在知识链的技术轨道形成中，政府政策是一个重要的制约要素。Tushman 等人（1997）认为，各个政治、社会和经济目的的竞争者、联盟集团和政府管制者是技术轨道形成的推动者，不

① Katz，Michael and Carl Shapiro. Technology adoption in the presence of network externalities [J]. Journal of Political Economy，1986 (94)：822-841

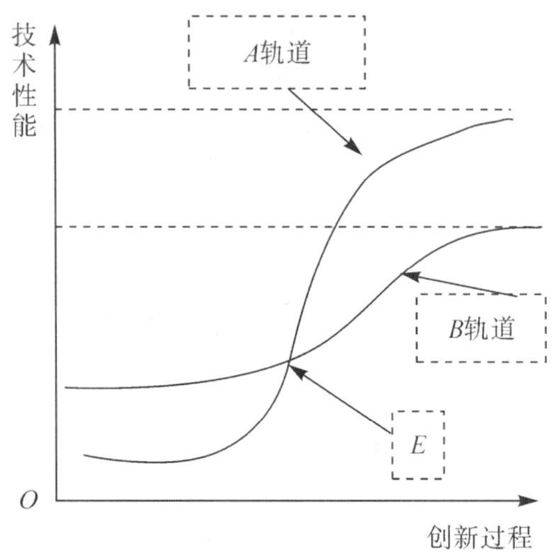

图 12—4　技术选择与创新潜力

同利益集团在技术轨道中的竞争产生了主导设计。[①] 可见，技术轨道除了由技术本身驱动外，还受政府政策的影响，其原因在于技术轨道一旦成为行业主导设计标准，对于一个国家或地区的经济发展、产业优化乃至国家和地区的安全均具有重要意义。长期以来，欧洲和日本等国政府一直认为，技术研发的合作，尤其是在技术标准确立之前的研发合作是必要的，由政府牵头组织研发合作可以集中人力、财力联合攻关。因此，在欧洲和日本等国以知识链为载体、标准化为目标的联合研发计划相当常见。

从技术应用角度看，在一个新技术诞生之初总是不成熟的。任何一条知识链的技术轨道都有从最初的幼稚到最后成熟的成长

① Tushman, M., Anderson, P., O' Reilly, C. A. Technology cycles, innovation streams, and ambidextrous organizations: organizational renewal through innovation streams and strategic change [A], in Tushman, M., Anderson, P. (Eds), Managing Strategic Innovation and Change [C], Oxford University Press, Oxford, 1997: 3-23

过程，而这个过程就是一个技术不断改造升级的过程（Mowery 和 Rosenberg，1998）[①]。例如，莱特兄弟 1903 年发明的能上天的飞机仅仅是一个“会飞的自行车”，在 1936 年 DC-3 出现后，飞机才成为可靠的商业航空交通工具；而今天的宽体喷气客机与 DC-3 之间的性能差距巨大（Nelson 和 Rosenberg，1993）[②]。在某些时候，技术改进过程中政府政策的推动作用往往比市场需求的拉动作用更大，因为技术进步的过程是一个不断试错的渐进性的创新过程（Rosenberg，1976）[③]，这个试错过程没有政府政策的支持往往就没有改进的机会。比如，我国历史上的“运十”飞机就因为没有政府的支持，其技术能力最终没有得到改进，转而被从国外引进的波音、空客等成熟技术所代替。然而，我们在寄希望于以市场换技术时，由于外国的飞机厂商没有在我国与上游供应商、科研院所以及用户等在知识链内实现互动，没有广泛的互动就没有知识溢出，所以外国技术在我国缺乏根植性，我们也没有真正实现技术吸收。中国的民用航空业现在也只能为波音、空客转包生产尾翼等部件，从而飞机生产受制于外国的技术轨道。我国汽车业“红旗”品牌的消失经历了同样的过程。

12.3.3.3 知识链组织技术轨道形成的市场因素

Cooke（2001）的研究表明，欧洲在技术创新上与美国存在差距的原因在于过于依赖公共（政府）干预，导致市场失灵[④]。

---

① Mowery，David，and Nathan Rosenberg. Paths of innovation：technological change in 20th-century America [M]. New York：Cambridge University Press，1998

② Nelson，R.，Rosenberg，N. Technical innovation and national systems [A]，in Nelson，R. （Eds），National Innovation Systems，A Comparative Analysis [C]，Oxford University Press，Oxford，1993：3-21

③ Nathan Rosenberg. On technological expectations [J]，The Economic Journal，1976，86 (343)：523-535

④ Philip Cooke. Regional innovation systems，clusters，and the knowledge economy [J]. Industrial and Corporate Change，2001，10 (4)：945-974

所以，无论多完美的政府的技术创新政策都受到市场因素的制约。市场制约因素是指市场规模的大小与方向变化影响着技术创新的规模与方向。对于技术演进方向本身而言，由于不同的社会、经济和政治条件下具有不同的选择，所以不同的技术轨道是无法用先进和落后来衡量的，只能以在市场竞争中的有效性来衡量。正如萨缪尔森所指出的那样，"消费者和技术是市场的双重君主，消费者根据自己先天或后天的偏好——以他们的货币选票加以表示——指明社会资源的最终用途，在生产可能性边界上的各个点之间进行选择"[①]。

消费者偏好导致对知识链的技术轨道形成产生推动力，客观上要求知识链组织积极采用新科技，努力调整产品结构，采用新的技术工艺，以适应市场需要的变化。其作用过程如图 12－5 所示。在图中，知识链根据营销信息与生产活动所反馈的市场需求变动选择技术创新的路径。Von Hippel（1988）认为，产品的领先用户对于创新具有极其重要的作用[②]。由于产品刚出现时技术性能都是不完善的，而产品性能的改进又需要领先用户的试验并作为收入来源。所以，领先用户对知识链技术轨道的演进至关重要。比如，巨型计算机在第二次世界大战中刚出现时，其体积相当于几层楼的大小，正是由于美国国防的需求，计算机才有机会在市场中实现技术积累与成长，到今天发展为其体积可以小巧到只有巴掌大小，进入寻常百姓家。试想，如果没有市场中美国国防需求作为领先用户需求支撑，计算机的技术轨道也不可能有机会得到改进。所以，知识链的技术轨道选择受到市场中领先用

---

① ［美］保罗・A・萨缪尔森，威廉・D・诺德豪斯．经济学［M］．北京：首都经贸大学出版社，1998

② Von Hippel，E. Sources of innovation［M］．New York：Oxford University Press，1988

户的需求的影响。

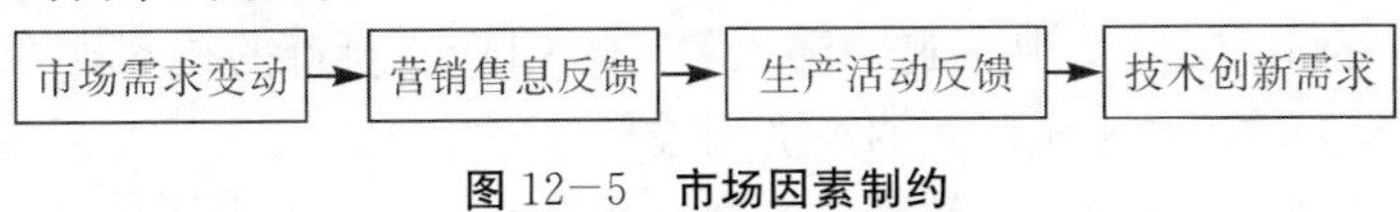

图 12—5 市场因素制约

12.3.4 知识链组织技术轨道形成的外部环境的协同管理

12.3.4.1 知识链组织应密切掌握技术发展动态，跟踪技术发展前沿

当今世界，产品技术更新换代的速度非常快，同一产品领域可能在短时间内出现不同的技术标准。由于不同技术标准所在的技术轨道具有路径依赖特征，所以在创新过程中一定要比较准确地预测未来技术轨道的发展趋势，并适时地调整与更新知识链的创新战略，把握住技术轨道转换所带来的机遇。

12.3.4.2 政府要给予知识链组织技术轨道的成长足够的政策支持

首先，政府通过制定相关政策、开展各种学术交流活动，促进产学研合作，实现资源共享，推动技术进步。其次，政府要通过研发资金投入，税收政策优惠等措施，选择有潜力的技术轨道予以支持。特别是一些具有公共品性质的技术领域，由于具有投资大、风险高、周期长、效益低等特点，一些民间资本不愿意投资，政府更要加大扶持力度。只有政府在政策等各个方面予以支持，一条不成熟的技术轨道才有可能在一个新的环境中不断成长。最后，政府要为技术轨道领域制定标准，促进技术轨道的形成。特别是涉及国计民生或者国家安全战略的技术领域，其技术轨道具有公共物品性质，政府对技术轨道成长的支持可以改善和提高社会的整体福利水平。例如，自 20 世纪 80 年代初以来，欧盟各成员国政府积极支持和协调各成员国电信运营商和设备制造商之间的研发合作，大力推进 GSM 系统标准，最终成功地使其成为全欧洲的移动通信标准，并成为全世界第二代移动通信系统2G的主流标准，从而避免陷入美国的CDMA标准的技术轨道之中，为欧洲带来了巨大的经济利益。[①]

12.3.4.3　知识链的技术轨道选择要获得足够的市场空间

首先，知识链在选择技术轨道的时候，要尽量考虑消费者的需求水平，通过人口总量、人口结构等预测消费者需求的未来变化趋势。其次，知识链组织要提高技术的质量与稳定性，通过树立知名品牌获得消费者的青睐，促使越来越多的消费者选择该技术轨道的产品，实现正反馈的网络效应。最后，政府要通过政府采购等手段，给予新兴技术轨道在市场中成长的机会。在这里，政府扮演了一个“领先用户”的角色，新兴的技术轨道可以在政府的试用过程中从技术性能上得到持续改进。

12.3.5　技术轨道形成的外部环境协同的案例分析——我国TD-SCDMA联盟的案例研究

我国的TD-SCDMA产业联盟就是一条典型的知识链，其核心企业由大唐电信、中兴通讯、华为技术有限公司等组成，同时，科研院所有中国电子科技集团第十四研究所的加盟，供应商由展讯等提供芯片的上游公司构成，而用户则是中国移动、中国网通等电信运营商。我国的TD-SCDMA产业联盟主要围绕TD-SCDMA技术进行标准的推进与完善，通过产业的管理和协调、联盟内部贯彻统一的知识产权管理政策等措施，实现技术信息和市场资讯高度共享，以提升联盟内通信企业的群体竞争

① 吕铁．论技术标准化与产业标准战略［EB/OL］．http：//www.standardcn.com/article/show.asp?id=4679&page=2，2005-11-15

力[①]。我国 TD 联盟的知识链构成如图 12－6 所示。

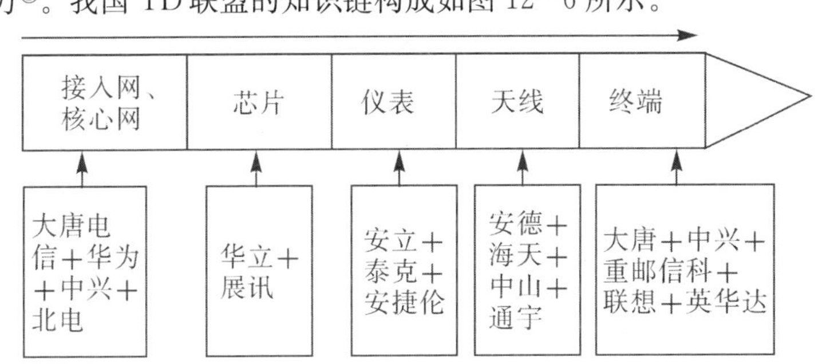

图 12－6 我国 TD 联盟的知识链构成

12.3.5.1 我国 TD 联盟技术轨道形成的技术因素

从技术轨道的间接网络效应看，我国 TD 联盟的技术轨道选择也影响到企业组织的创新。当大唐电信、华为、中兴等国内一些主要电信设备厂商以及中国移动等电信运营商都选择 TD 技术时，其他一些小的设备提供商如中国普天等企业组织也不能脱离 TD 联盟的技术轨道，否则其电信设备不能达到一定的消费者的安装基数，也不能实现需求方规模经济，市场就会逐渐缩小甚至消失（Rohlf，1974）[②]。而如果都选择 TD 技术，随着产品使用者的增加，由于通信产品的网络效应，对产品的边际支付意愿也会增加，进一步增强网络规模，体现出网络的正反馈效应，增强 TD 联盟的技术优势。所以，一些小厂商的技术轨道选择如果脱离知识链的选择就面临被淘汰的危险。

从技术潜力看，与 WCDMA、CDMA 2000 相比，TD 具有自己独特的技术优势。它是第一个使用时分双工方式的 3G 标

---

① 中国 TD 联盟网站．TD 联盟简介［EB/OL］．http：//www. tdscdma－alliance. org/aboutus/index. asp，2008－06－23

② Rohlfs，Jeffrey. A theory of interdependent demand for a communications service［J］. Bell Journal of Economics，1974，5（1）：16－37

准，系统容量大，抗干扰能力强，频谱利用率高，仅需 1.6MHz 带宽就可以组网，而 WCDMA 组网则需要至少 10MHz 带宽，显著地降低了硬件设备制造的技术难度，它能在证券消息查询、接收天气预报等方面为消费者带来更多价值，更适合 3G 多媒体业务发展需求。而 2G 市场中由于数据传输速度以及容量的限制在多媒体方面的价值很小，所以 TD 技术性能的潜力更大①。

12.3.5.2 我国 TD 联盟技术轨道形成的政府政策因素

日本政府为了培育本国的移动通讯产业，强行提出了一个非国际标准的 PDC 标准，并且规定本国运营商采用这个标准。韩国政府在没有自己的移动通讯标准的情况下，坚决排除当时已经占市场绝对垄断地位的流行标准 GSM，由政府出面买断在当时还极少使用的高通 CDMA 标准，培育了世界最大的 CDMA 市场，极大地扶持了本国三星、LG 等设备和手机开发生产商。我国政府在总结国外经验的基础上，也提出了自己的 3G 标准，并获得了国际电信联盟的认可②。在我国 TD 标准联盟的形成过程中，由于国家计委、信息产业部、科技部对大唐电信的 TD 标准明确的支持态度，打消了国内相关厂商对组建知识链联盟的顾虑与迟疑。主管部门在通信频率规划、设备采购管理、基础研发投入乃至移动通信牌照发放方面给予了不同程度的政策支持，为我国通信行业在 TD 技术轨道的创新提供了条件。③

从技术应用的角度看，政府支持对于我国 TD 技术的成长同

---

① 李世鹤．TD－SCDMA 更有利于发展 3G［EB/OL］．http：//www.cnii.com.cn/20050801/ca340845.htm，2006－03－16

② 陕西日报．通过 2G 看 3G——世界主要国家发展 2G 的策略［EB/OL］，http：//www.sxdaily.com.cn/data/kjxw/02/20031121_8866592_6.htm，2003－11－21

③ 尚涛，樊增强．制度变迁理论视角下的技术标准联盟分析［J］．中国科技论坛，2007（6）：96－99

样重要。在 2008 年 4 月的 TD 商用试验中，基站不足、网络覆盖缺陷由此引发信号不稳，通话成功率低，视频通话出现马赛克等缺点暴露无遗。但是，我们总结飞机“运十”以及“红旗”汽车的教训，不能因为 TD 技术暂时的不足就放弃该技术，否则 TD 标准永远也没有在应用中改进的机会，我国通信产业同样会进入外国 CDMA 2000、GSM 等技术轨道。

12.3.5.3　我国 TD 联盟技术轨道形成的市场因素

我国 TD 技术在应用初期也是不成熟的，作为 TD 技术的前身 SCDMA，不仅话音质量差，而且存在多用户之间的互相干扰。我国 TD 技术能够得到在应用中改进的机会应归功于开发 SCDMA 的信威公司敏锐地发现我国农村地区通信的特殊的领先用户的需求。我国农村地区收入水平低，国外的 GSM 和 CDMA 系统无法按照需求调整系统的功能，所以成本居高不下。1998 年，信威公司正是抓住了这个市场缝隙，在系统解决方案上狠下功夫，开发出的技术产品成本低廉，能更好地服务于人口分散、地形复杂的农村，才使 SCDMA 有了存活的机会。比如，考虑到农村用户的特殊需求，信威公司在电话终端上加载话费立显功能，可以每次通话后计费，不仅方便了农民邻里之间的电话使用，甚至使农民可以直接将终端带到集市上，以公用电话的形式创收（因为是无线接入，所以电话终端可以在覆盖区随意挪动）。这样的产品设计就较好地解决了农村地区打电话难和电话利用率不高之间的矛盾[①]。此外，作为领先用户的大庆油田起到了至关重要的作用，爱国精神使大庆油田支持国产的 SCDMA，而不用日本成熟的小灵通 PHS 技术，最终使技术在大庆的布网中有机

---

① 北京大学课题组．给新技术以应用机会：关于中国自主电信标准的报告[EB/OL]，http：//www.1861.com.cn/viewthread.php? tid=4942 &extra= page%3 D6&page=1，2006－11－27

会发现问题并不断改进，完成了从实验室技术到可用产品的蜕变。之后 SCDMA 在改进成熟的基础上，又分别在宝鸡和成都组网，最后才把市场拓展至其他城市。

12.3.5.4 知识链组织合作创新的技术轨道的形成对我国 TD-SCDMA 创新的启示

知识链组织合作创新的技术轨道形成可以为我们带来如下启示：

(1) 我国 TD-SCDMA 的创新必须建立在知识链的基础上

随着技术的进步，各个国家在通信产业的新产品层出不穷，技术系统经历了从 1G 到 2G 的非连续性演化。在 James M. Utterback (1975) 看来，产品和工艺早期的流动状态会转变成为具有稳定状态的技术连续变化过程，技术的多样化会逐渐让位于标准化①。企业掌握了标准意味着对知识产权的控制，并可以带来专利费收入，同时，提出标准的企业能够把新技术体系的发展纳入自己的技术轨道，从而占据先行优势，获得更多的网络外部收益。然而，一个行业标准的形成不是一两个企业单打独斗所能形成的，它必须依靠以技术为纽带的企业群体的协调配合。比如，没有 IBM 的硬件载体就没有微软视窗标准的形成，没有沃达丰等通信企业的配合，也没有爱立信 WCDMA 标准的诞生。同样，我国 TD 标准的形成绝不仅仅是一两个通信企业的努力就能形成的，它需要上游芯片供应商、下游用户甚至同行业企业的协调配合，这个企业群体就是一条知识链。现代企业与企业之间标准的竞争，也逐渐演变为知识链与知识链之间的竞争。也只有把我国的 TD-SCDMA 创新建立在包括运营、系统、终端、核心芯片、终端解决方案、测试仪表、操作系统软件等在内的各环

① Utterback J M, Abernathy W J. A dynamic model of process and product innovation [J]. Omega, 1975 (3): 639-656

节的基础上，我国的 TD－SCDMA 在国际上的影响力才会日益增大，才会有越来越多的国家和地区主动采用 TD－SCDMA 标准建设自己的 3G 网络。

（2）我国政府应给予 TD－SCDMA 更多的应用机会

我国的 TD 技术在应用之初与成熟的 CDMA 2000 等相比的确有不足之处，但这并不表示 TD 标准不够先进，技术轨道本无先进之分，只有成熟之分。相反，如果我们因为 TD 技术不够成熟而盲目引进国外标准，国外的技术永远也不会根植于国内的知识链中，更谈不上消化吸收，从而重新步入国外的技术轨道的标准中。我们没有机会制定标准，就没有机会理解和掌握产品开发技术的过程，也没有机会用自己的知识积累和组织资源解决技术问题，TD 技术也就永远没有机会在应用中改进。

（3）我国政府应对市场中 TD 的先锋用户提供更多支持

WCDMA 早已是一种成熟的 3G 技术，在全球已有上亿商用用户。中国移动技术部副部长杨志强在“2003TD－SCDMA 国际峰会”上指出，从国际上 GSM 发展演进方向来看，WCDMA 是最适合 GSM 网络演进的标准，这一技术能够实现网络的平滑演进，获得最大的规模效益。[①] 通信市场上的中国移动等运营商选择 TD 技术本身意味着要损失一部分眼前利益，所以政府不仅应在资金投入方面给予大力支持，而且在相关政策方面给予一定倾斜，鼓励发展 TD－SCDMA 技术。例如，在 TD 技术的 3G 牌照发放上，政府管制机构应该给运营商减轻负担。欧洲以天价拍卖 3G 牌照，给运营商造成了很大的经济负担，致使欧洲 3G 市场的发展一度处于停顿状态。所以，我国 TD 技术的发展不能重蹈欧洲的覆辙，牌照发放价格不宜太高。

---

① IT 时代周刊．糟糕的 TD 试商用［EB/OL］．http：//www. chinavalue. net/Media/Article. aspx? ArticleId=25106 &PageId=3，2008－06－28

第13章　知识链组织之间的冲突管理策略

本章基于前面章节对知识链组织之间冲突的深入分析和论证，提出了“自身实力—对手实力—冲突水平”三维知识链组织之间的冲突管理策略模型。此模型充分考虑了冲突的成因和冲突的演变对冲突策略选择的影响，对关心自己和关心他人两个纬度给出了明确的表征变量，并对变量测度指标体系与测度方法给予了说明。

13.1　冲突管理与组织绩效的影响

Venkatralnan 和 Ramanujam（1986）认为：“组织绩效应该从三个方面进行分析：①财务绩效（financial performance），包括现金流、负债率、产品成本、销售增长率、利润率、投资收益等；②经营绩效（operational performance），包括市场占有率、良品率、创新能力、专利等非财务性的指标；③组织效果（organizational effectiveness），指非财务性而且与人员管理相关的指标，如员工满意度、社会效益等。”[1] 知识链绩效也从财务

[1] Katbleen B Cox，RN. The effects of intrapersonal，intragroup，and conflict on team performance effectiveness and work satisfaction [J]. Nurse admin Q，2003，27：153－156

绩效、经营绩效和组织效果三个方面进行评价。

罗宾斯（Robbins）提出了“冲突观念的变迁”[①] 的观点，其将冲突对组织绩效影响的观点变迁分为三个阶段：第一阶段为 20 世纪 30 年代，学者们认为冲突是破坏性的，冲突必然导致组织绩效降低，冲突管理的目标是避免冲突。Wall 和 Callister 说：“我们在这篇文章中提出了三个非常重要的问题：适度的冲突是令人愉悦的吗？过少的冲突和过多的冲突一样具有破坏性吗？领导者为了完成组织目标需要激发一定的冲突吗？我们对这些问题的回答是不是、不是、不是。”[②] 第二阶段为 20 世纪 40 年代至 70 年代，通过大量理论和实证研究，学者们发现，冲突是组织运行过程中必然发生的，冲突也并不完全是破坏性的，有的对组织绩效也有积极作用。第三阶段从 20 世纪 70 年代起，学者开始辩证地看待冲突，肯定冲突的积极作用，认为冲突可以促进组织创新。此种观点还提出，应该对冲突进行管理，而不是采取一味避免冲突的方式，应该适度引导冲突。

从 20 世纪 70 年代至今，学者们主要从信息处理法和冲突类型法着手对冲突进行研究。

信息处理法在对“Yerkes—Dodson”定律[③]和压力水平与任务绩效关系的研究后，提出冲突与组织绩效呈倒“U”形关系。沃尔顿（1969）[④] 指出：“冲突水平过低，会影响个体思维停顿，

---

① Kuenne RT. Conflict management in mature rivalry [J]. Joumal of Conflict Resolution，1989，33：554－566

② Wall J A Jr，Callister R R. Conflict and its management [J]. Journal of Management，1995，21（3）：515－558

③ Kuenne RT. Conflict management in mature rivalry [J]. Joumal of Conflict Resolution，1989，33：554－566

④ KumarP，Ghadially R. Oganizational polities and its effects on members of organizations [J]. Human Relations，1989，42：305－314

放弃对多方信息收集、整理，降低组织效率；冲突水平过高，会阻碍个体思维对重要信息的整理、分析，同样会引起组织效率低下；适度的冲突，个体会自觉收集更多的信息，寻找解决问题的方法，组织效率得到提高。”Jehn（1995）和 DeDreu（2005）的研究证明冲突与个人绩效以及冲突与团队创新能力都有倒“U”形关系。①

冲突类型法将冲突分为任务性冲突和情绪性冲突，不同的冲突类型会对组织绩效产生不同的效果。情绪性冲突会降低组织效率，任务性冲突可以提高组织效率。Murnighan 和 Conlon（1991），Jehn（1995，1997），De Dreu（2003）的研究都证明了情绪性冲突引起组织效率低下。对任务性冲突的研究较少。但是 Tjosvold（1998），Simon（2000），De Dreu（2003），Jehn（2003）等对情景模式研究较多，包括团队任务、团队文化、冲突观念和冲突管理策略的研究。

知识链组织之间的冲突同样与绩效存在倒“U”形关系。适度的冲突可激励知识链创造出更多的新知识，而过低的冲突会使知识链陷于停顿，过高的冲突会阻碍知识链产出新知识，甚至引起知识链的瓦解，如图 13－1 和表 13－1 所示：

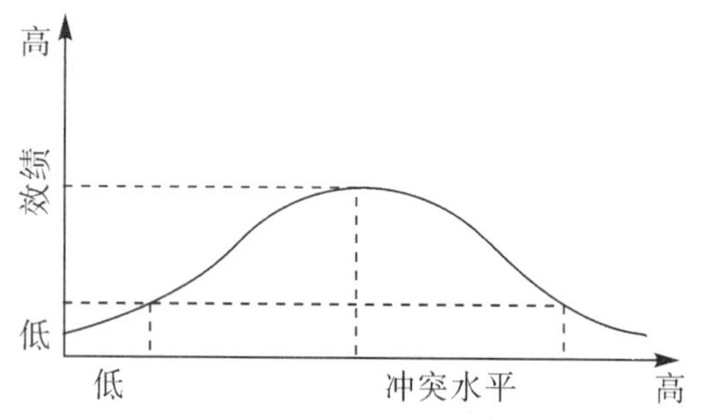

图 13－1　冲突与知识链组织绩效关系图

① 刘炜．企业内部冲突管理研究［D］．北京：首都经济贸易大学，2007

表13-1 冲突与知识链组织绩效关系表

情况	冲突水平	知识链组织表现	绩效
A	低或无	冷漠 停滞 忽视 缺乏创新	低
B	适当	主动 积极 创新 活跃	高
C	高	投机 分裂 混乱 自私	低

13.2 二维冲突管理理论

现代冲突理论认为过低和过高的冲突对组织绩效的影响是负面的，只有将冲突控制在适度范围内，才能提高创新能力和组织绩效。如何才能更好地对冲突进行管理，一直是学者和组织管理者追求的目标。冲突策略为决策者提供合理处理冲突的方法，也指在冲突中的主体采取的行为。

在研究早期，学者线性地看待冲突策略，将冲突分为合作（cooperation）和竞争（competition）。1964年，布莱克

(Blake) 和莫顿 (Mouton)①② 提出了"关心人"和"关心任务"的冲突管理二维理论，冲突管理策略如图 13-2 所示：

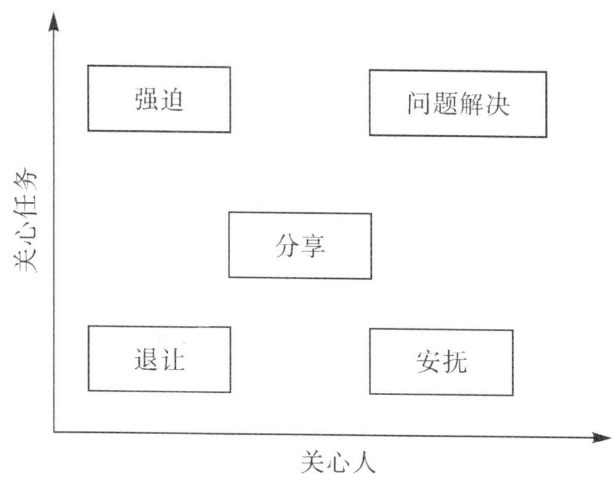

图 13-2 Blake- Mouton **冲突管理策略图**

1) 强迫 (forcing)：利用权力强制他人按照自己的意愿行事，压制冲突。

2) 问题解决 (problem solving)：面对冲突，客观、真实地分析问题，找出合适的方法解决冲突。

3) 分享 (sharing)：与对方进行谈判，双方作出让步调解冲突，但未从根本上解决冲突。

4) 退让 (withdrawal)：态度中立，面对冲突采取退缩行为。

5) 安抚 (smoothing)：和平共处。

Thomas (1976) 将冲突重新定义，从关心别人与关心自己

---

① Blake R, Mouton JS. The managerial grid [M]. Huston, TX: Gulf, 1964.

② Pondy L. Organizational conflict: Concepts and models [J]. Administrative Science Quarterly, 1967 (12): 296 - 320

两个维度对冲突进行分析，在二维空间中提出 5 种冲突管理策略[①]，即竞争（competing）、合作（collaborating）、妥协（compromising）、逃避（avoiding）、迁就（accommodating），如图 13－3 所示：

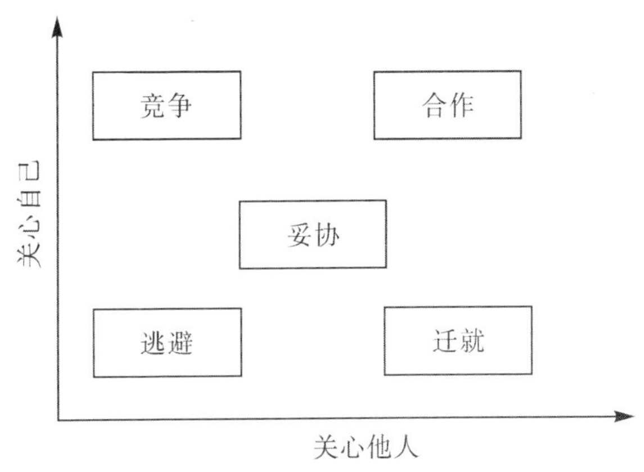

图 13－3　Thomas **冲突管理方式图**

1）竞争：面对冲突，从自身利益出发，只考虑自己不顾他人，采取强制性行为，即高度竞争、低度合作。

2）合作：从双方利益出发，通过谈判等行为找出共赢的解决问题的方式，即高度竞争、高度合作。

（3）妥协：分析冲突原因，作出部分让步，双方从中获得部分利益，相互安抚，即中度竞争、中度合作。

（4）逃避：不关心自己和对手的利益，也不关心冲突，拒绝解决冲突，即低度竞争、低度合作。

（5）迁就：消极处理问题的态度，听从对手意见。即低度竞

① Thomas KW. Conflict and conflict management［A］. In Dunnette M D, Hough L M, eds. Hand book of Industrial and Organizational Psychology［C］. Palo Alto：Consulting Psychologists Press，1976：889－935

争、高度合作。

其后，Rahim①、Coser②、Vande 和 Euwenma③ 等学者对二维冲突策略模型作出了进一步的研究和发展。由于布莱克（Blake）和莫顿（Mouton）的二维冲突策略管理模型是为解决人际冲突而产生的，所以在对组织间冲突的问题上呈现出局限性。特别是对于知识链组织之间的冲突策略问题研究中，二维冲突策略模型忽视了知识对冲突的影响，知识创新在知识链中举足轻重。二维冲突策略模型只考虑了两个变量，变量的局限性也导致了对知识链组织之间的冲突分析上的不足。在以往的研究中就有学者将二维模型进行扩展研究的先例，Wall 和 Callister 指出："学者应跳出二维模型框架。"④ 王琦（2004）从"关心自己"、"关心他人"和"关心组织"三个坐标出发，建立三维冲突管理策略模型。⑤ 另外，二维模型中对关心他人和关心自己两个维度的变量并未给出明确的定义和测度方式。针对以上问题，本研究尝试在关心他人和关心自己的二维冲突策略管理模式基础上增加一个变量，在三维空间就知识链组织之间冲突策略模型展开研究。

---

① Rahim MA，Bonoma TV. Managing organizational conflict：a model for diagnosis intervention [J]. Psychological Reports，1979，44：1323—1344

② Richard Cosier A，Thomas Ruble L. Research on conflict—handling behavior：an experimental approach [J]. Academy of Management Journal，1981，24（4）：816—831

③ Vande Vliert，Euwenma MC. Agreeableness and activeness as components of conflict behaviors [J]. Journal of Personality and Social Psychology，1994，66：674—687

④ Wall JA，Callister RR. Conflict and its management [J]. Journal of Management，1995，21（3）：515—558

⑤ 王琦，杜永怡，席酉民．组织冲突研究回顾与展望 [J]. 预测，2004，23（3）：74—80

13.3　知识链组织之间冲突策略三维模型

13.3.1　模型构建

根据知识链的特点，知识链组织之间的冲突策略主要根据自身实力、对手实力和冲突水平而定。这种关系可以用下面的函数来表示：

$$S = f\ (O,\ C,\ L) \tag{13-1}$$

式（13－1）中，S（Strategy）表示组织在冲突中采取的策略，O（Own）代表自身实力，C（Competitor）是对手实力，L（Level）是指冲突水平。各指标的评价评语分为 5 个等级，评语集为 $V=\{V_1,\ V_2,\ V_3,\ V_4,\ V_5\}$ ＝{很弱，较弱，适中，较强，很强}。按照策略选择收益最大化和风险最小化的基本要求，进一步确定 S 与 O，C，L 的对应关系，为简化关系，本研究只列举出评语集为 V_1，V_3，V_5 的情况，V_2 和 V_4 情况下的策略选择介于 V_1 和 V_3 以及 V_3 和 V_5 策略之间，详见表 13－2 至表 13－4。

表 13－2　知识链组织之间冲突水平为弱的情况下策略选择

L	弱								
O	弱			中			强		
C	弱	中	强	弱	中	强	弱	中	强
V	1	2	3	4	5	6	7	8	9
S	妥协	迁就	迁就	合作	妥协	迁就	竞争	合作	迁就

表 13-3 知识链组织之间冲突水平为中的情况下策略选择

L	中								
O	弱			中			强		
C	弱	中	强	弱	中	强	弱	中	强
V	10	11	12	13	14	15	16	17	18
S	妥协	合作	回避	合作	合作	迁就	竞争	合作	迁就

表 13-4 知识链组织之间冲突水平为强的情况下策略选择

L	强								
O	弱			中			强		
C	弱	中	强	弱	中	强	弱	中	强
V	19	20	21	22	23	24	25	26	27
S	妥协	回避	回避	妥协	妥协	合作	竞争	合作	合作

按照上述函数定义，以 Thomas 二维模式为基础，构建了一个知识链组织之间冲突策略选择三维模型。其中，X 轴表示关心自己的程度，以自身实力强弱为依据；Y 轴表示关心他人的程度，以对手实力强弱为依据；Z 轴表示关心冲突的程度，以冲突水平强弱为依据。因此，在三维空间有 125 个区域，其中 27 个为关键区，详见图 13-4 和表 13-5。

表 13-5 区域空间所对应冲突策略

策略	空间
合作	4，8，11，13，14，17，24，26，27
回避	12，20，21
竞争	7，16，25，
妥协	1，5，10，19，22，23
迁就	2，3，6，9，15，18

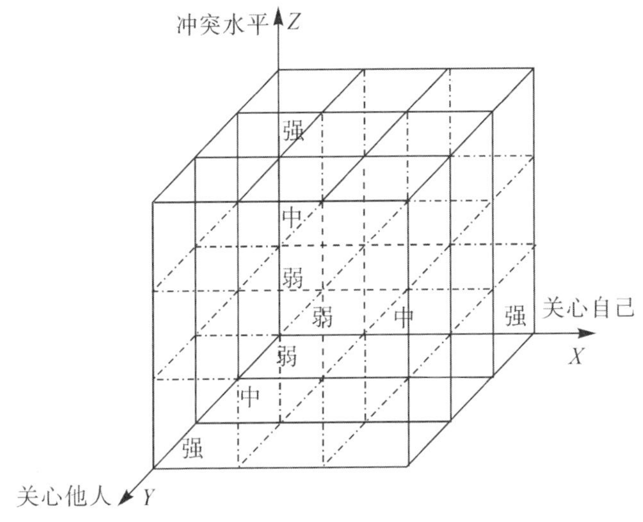

图 13－4　知识链组织之间冲突策略三维模型

各区域空间用（自身实力，对手实力，冲突水平）方法来表示。27 个关键区域中 4（弱，中，弱），8（强，中，弱），11（弱，中，中），13（中，弱，中），14（中，中，中），17（强，中，中），24（中，强，强），26（强，中，强），27（强，强，强）为合作空间；区域 12（弱，强，中），20（弱，中，强），21（弱，强，强）为回避空间；区域 7（强，弱，弱），16（强，弱，中），25（强，弱，强）为竞争空间；区域 1（弱，弱，弱），5（中，中，弱），10（弱，弱，中），19（弱，弱，强），22（中，弱，强），23（中，中，强）为妥协空间；区域 2（弱，中，弱），3（弱，强，弱），6（中，强，弱），9（强，强，弱），15（中，强，中），18（强，强，中）为迁就空间。

13.3.2 变量定义

13.3.2.1 自身与对手的实力

自身与对手的实力包括在知识链中的竞争力与对知识链贡献的大小。竞争力包括显在竞争力和潜在竞争力两个方面。显在竞争力指组织创造和获得利润、资源的能力；潜在竞争力指组织发展潜力，包括组织研发力、资本运作能力、组织文化和创新能力等。① 武春友（1997）提出："竞争力评价系统应包括外显竞争力、内在竞争力、体制竞争力三个方面。内在竞争力包括组织能力和组织资源。外显竞争力包括品牌、产品、市场以及资本，组织能力包括组织管理、创新、专利、研发和制造能力，组织资源包括资本、人力、物资和信息资源。体制竞争力包括现代制度及文化与观念。"② 结合已有文献和知识链组织之间冲突的特征，决定知识链组织之间冲突策略选择的竞争力因素主要包括财务、制造能力、产品市场化能力、经营能力、市场拓展能力和发展潜力。对知识链贡献主要包括拥有的知识、知识创新能力。

13.3.2.2 知识链组织之间冲突水平

从知识链组织之间冲突动因以及冲突发展演变入手，利用综合层次分析法和模糊综合评价法对知识链组织之间的冲突进行定量处理，对知识链组织之间冲突水平进行评价。

13.3.3 变量测度与策略选择

13.3.3.1 指标体系

基于上述变量定义，根据指标体系科学性、完整性、合理性

---

① 武春友，南方．企业国际竞争力评价系统研究［J］．中国软科学，1997，(11)：98－102

② 张德平．企业国际竞争力评价指标研究［J］．中国软科学，2001，(5)：54－56

的设计原则，进一步设计三级变量测度指标体系，见表 13－6。

表 13－6 变量测度指标体系

<table>
<tr><th colspan="2">目标层</th><th colspan="2">准则层</th><th>指标层</th></tr>
<tr><td rowspan="8">实力 A</td><td rowspan="6">竞争力</td><td colspan="2">财务 B_1</td><td>资本总量 C_1，资本运作能力 C_2，资产负债率 C_3，长期负债率 C_4，现金尽流量比率 C_5</td></tr>
<tr><td colspan="2">制造 B_2</td><td>生产能力 C_6，产品合格率 C_7，单位成本 C_8</td></tr>
<tr><td colspan="2">产品市场化 B_3</td><td>新产品投产率 C_9，新产品产值率 C_{10}，技术进步项目收益率 C_{11}</td></tr>
<tr><td colspan="2">经营 B_4</td><td>品牌价值 C_{12}，品牌忠诚度 C_{13}</td></tr>
<tr><td colspan="2">市场拓展 B_5</td><td>营销渠道规模 C_{14}，销售增长率 C_{15}，市场覆盖率 C_{16}</td></tr>
<tr><td colspan="2">发展潜力 B_6</td><td>销售利润率 C_{17}，资产增长率 C_{18}</td></tr>
<tr><td rowspan="2">对知识链贡献</td><td colspan="2">拥有的知识 B_7</td><td>核心技术拥有状况 C_{19}，研发人员比重 C_{20}，研发经费比重 C_{21}</td></tr>
<tr><td colspan="2">知识创新能力 B_8</td><td>企业学习能力 C_{22}，专利 C_{23}，专利与研发人员比重 C_{24}，专利与研发资金比重 C_{25}</td></tr>
<tr><td colspan="2" rowspan="4">冲突水平 A</td><td rowspan="3">冲突因素 B_1</td><td>利益因素</td><td>市场预期 C_1，预期收益 C_2，资金投入 C_3</td></tr>
<tr><td>知识因素</td><td>专业人员 C_4，隐性知识 C_5，知识融合 C_6</td></tr>
<tr><td>结构因素</td><td>社会资本 C_7，第三方介入 C_8，关键信息 C_9，沟通 C_{10}</td></tr>
<tr><td colspan="2">冲突演变 B_2</td><td>潜在冲突 C_{11}，知觉冲突 C_{12}，意向冲突 C_{13}，行为冲突 C_{14}，结果冲突 C_{15}</td></tr>
</table>

13.3.3.2 变量测度

在第 6 章本研究已经详细说明了知识链组织之间冲突水平的评价方法，在此着重介绍对自身实力和对手实力的测度。

由于考察指标有些没有数量大小之分，仅能作两两比较，而其在获取信息时通过调查问卷方式，造成了获得信息的误差，具有灰色性，所以，拟采用灰色系统理论，对自身实力和对手实力进行测度和评价，方法如下：①

（1）确定比较数列 X_i 和参考数列 X_o

设冲突中被评价组织的序号为 i，$i=1, 2, \cdots, m$，若只有冲突双方，即 $i=2$；评价指标的序号为 j，$j=1, 2, \cdots, n$；评价组织 m 个，评价指标 n 个：

$$X=(X_{ij})_{mn}=\begin{pmatrix} X_{11} & \cdots & X_{1n} \\ \vdots & \ddots & \vdots \\ X_{m1} & \cdots & X_{mn} \end{pmatrix} \quad (13-2)$$

第 i 个被评价组织比较数列为：

$$X_i=(X_{i1}, X_{i2}, \cdots, X_{i3})\ (i=1, 2, \cdots, m) \quad (13-3)$$

参考数列为：

$$X_o=(X_{o1}, X_{o2}, \cdots, X_{on}) \quad (13-4)$$

$X_{o1}, X_{o2}, \cdots, X_{on}$ 表示各指标的最佳或理想值，即

$$X_{oj}=\text{Optimum}(X_{ij})\quad (i=1, 2, \cdots, m;\ j=1, 2, \cdots, n) \quad (13-5)$$

（2）变量序列无量纲化

对指标值 X_{ij} 进行规范化处理：②

$$Y_{ij}=\frac{(X_{ij}-\min\limits_{i}X_{ij})}{(\max\limits_{i}X_{ij}-\min\limits_{i}X_{ij})} \quad (13-6)$$

① 邓聚龙．灰色系统理论教程［M］．武汉：华中理工大学出版社，1990

② 傅立．灰色系统理论及应用［M］．北京：科学技术文献出版社，1992

对式（13－2）和式（13－4），利用式（13－6）规范化后得到下列矩阵：

$$Y=(Y_{ij})_{(m+1)}n=\begin{pmatrix} Y_{11} & \cdots & Y_{1n} \\ \vdots & \ddots & \vdots \\ Y_{m1} & \cdots & Y_{mn} \\ Y_{o1} & \cdots & Y_{on} \end{pmatrix} \quad (13-7)$$

（3）计算关联系数 ξ_{ij}

$$\xi_{ij}=\frac{\min_i\min_j |Y_{oj}-Y_{ij}| + \rho \max_i\max_j |Y_{oj}-Y_{ij}|}{|Y_{oj}-Y_{ij}+\rho \max_i\max_j |Y_{oj}|-Y_{ij}|}$$

$(i=1, 2, \cdots, m; j=1, 2, \cdots, n)$ （13－8）

其中：ρ 为分辨系数，$0<\rho<1$。P 一般取值在 0.1～0.5 之间。由式（13－8）可得关联系数矩阵：

$$\mathbf{A}=(\xi_{ij})_{mn}=\begin{pmatrix} \xi_{11} & \cdots & \xi_{1n} \\ \vdots & \ddots & \vdots \\ \xi_{m1} & \cdots & \xi_{mn} \end{pmatrix} \quad (13-9)$$

ξ_{ij} 为第 i 个评价对象第 j 个指标与第 j 个最佳指标的关联系数。关联系数越大，则该指标与最佳值越接近。

（4）计算各级关联度 R

由于各指标重要程度不同，所以关联度计算方法为：

$R=(r_1, r_2, \cdots, r_m)=W\times A^T$ （13－10）

其中，$W=(w_1, w_2, \cdots, w_j)$ 为各指标相对于上一级目标的权重，j 为指标个数。在多级评价系统中，下级各指标关联度作为原始数据，多次重复利用式（13－10）计算关联度，最后获得最上一级关联度 R。①

① 张勇，张玉忠，马跃峰．企业跨国冲突策略三维模型研究［J］. 运筹与管理，2006，15（5）：143－148

(5) 依关联度得分进行总体评价

关联度越大，表明该组织自身实力与最佳值越接近。对双方实力进行评语定义，当双方实力关联度得分相当且较高时，定义为（强，强）；得分相当且适中时，定义为（中，中），得分相当且较低时，定义为（弱，弱）；以此类推获得自身实力和对手实力的评价。利用模糊综合层次评价法对冲突水平进行评价（详见第 6 章）。

13.3.3.3 策略选择

将按照上述方法得到的测度结果作为三个方向的坐标，根据坐标找出该组织在三维空间中的位置，此空间即为该组织的策略空间。

13.4 模型应用

假设某一组织面临冲突决策，基于上述三维模型，对其冲突策略选择进行评价和分析。指标权重采用层次分析法（AHP），指标数据采用专家打分和实际数据相结合的方式。

13.4.1 自身实力评价

13.4.1.1 计算各指标与最佳值的关联系数

自身实力指标层指标系数及各指标最佳值见表 13−7。（假设参考列各项指标最佳值均为 1，各指标数据均为相对值，指标数据无须标准化）。

表 13−7 自身实力指标及满意值

指标	自身实力	参考数列
C_1	0.7	1

续表13－7

指标	自身实力	参考数列
C_2	0.4	1
C_3	0.6	1
C_4	0.5	1
C_5	0.7	1
C_6	1.3	1
C_7	0.8	1
C_8	0.5	1
C_9	0.8	1
C_{10}	0.6	1
C_{11}	0.6	1
C_{12}	1.5	1
C_{13}	0.6	1
C_{14}	0.4	1
C_{15}	0.7	1
C_{16}	1.8	1
C_{17}	0.9	1
C_{18}	0.7	1
C_{19}	0.6	1
C_{20}	1.1	1
C_{21}	0.9	1
C_{22}	0.8	1
C_{23}	0.6	1
C_{24}	0.7	1
C_{25}	0.6	1

注：0 ≤ 正向指标值 ≤ 1，1 ≤ 逆向指标值 ≤ 2。

利用表13—7中的数据，根据式（13—8）求得自身实力指标层指标与参考数列中各最佳值的关联系数 ξ_{ij}（$i=1$，2；$j=1$，2，…，27）值列于表13—8。

表13—8　关联系数

关系系数	自身实力
ξ_{i1}	0.64
ξ_{i2}	0.37
ξ_{i3}	0.36
ξ_{i4}	0.46
ξ_{i5}	0.66
ξ_{i6}	0.71
ξ_{i7}	0.69
ξ_{i8}	0.38
ξ_{i9}	0.76
ξ_{i10}	0.53
ξ_{i11}	0.53
ξ_{i12}	0.47
ξ_{i13}	0.53
ξ_{i14}	0.41
ξ_{i15}	0.48
ξ_{i16}	0.33
ξ_{i17}	1.00
ξ_{i18}	0.63
ξ_{i19}	0.54
ξ_{i20}	1.00
ξ_{i21}	1.00
ξ_{i22}	0.76

续表13－8

关系系数	自身实力
ξ_{i23}	0.51
ξ_{i24}	0.63
ξ_{i25}	0.51

注：分辨系数 ρ 取 0.3，i ＝1。

13.4.1.2　多级关联度合成

利用层次分析法得到各级指标权重：

W_{AB} ＝（0.05，0.11，0.08，0.11，0.17，0.12，0.14，0.22）（CR ＝0）

W_{B1C} ＝（0.17，0.32，0.2，0.18，0.13）（CR ＝0.01）

W_{B2C} ＝（0.31，0.35，0.34）（CR ＝0.005）

W_{B3C} ＝（0.18，0.29，0.53,）（CR ＝0）

W_{B4C} ＝（0.56，0.44）（CR ＝0.009）

W_{B5C} ＝（0.36，0.39，0.25）（CR ＝0.051）

W_{B6C} ＝（0.29，0.71）（CR ＝0.011）

W_{B7C} ＝（0.31，0.22，0.47）（CR ＝0）

W_{B8C} ＝（0.23，0.47，0.23，0.07）（CR ＝0.007）

对表 13－7 中的数据利用式（13－10）经过两次关联度合成，得到目标层和准则层指标的关联度如下：

B 层关联系数 ξ 为（0.47，0.49，0.57，0.50，0.42，0.74，0.86，0.60）。

A 层关联系数 ξ 为（0.5906）。

13.4.2　对手实力评价

同样，可以获得对手实力关联度。

W_{AB} ＝（0.2，0.16，0.15，0.17，0.13，0.08，0.09，

0.02）（CR =0）。

B 层关联系数 ξ 为（0.32，0.12，0.21，0.16，0.11，0.53，0.82，0.77）。

A 层关联系数 ξ 为（0.2878）。

13.4.3 组织自身实力及其对手实力与冲突水平综合评价

由自身实力和对手实力关联系数再加上第 6 章计算出的冲突水平，可以得出组织自身实力及其对手实力与冲突水平综合评价结果如表 13－9 所示：

表 13－9 组织自身实力及其对手实力与冲突水平综合评价表

指标	自身实力	对手实力	冲突水平
关联系数	0.5906	0.2878	0.238
评价语	中	弱	中

13.4.4 评价与建议

表 13－9 综合评价结果为（中，弱，中），将对组织的测度结果展示于冲突策略三维模型中（图 13－4），其位于 13 区即合作空间，因此合作策略应该是组织面对此种知识链组织之间冲突的合理选择。从自身实力来看，发展潜力、拥有的知识关联度得分较高，说明此组织拥有较强的研发能力，但是财务、市场拓展得分较低，其他方面制造、产品市场化、经营和知识创新能力都是中等偏上的水平；而此时对手实力综合评价较弱，经营和制造能力是弱项，但是其在拥有的知识和创新能力上表现突出；冲突水平处于适度的水平上。综合来看，合作的策略相当适合，组织应该在冲突中占主导地位，在合理引导冲突的前提下，找出对彼此均有利的解决方式，造成一个双赢的局面，激发创造出更多的新知识，达到知识链建立的目的。

第14章 知识链组织之间的冲突管理专家系统[①]

本章探讨了专家系统在知识链组织之间冲突研究中的适用性，使用案例和规则两级推理机制构建冲突专家系统，详细说明了知识库以及知识获取和表达方式。

14.1 专家系统概述

专家系统（Expert System，ES）是在某些学科中，使用已有专家知识和经验，解决特定问题的计算机程序。通过对专家经验和专门知识的收集、整理、标准化，利用不同的人工智能程序和算法模拟专家决策过程，解决需要人类思维才能解决的特殊问题。专家系统属于人工智能的一种，能对专家的思维过程和最后的行为选择作出详细说明，通过知识积累，拥有自我学习能力。[②③] 自1968年费根鲍姆等人发明第一套推断化学分子结构的专家系统DENDRAL以来，专家系统被广泛应用于医学、教育

① 全力，顾新．专家系统在知识链组织间冲突的应用［J］．科学学与科学技术管理，2010，31（8）：172－177

② 吴泉源，刘江宁．人工智能与专家系统［M］．长沙：国防科技大学出版社，1995：143－158

③ 石纯一．人工智能原理［M］．北京：清华大学出版社，1993：126－148

学、军事、建筑等各个学科。[①②③]“专家系统实现了人工智能从理论研究走向实际应用，从一般思维方法探讨转入专门知识运用的重大突破。”（马玉祥，1994）[④]

专家系统的发展过程主要经历了 4 个阶段。第一阶段，专家系统只能适用于一些高度专业化的问题，比如 DENDRAL 系统只能求解化学分子结构；第二阶段，专家系统在系统移植方面加强了研究，增强了知识管理以及推理方法的研究；第三阶段，通过多学科交叉研究，利用多种人工智能语言，并开发出专用的专家系统开发程序套件，构建综合专家系统；第四阶段，具有初步人脑思维和学习能力的高级人工智能专家系统，也是目前研究的重点。

专家系统具有以下特点：

1）为了解决专门性问题，专家系统不但拥有一般性的知识，还拥有大量专业性、目的性很强的知识。

2）专家系统采用启发式的解决方法。

3）专家系统能够对本身的推理过程进行说明。

4）专家系统拥有自学习能力，能够对专业知识进行完善、添加，促使专家系统的自升级。

5）知识库和推理机制单独存在，提高解决问题的精确性。

6）使用演绎方法、归纳方法和（或）抽象方法对模糊性、

---

① 尹朝庆，尹皓．人工智能与专家系统［M］．北京：中国水利水电出版社，2002

② Blondel－Hill E，Hetehler C，Andrews D，Lapointe L. Evaluation of VITEK 2 for analysis of Enterobacteriaceae using the Advanced Expert System（AES）versus interpretive susceptibility guidelines used at Dynacare Kasper Medical Laboratories，Edmonton Alberta［J］．Clin Microbial Infect，2003，9（11）：1091－1103

③ Haase H，Junger M. An expert system for cutaneous blood flow in melanocytic skin lesions［J］．Clin Hemorheol Microcirc，2004，30（3－4）：253－262

④ 马玉祥，武波．专家系统［M］．成都：电子科技大学出版社，1994

不确定性和不完全性问题进行处理。①②

专家系统的优点在于：

1）完整、快速地解决问题，不受个人情感和环境因素的干扰；

2）解决了专家由于研究领域的不同而造成的看待问题的单一化，集合多学科多专家知识共同解决问题；

3）解决了精确数学模型无法解释的人类思维过程；

4）专家系统提高了人工智能的发展水平；

5）专家系统的研制和应用具有巨大的经济效益和社会效益。③

专家系统对复杂性、非线性和不确定性系统的控制和处理上有先天优势，所以，专家系统的思想和方法引入冲突管理中是切实可行的。专家系统利用规则和经验处理问题的思想，对研究和管理知识链组织间的冲突具有重要意义。

14.2　知识链组织之间冲突管理专家系统基本结构

14.2.1　专家系统的基本结构和分类

专家系统包含了基于知识的问题求解方法。专家系统通常是由如图 14－1 所示的几个基本部分组成的。

---

① 何新贵．知识处理与专家系统［M］．北京：国防工业出版社，1990：67－93，112－144

② 邹祖讳，等．复合材料的结构与性能［M］．吴人杰等译．北京：科学出版社，1999：1－22

③ 武波，马玉祥．专家系统［M］．北京：北京理工大学出版社，2001

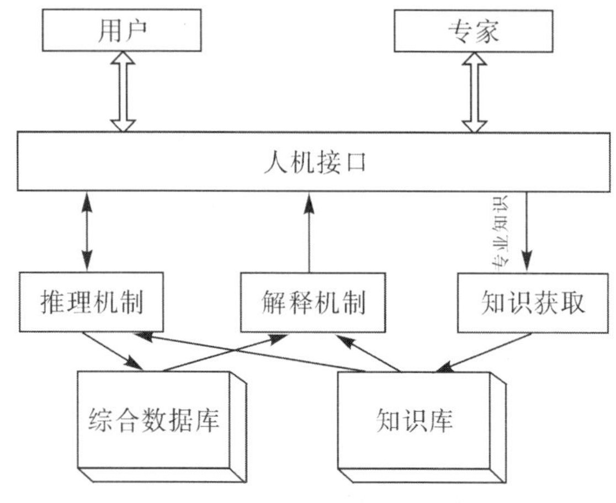

图 14－1　**专家系统基本结构**

1）知识库。知识库是将专家知识和经验经过提炼、组织后存放的数据库，包括逻辑性、启发性两类知识。知识库中知识的完备性、实用性是专家系统是否适用的关键，因而如何提取、组织专家知识是构建专家系统的前提。知识库包含的知识规则是以“IF（前提），THEN（结果）”的形式存在的。通过 AND、OR、NOT，条件和结论进行逻辑运算。

2）数据库。数据库是指公共知识、信息存放的数据库，存储了推理过程的原始数据、中间结果和最终答案，即除专家知识以外的数据信息。

3）推理机制。推理机制是根据输入信息对知识库的知识按照一定方法进行选择，最后根据专家知识得到答案。推理机制模拟了人类对问题的分析过程，是专家系统的核心机制。推理方式主要有正向推理、反向推理和复合推理三种。正向推理是从条件找到结论；反向推理是先假设结论，再寻找其满足的条件；复合推理是正向和反向推理的综合利用。由于问题的复杂性和不确定性，一般推理都是模糊推理过程。

4）人机接口。人机接口是用户和专家系统进行交流的界面，用户通过此接口向系统提出问题，系统又将结果反馈给用户。同时，也是专家向知识库输入知识的界面。

5）知识获取机制。知识获取机制，又称系统自学习，是系统自我完善、自我学习的机制。知识获取一部分是专家不断向系统输入新知识，一部分是在系统中通过求解过程总结经验和知识，不断完善扩充知识库。

6）解释机制。解释机制是向用户解释专家系统行为，也可以称为帮助系统，解决系统在运行过程中用户疑问和“why”、“how”获得最终答案。①②

专家系统的类型按知识表示可分为以下几种：

1）基于规则的专家系统。1943年，波斯特（Post）提出了基于产生式规则（Production rule）系统，利用知识库中的规则，通过一定的推理机制，获得所需问题答案。基于规则的专家系统中知识库包含的专家知识以规则的形式存在，其问题不需要精确匹配，能为复杂问题求解提供合理的解释。③

2）基于框架的专家系统。明斯基（Minsky，1975）提出，其关键是利用“框架”（frame）来描述知识库中的专家知识。与基于规则的专家系统的区别在于综合、处理知识，是将事件和问题提炼出来，用概念性的描述来描述知识。框架是语义网络，同样按照匹配和继承的原则进行匹配，推理时不能忽视框架中的附

---

① 邹祖讳，等．复合材料的结构与性能［M］．吴人杰，等，译．北京：科学出版社，1999：1－22

② 武波，马玉祥．专家系统［M］．北京：北京理工大学出版社，2001

③ 顾沈明，刘全良．一种基于web的专家系统的设计及实现［J］．计算机工程，2001（11）：100－102

加过程（如 if needed、if added 等）。[①②]

3）基于模型的专家系统。有学者认为，对各种定性模型的获得、表达及使用的方法进行研究就是人工智能。基于该观点，有学者提出了基于模型的专家系统。采用各种定性模型包括物理模型和心理模型，设计专家系统，其优点是显而易见的。规则的推理为浅层推理，基于模型的推理为深层推理。浅层推理效率高，但面对复杂问题暴露出其不足，不能完全模拟人类思维模式；深层推理能够更好地模拟人类思维，按照专家的思想去发现解决问题的方法。在构建基于模型的专家系统中，学者更倾向于使用人工神经网络模型。[③]

随着专家系统处理问题的难度和复杂程度的提高，当碰到大时滞、时变、非线性系统时，很难获得其精确的数学模型，专家系统在处理这类问题时明显不足，为此引入模糊逻辑的概念，而模糊控制的优点就是处理这类问题。通过对知识和经验的分析可以获得模糊控制规则，选择范围扩大，解决了专家系统需要精确匹配的难题。然而，模糊控制对知识的表达形式单一，而将模糊专家系统结合能够改进单独使用专家系统或模糊系统的不足。

模糊专家系统的基本结构如图 14－2 所示。[④⑤⑥]

---

① 武波，马玉祥．专家系统［M］．北京：北京理工大学出版社，2001

② 顾沈明，刘全良．一种基于 web 的专家系统的设计及实现［J］．计算机工程，2001（11）：100 －102

③ 武波，马玉祥．专家系统［M］．北京：北京理工大学出版社，2001

④ 刘有才，刘增良．模糊专家系统原理与设计［M］．北京：北京航空航天大学出版社，1996

⑤ Didier Dubois，Henri Prade，Franeese Esteva，Pere Gareia，Luis Godo，Ramon Lopez de Mantaras. Fuzzy set modelling in case－based reasoning［J］. International Journal of Intelligent Systems，1998，13：345－373

⑥ James J，Buekley，Yoiehi Hayashi. Fuzzy genetic algorithm and applications［J］. Fuzzy Sets and Systems 1994，61：129－36

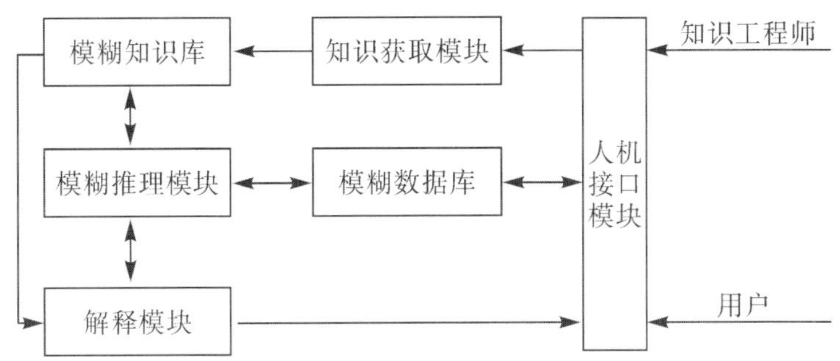

图 14－2　模糊专家系统基本结构

14.2.2　知识链组织之间冲突管理专家系统的结构

知识链组织之间冲突管理专家系统基本的目标是实现冲突分析和管理智能化，即能对系统通过各种信息源获得的数据进行分析，判断冲突的动因、水平和类型，据此给出决策方案。根据知识链组织之间的冲突特点，以案例和规则两级推理机制，建立知识链组织之间冲突管理专家系统。

图 14－3 为知识链组织之间冲突管理专家系统的总体结构图。

1）系统输入。将相关专家对知识链组织之间冲突的状态、水平、起因等作为输入值。同时需要确定知识链组织之间冲突观测参数，比如冲突涉及范围、参与部门、人员、冲突程度等，并设计评分标准和表格。

2）系统主体。包括知识库、推理机制、数据库、解释机制、知识获取等。

知识库包括案例和规则知识两部分。推理机制包括案例和规则推理两级推理机制。推理过程采用正向推理，先进行案例匹配，若没有案例与之精确匹配，则进入规则推理。在规则推理中使用模糊逻辑的思想进行规则匹配。当获得了新的结果，并在现

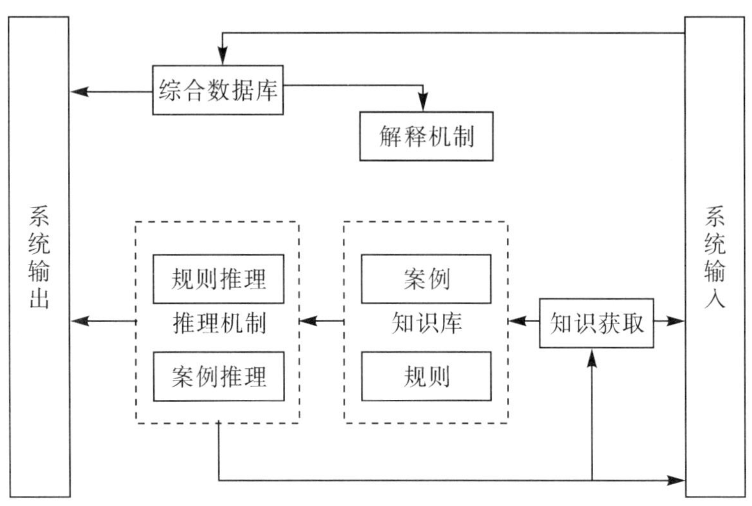

图 14—3 知识链组织之间冲突管理专家系统的总体结构图

实中得到验证后，结果将作为新的知识存入案例知识中。①

在专家系统的发展过程中，为了解决基于规则推理(Rule—Based Reasoning，RBR）的专家系统的缺点，提出了基于案例的推理（Case—Based Reasoning，CBR）的新架构。② 在CBR中，知识库中的知识以案例的方式储存。案例是“含有问题或疑难情境在内的真实发生的典型性事件”③。通过正向推理获得相似检索，利用“相似的条件下发生的动作会产生相似的结

① 任传祥，李松林，刘法胜，窦振飞．城市公共交通智能调度专家系统的研究[J]．山东科技大学学报：自然科学版，2007，26：83—87

② Ian Watson. Applying Case — Based Reasoning. Techniques for Enterprise Systems [M]. Morgan Kauffmann Publishers，1997

③ 王新，王娟．软件工程案例教学法探讨 [J]．计算机与信息技术，2006 (6)：114—115，118

果，过去的经历可能预示未来”的原理，完成对问题的求解。①②

基于案例的推理不但使知识积累、提炼变得简单有效，而且解决了规则推理作为浅层推理的不足，在推理程度和速度中获得良好的平衡。

数据库包括各种变量以及模糊推理算法等共有知识。

3）输出结果。采用最大隶属度法、中位数法或加权平均法等将模糊控制量变换成对应论域的精确量，再根据精确量找到对应的冲突管理方法。由于对于知识链组织之间冲突的管理也是语言规则等模糊变量，所以，要建立一个冲突管理矩阵，用精确数字代表每一种决策管理方法，将冲突模糊控制处理后的精确数值表达为方法性的语言。

14.3 知识链组织之间冲突管理专家系统的设计

14.3.1 知识库

知识链组织之间冲突管理专家系统的知识，来源于冲突相关的论文文献、博弈论、案例以及经验性知识。由于知识链组织之间的冲突国内外研究较少，知识库的构建还需要更多研究作为支撑，本章就知识链组织之间冲突管理专家系统提出建设方案。

冲突处理的经验性很强，不可能用精确的数学模型进行描述和控制，参考模糊控制理论，使用IF－THEN模型，所有知识

① Roger C. Schank. Dynamic memory: a theory of reminding and learning in computers and people [M]. Cambridge: Cambridge University Press, 1982

② 许英强，彭岩，张伟．基于案例推理的在线答疑系统设计［J］．计算机工程与应用，2008，44（27）：226－228

获取、组织和匹配采用产生式表示方法。使用依托关系型数据库管理系统（RDBMS）对知识库进行管理，知识库与关系型数据库的关联也通过 RDBMS 来实现。关系型数据库中储存着知识链组织之间冲突领域的专家知识，以及与冲突有关的所有数据信息，是最终获得冲突管理求解的基础。

案例库存储了已知冲突管理案例。根据知识链组织之间冲突的动因三维模型以及知识链组织之间冲突策略模型（见第 13 章），将每个案例记录标识使用冲突水平、自身实力、对手实力表示。[①] 数据库中包含的知识由问题类型、冲突水平、自身实力、对手实力构成，这四个变量是所有知识链组织之间冲突共有的，能够较全面地反映冲突的具体情况。数据库中包含的知识主要有问题类型表、冲突水平对照表、自身实力对照表、对手实力对照表及问题处理方式表。问题类型主要包含组织面对的冲突的类型，由冲突水平、自身实力、对手实力以外的因素确定，比如冲突发生层级、影响范围等。冲突发生层级包括低层、中层和高层，影响范围包括很小、小、中等、大和很大 5 级。冲突水平、自身实力、对手实力对照表根据知识链组织之间冲突的动因三维模型和知识链组织之间冲突策略模型确定。

14.3.2　案例匹配

知识链组织之间冲突管理专家系统首先进行案例对照，如果根据匹配规则寻找到相似案例，则直接输出结果；如果没有相似案例可以参照，则进行规则推理，经确认的规则推理结果保存到

① 全力，顾新．知识链间组织冲突的三维动因模型［J］．科学学和科学技术管理，2008（12）：92−96，132

案例库中，并作为一个新的案例。

案例推理策略：对案例的四个变量分别进行两次匹配，首先，对变量进行精确匹配；第二次匹配为近似匹配，是对变量的属性值（Attribute）进行匹配。

根据前面的论述，可知冲突水平、自身实力和对手实力影响了冲突的产生、发展以及控制、管理策略选择，在其具体值外再赋予其一个属性值，并以属性值作为近似匹配的依据。比如知识链组织之间冲突策略模型，区域 7（强，弱，弱），16（强，弱，中），25（强，弱，强）虽然不同区域的代码值不同，但其策略选择均为竞争。近似匹配的原则是如果不同代码的事件拥有可比性和相似性时，给予相同的属性值。虽然有相似性和可比性，但是在结果处理上可信度将降低，需要对结果进行调整。比如区域 7（强，弱，弱），16（强，弱，中），25（强，弱，强）虽然均为竞争，但竞争的方法和方式是有区别的。

案例推理的过程如图 14－4 所示。

14.3.3　规则推理

专家往能根据不完备的信息作出最优的选择。而现实中，却无法使用精确的数学模型来模拟决策者和专家在面临知识链组织之间冲突时的行为和经验，更无法模拟出他们面对冲突时的整个思维过程。因此，在推理规则中使用模糊理论来模拟专家面对冲突的处理。

根据冲突水平、自身实力、对手实力三个主要方面建立模糊规则处理集。

14.3.4　算例

14.3.4.1　利用算例来说明推理规则与推理机制

1）假设冲突类型为知识链组织之间的冲突。

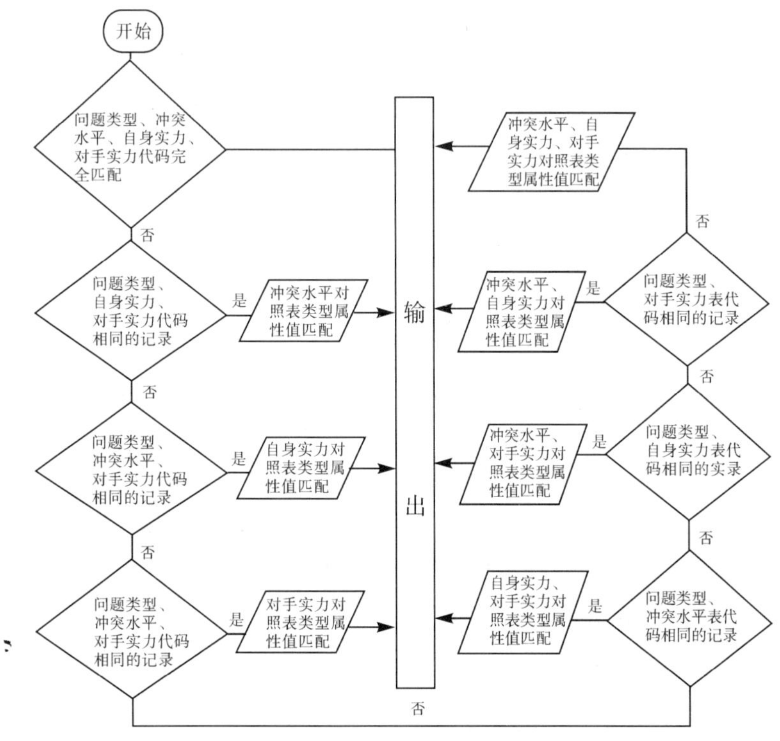

图 14－4　案例推理过程图

2）知识链组织之间冲突问题规则集：

定义结构、利益、知识类型三因素的模糊集为：

冲突水平｛很弱（UW），弱（We），中等（Me），强（St），最强（US）｝

自身实力｛很弱（UW），弱（We），中等（Me），强（St），最强（US）｝

对手实力｛很弱（UW），弱（We），中等（Me），强（St），最强（US）｝

模糊集语言变量的隶属函数用梯形隶属函数，梯形函数横坐标表示冲突发生后，通过模糊层次分析法以及灰色系统理论对冲突水平、自身实力、对手实力的评分分值，如图 14－5、图 14－6、图 14－7 所示：

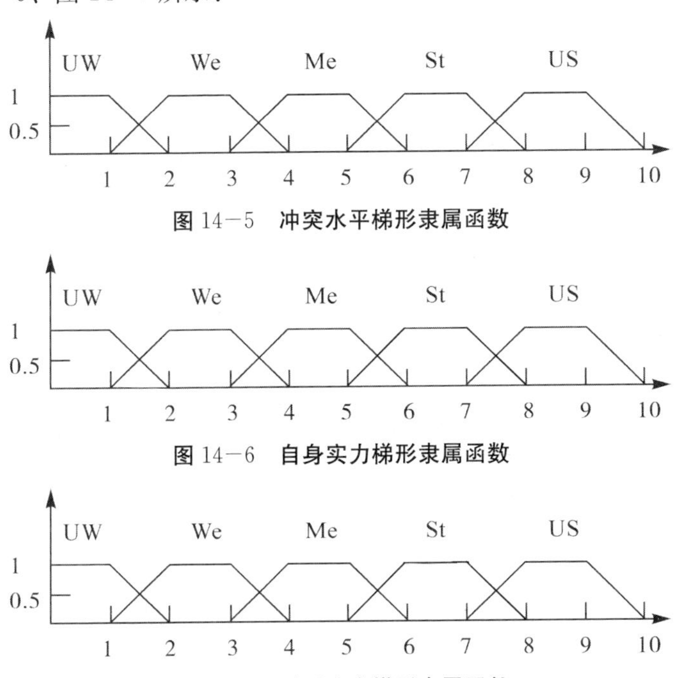

图 14－5 冲突水平梯形隶属函数

图 14－6 自身实力梯形隶属函数

图 14－7 对手实力梯形隶属函数

根据知识链间组织冲突的三维动因模型和冲突策略模型研究，冲突水平、自身实力和对手实力的不同会造成不同的冲突，处理策略也各不相同，因此，假设将知识链冲突划分为以下 3 个类型，分别赋予 1～3 的属性值：

属性值为 1：小规模冲突，有利于新知识产生，易于解决，以知识链总体利益为主。

属性值为 2：冲突中等，对知识链影响变大，均衡考虑知识链总体利益和本企业利益。

属性值为 3：冲突强烈，各方对立，以组织利益为主。

冲突处理规则表示方法：

对于冲突水平问题处理规则：谈判（Ne）协商（Cs）坚持（Ps）妥协（Cp）忽视（Ig）

对于自身实力问题处理规则：妥协（Cp）忽视（Ig）合作（Sh）坚持（Ps）竞争（Co）

对于对手实力问题处理规则：竞争（Co）坚持（Ps）合作（Sh）忽视（Ig）妥协（Cp）

属性值和处理规则结合，可以得到冲突模糊控制表。表 14－1 为属性值为 1，冲突水平很弱（UW）情况下的模糊控制表，其他属性值的模糊控制表略，一共可构建 3（属性值）×5（冲突水平）×5（自身实力）×5（对手实力）=375 个模糊控制表。

表 14－1 属性值为 1，冲突水平为 UW 的冲突模糊控制表

冲突水平 UW	自身实力 / 对手实力	UW	We	Me	St	US
Cp	UW	Ig Sh/ Sh Ps	Cp Sh / Sh Ps	Sh Ps/ Sh Ps	Ps Sh/ Sh Ps	Cp Sh / Sh Ps
Cp	We	Ig Sh / Co Ps	Cp Sh / Co Ps	Sh Ps/ Co Ps	Ps Sh / Co Ps	Cp Sh / Co Ps
Ig	Me	Ig Sh / Sh Ps	Cp Sh / Sh Ps	Sh Ps / Sh Ps	Ps Sh / Sh Ps	Cp Sh / Sh Ps
Ig	St	Ig Sh / Cp Sh	Cp Sh / Cp Sh	Sh Ps / Cp Sh	Ps Sh / Cp Sh	Cp Sh / Cp Sh
Ig	US	Ig Sh / Cp Sh	Cp Sh / Cp Sh	Sh Ps / Cp Sh	Ps Sh / Cp Sh	Cp Sh / Cp Sh

14.3.4.2 模糊推理方法

计算每种冲突与规则的匹配度，找出与当前情况匹配程度最高的规则作为输出。选取最大乘积法来计算每条规则的匹配度。

假设当前的问题类型为“小规模冲突”，其各项条件：冲突规模小，组织间利益因素分值 1，结构因素分值 4，知识因素分值 1.5，则：

冲突规模小，其属性值为 1；

根据隶属函数计算各条件对各语言变量的隶属度：

利益因素：V_{UW}（1）=1，V_{We}（1）=0，V_{Me}（1）=0，V_{St}（1）=0，V_{US}（1）=0

结构因素：V_{UW}（4）=0，V_{We}（4）=0，V_{Me}（4）=1，V_{St}（4）=0，V_{US}（4）=0

知识因素：V_{UW}（1.5）=0.5，V_{We}（1.5）=0.5，V_{Me}（1.5）=0，V_{St}（1.5）=0，V_{US}（1.5）=0

计算各条规则对当前情况的匹配度。

根据属性值为 1 的冲突问题规则，计算出每条规则对于当前问题的匹配度，计算结果如表 14－2 所示。

表 14－2　各条规则对当前情况的匹配度表

冲突水平 UW	自身实力 \ 对手实力	UW	We	Me	St	US
Cp	UW	0	0	0.5	0	0
Cp	We	0	0	0.5	0	0
Ig	Me	0	0	0	0	0
Ig	St	0	0	0	0	0
Ig	US	0	0	0	0	0

从表 14－2 中可以看出，除两个值为 0.5 外，其他规则的匹配度都为 0，因此以冲突水平处理规则 Cp，自身实力处理规则 Sh Ps，对手实力处理规则 Sh Ps Co 作为输出，自身实力、对手实力匹配可信度为 0.5。

第15章　结束语

本章总结了本研究的主要结论，分析了研究中存在的不足之处，提出了进一步研究的展望。

15.1　主要结论

本研究针对知识链运行过程中存在的冲突问题，构建知识链组织之间冲突管理的理论体系，探讨知识链组织之间冲突管理的策略。主要结论如下。

15.1.1　构建了知识链组织之间冲突动因三维模型

借鉴组织内部冲突理论，分析知识链组织之间冲突产生的原因；引入社会学中结构博弈的观点，将沟通、社会资本、第三方等可以通过结构标识展示的因素都归结为结构因素，构建了基于利益、结构和知识因素的冲突动因三维模型。运用结构方程模型，验证了知识链组织之间冲突动因三维模型，明确了利益因素、知识因素和结构因素对知识链组织之间冲突的影响路径。研究发现：利益因素和知识因素对冲突有正相关性，结构因素通过对知识因素的影响间接对知识链组织之间冲突产生影响。

15.1.2 构建了知识链组织之间冲突水平评价模型

从知识链组织之间冲突动因三维模型和冲突存在形式两方面，构建知识链组织之间冲突水平层次结构模型。给出变量界定和测度指标，运用模糊综合评价和层次分析法对知识链组织之间冲突水平进行定量分析。知识链组织之间冲突的固有特点决定了对其评价的模糊性，该方法将定量分析与定性分析相结合，减少了评价中的个人主观臆断，使知识链组织之间冲突水平的评价更客观、更符合实际。

15.1.3 构建了知识链组织之间合作与冲突协调的稳定性框架

构建知识链组织之间合作与冲突博弈的收益矩阵，研究了影响知识链稳定运行的因素，分析知识链组织之间合作的稳定性结构条件，将知识链组织之间的合作与冲突协调归结为创造收益与分配收益的问题，建立了合作与冲突协调机制理论框架——“价值创造—利益协调及机会主义行为控制”，即知识链要实现冲突协调的稳定性结构，必须从两方面入手：一是增大合作所创造的协同价值，提高组织参与合作的期望；二是减少合作组织的机会主义收益，使组织之间的收益分配更合理。

15.1.4 研究了知识链组织之间利益冲突协调及机会主义行为控制机制

提出了“契约机制—自实施机制—第三方冲突管理机制”等三种冲突协调机制，其中，契约机制是一种以合作双方所协商的合约条款为基础的治理机制，包括利益分配冲突协调的契约机制和知识分工冲突协调的契约机制。自实施机制是一种依赖于社会规范的自动履约机制，包括冲突协调的关系契约机制和信任机制；第三方冲突管理机制则是在双边冲突无法协调时，引入第三方协调的管理机制。

15.1.5 研究了知识链组织之间合作的价值创造机制

知识链组织之间合作的价值创造机制，包括关系强度调节机制和协同机制。知识链组织之间合作中的关系强度调节机制的研究，运用统计分析方法，对关系强度与合作效率的关系进行了实证研究。研究表明，知识链组织之间的关系强度与合作效率之间并非简单的线性关系，关系强度过高与过低都不能达到最优的合作效率。消除了关系强度越高合作效率越高的认知误区，为知识链管理者适当调节彼此合作的关系强度，提高合作效率提供了依据。知识链组织之间合作的协同机制的研究，通过建立概念模型，阐释了知识链知识协同的过程机制；从技术轨道形成的视角入手，通过案例分析，分析了知识链组织合作创新中技术轨道形成的外部环境协同机制，说明了技术因素、市场因素与政府政策因素在外部环境协同中的重要作用，为政府制定相关支持知识链组织技术轨道发展的决策提供了决策依据。

15.1.6 构建了知识链组织之间冲突管理策略三维模型

通过增加冲突水平变量，将二维冲突管理策略扩展为三维冲突管理策略，构建了知识链“自身实力—对手实力—冲突水平”三维冲突管理策略模型。该模型运用模糊层次分析法和灰色系统理论，对模型参数进行定量分析，充分考虑了冲突的成因和冲突存在形式对冲突策略选择的影响，克服了二维模式的局限性，有助于提高知识链组织之间冲突策略选择的科学性和可操作性，对知识链组织在冲突过程中合理选择冲突策略具有一定的参考价值。

15.1.7 构建了知识链组织之间冲突专家管理系统

在知识链组织之间冲突动因模型、冲突评价和冲突策略模型的基础上，运用人工智能理论，构建了具有系统案例和规则两级推理机制的知识链组织之间冲突管理专家系统。明确了知识表示方法和推理方式，完善了冲突知识的获取、知识的表达和知识库的建立，确定了系统案例和规则两级推理机制，设计了精确的案例推理策略和基于模糊理论的规则推理策略，解决了冲突由于复杂性、非线性和不确定性而难以使用数学模型表达的问题。

15.1.8 建立了知识链组织之间冲突管理的理论体系

在上述研究的基础上，建立了“冲突动因—冲突水平评价—合作与冲突协调机制—冲突管理策略—冲突管理专家系统”的知识链组织之间冲突管理的理论体系，弥补了目前知识链组织之间冲突研究的不足，为知识链解决组织之间的冲突问题提供了理论依据。

15.2 不足与展望

迄今为止，国内外关于知识链管理的研究尚处于萌芽阶段，有关理论还很不成熟。受精力和时间所限，本研究仍存在一些不足，下一步的研究需要重点考虑以下几个问题：

1）为了研究方便和简化，将知识链组织之间冲突动因从利益、结构、知识三个方面进行分析，并将冲突看做是一个静态的过程。但正如开篇所说，冲突是纷繁复杂、变化多端的，冲突演化过程受到多种因素的影响。因此，下一步可以研究冲突的动态演化机制。

2）知识链组织之间冲突包括利益冲突、文化冲突、情感冲突等多种冲突，限于篇幅与精力，本研究没有涵盖所有的冲突形式，对于其他各种冲突可以进一步探讨。

3）没有探讨知识链组织之间知识共享、知识创造过程中的成本与风险因素，对于冲突协调中的风险考虑是一项工作量很大的研究内容，在以后的研究中要进一步加以完善。

4）本研究运用模糊层次法和灰色系统理论，建立了冲突评价模型，但这些方法很难进行回溯性研究，具有其固有的局限性。在以后研究中应探索适合回溯性和前瞻性研究的冲突评价方法。

5）知识链组织之间冲突管理专家系统需要进一步完善。冲突管理在现实中都是以经验的形式存在于个体之中的，在以后的研究中应着重解决经验、实例的提炼和储存，并完善模糊算法。

参考文献

[1] Aimin Yan，Ming Zeng. International joint venture instability: a critique of previous research，a reconceptualization，and directions for future research [J]. Journal of International Business Studies，1999，30（2）（2nd Qtr.）：397—414

[2] Andersonjc，GerninDW. Structural equation modeling in practice：A review and recommended two－step approach [J]. Psychological Bulletin，1998，103：411—423

[3] Andrew C Inkpen. Learning and knowledge acquisition through international strategic alliances [J]. The Academy of Management Executive，1998，12（4）：69—80

[4] Andrew C，Paul W. Beamish. Knowledge，bargaining power，and the instability of international joint ventures [J]. Academy of Management Review，1997，22（1）：177—202

[5] Andrews K M，Delahay B L. Influence on knowledge processes in organizational learning：the psychosocial filter [J]. Journal of Management Studies，2000（37）：797—810

[6] Annen K. Social capital，inclusive network，and economic performance [J]. Journal of Economic Behavior & Organization，2003（50）：449—463

[7] Arora, A., Fosfuri, A. Wholly owned subsidiary versus technology licensing in the worldwide chemical industry [J]. Journal of International Business Studies, 2000 (31): 555—572

[8] Arrow, K. J. The economic implication of learning by doing [J]. Review of Economic Studies, 1962: 155—173

[9] Axelrod, R. The evolution of cooperation [M]. New York: Basic Books, 1984

[10] Blondel—Hill E, Hetehler C, Andrews D, Lapointe L. Evaluation of VITEK 2 for analysis of Enterobacteriaceae using the Advanced Expert System (AES) versus interpretive susceptibility guidelines used at Dynacare Kasper Medical Laboratories, Edmonton Alberta [J]. Clin Microbial Infect, 2003, 9 (11): 1091—1103

[11] Bagozzi, R. P. & Yi, Y. On the evaluation of structural equation models [J]. Journal of the Academy of Marketing Science, 1988, 16 (1): 74—79

[12] Baker G, Gibbon R, Murphy K J. Relational contracts and the theory of the firm [J]. The Quarterly Journal of Economics, 2002 (2): 39—84

[13] Baker, George, Gibbons, Robert and Murphy, Kevin J. Informal authority in organizations [J]. Journal of Law Economics & Organization, 1999, 15 (1): 56—73

[14] Ball, J. Daimler's new boss for Chrysler orders tough, major repairs [J]. The Wall Street Journal: 2001, 237 (15): A1, A8

[15] Bhagat, R. S. Kedia, B. L. Harveston, P. D. Triandis, H. C. Cultural variations in the cross—border

transfer of organizational knowledge: an integrative framework [J]. Academy of Management Review. 2002

[16] Bhattacharya, Rajeev, Timothy M. Devinney, Madan M. Pillutla. A formal model of trust based on outcomes [J]. Academy of Management Review, 1998 (23): 459-472

[17] Blake R, Mouton J S. The managerial grid [M]. Huston, TX: Gulf, 1964

[18] Blake, R., H. A. Sherpard, J. S. Mouton. Managing intergroup conflict in industry [M]. Houston, TX: Gulf, 1964

[19] BlakeR, MoutonJS. The managerial grid [M]. Huston, TX: Gulf, 1964

[20] Blalock H M Jr. Power and conflict: toward a general theory [M]. Newbury Park: Sage, 1989

[21] Bo Bernhand Nielsen. Trust and learning in international strategic alliances [W]. http: //ideas. repec. org/, 2001 (8): 4-28

[22] Bollen, Kenneth, J. Scott Long. Testing structural equation models. New Bury Park: Sage, 1993

[23] Brazier, F. M. T., van Langen, P. H. G., Treur, J. Modelling conflict management in design: an explicit approach [J]. Artificial Intelligence for Engineering Design, Analysis and Manufacturing [J]. 1995, 9 (4): 353-366

[24] Brown, L. D., J. G. Covey. Development organizations and organization development: implications for a new paradigm, in W. Pasmore and R. Woodman,

Research in Organization Change and Development, Vol. I, Greenwich, CT: JAI Press, 1987

[25] C. E. Shannon and W. Weaver. The mathematical theory of communication [M]. The University of Illinois Press, Urbana, 1949

[26] C. W. Holsapple, M. Singh. The knowledge chain model: activities for competitiveness [J]. Expert systems with Application, 2001 (20): 77-98

[27] Caloghirou, Y., S. Ioannides, N. S. Vonortas. Research joint ventures: a critical survey of the theoretical and empirical literature [J]. Journal of Economic Surveys, 2003, 17 (4), 541-570

[28] Catherine Welch, Ian Wilkinson. Network perspectives on interfirm conflict: reassessing a critical case in international business [J]. Journal of Business Research, 2005 (58): 205-213

[29] Chee Wee Tan, Shan Ling Pan, Eric Tze Kuan Lim, Calvin Meng Lai. Managing knowledge conflicts in an interorgnational project: a case study of the Infocomm development authority of Singapore [J]. Journal of the American Society for Information Science and Technology, 2005, 569 (11): 1187-1199

[30] Chevalier, Ellison. Risk taking by mutual funds as a response to incentives [J]. Journal of Political Economy, 1997 (105): 1167-1200

[31] Clyde Holsapple, Kiku Jones. Exploring secondary activities of the knowledge chain [J]. Knowledge and Process Management, 2005, 12 (1): 3-31

[32] Coase, R. H. The nature of the firm [J]. Economica, 1937 (4): 386—405

[33] Das, T. K., Teng, B. S. Trust, control, and risk in strategic alliances: an integrated framework [J]. Organization Studies, 2001, 22 (2): 251—283

[34] Davenport, T. H. Information ecology [M]. Oxford University Press, N. Y., 1997

[35] David L. Deeds, Charles W. L. Hill. An examination of opportunistic action within research alliances evidence from the biotechnology industry [J]. Journal of Business Venturing, 1999, 14 (2): 141—163

[36] Dechurch L A, Marks M A. Maximizing the benefits of task conflict: the role of conflict management [J]. The International Journal of Conflict Management, 2001, 12 (1): 4—22

[37] Deutsch M. Sixty years of conflict [J]. The international journal of conflict management, 1990 (1): 237—263

[38] Didier Dubois, Henri Prade, Franeese Esteva, Pere Gareia, Luis Godo, Ramon Lopez de Mantaras. Fuzzy set modelling in case－based reasoning [J]. International Journal of Intelligent Systems, 1998, 13: 345—373

[39] Dosi, G. Sources, procedures, and microeconomics of innovation [J]. Journal of Economic Literature, 1988, 26: 1127—1128

[40] Doz, Yves L. The evoluton of cooperation in strategic alliances: initial conditions or learning processes? [J]. Strategic Management Journal, 1996, 17 (Summer): 55—83

[41] Drory A, Romm T. The definition of organizational review [J]. Human Relations, 1990, 43: 1133-1154

[42] Dubinsky. A. J., Kotabe. M., Lim. C. Differences in motivational perceptions among U. S, Japanese, and Korean sales personnel [J]. Journal of Business Research, 1994 (30): 50-56

[43] Dwyer, Robert F., Paul H. Schurr, Sejo Oh. Developing Byer - Seller relationships [J]. Journal of Marketing, 1987, 51 (2): 11-27

[44] Dyer J H, Singh H. The relational view: cooperative strategy and source of interorganization competitive advantage [J]. Academy of Management Review, 1998, 23 (4): 660-679

[45] Fang L, Hipel KW, Kilgour D M. Interactive decision making: the graph model for conflict resolution, 1993

[46] Fang. L, Hipel. K. W, Kilgour. D. W. Conflict models in graph form solution concepts and their interrelationship [J]. European Journal of Operational Research, 1989, (41): 86-100

[47] Ferguson EA, Cooper J. When push comes to power: a test of power restoration theory's explanation for aggressive conflict escalation [J]. Basic and Applied Social Psychology, 1987 (8): 273-293

[48] Fraser. N. M, K. M. Hipel. Conflict analysis: models and resolutions [M]. New York: North-Holland, 1984

[49] Gerard A, Cynthia D, David F. Choice of conflict - handling strategy: a matter of context [J]. The Journal of Psychology, 2006, 140 (3): 269-288

[50] Glaister, K. W., Buckley, P. J.. Strategic motive for international alliance formation [J]. Journal of Management Studies, 1996 (33): 301—332

[51] Grabher. The weakness of strong ties: the lock—in of regional development in the Ruhr area [A]. In: Grabher. The embedded firms: on social—economics of industrial networks [C]. London: Routledge, 1993b

[52] Grabher. Rediscovering the social in the economics of interfirm relations [A]. In: Grabher. The embedded firms: on social—economics of industrial networks [C]. London: Routledge, 1993

[53] Gu Xin, Wang Weicheng, Quan Li. Conflict analysis among organizations in knowledge chain [A]. in: Managing Total Innovation and Open Innovation in the 21st Century [C]. Zhejiang University Press, 2007, 625—629

[54] Gulati, R. Social structure and alliance formation: A longitudinal analysis [J], Administrative Science Quarterly, 1995, (40): 619—652

[55] Hausman, Angela. Variations in relationship strength and its impact on performance and satisfaction in business relationships [J]. Journal of Business & Industrial Marketing, 2001, 16 (7): 600—616

[56] Hideshi Itoh. Job design, delegation and cooperation: A principal — agent analysis [J]. European Economic Review, 1994 (April), Volume 38, Issues 3 — 4: 691—700

[57] Hipel K. W., Fraser N. M. Solving complex conflicts

[J]. IEEE Trans., SMC, 1979, 9 (12)

[58] Hitt, M. A., Dacin, M. T., Levitas, E., Arregle, J. L., Borza, A., Partner selection in emerging and developed market contexts: Resourse - based and organizational learning perspectives [J]. Academy of Manegement Journal, 2000 (43): 449-467

[59] Holmstrom B., P. Milgrom. Multitask principal-agent analyses: Incentive contracts, asset ownership, and job design [J]. Journal of Law, Economics, and Organization, 1991, 7 (Special Issue), 24-52

[60] Howard N. Paradoxes of rationality [M]. Cambridge MA: MIT Press, 1971

[61] Ian Watson. Applying case-based reasoning. Techniques for Enterprise Systems [M]. Morgan Kauffmann Publishers, 1997

[62] Ikujiro Nonaka. The knowledge-creating company [J]. Harward Business Review, 1990 (5-6): 79-91

[63] Ikujiro Nonaka. The knowledge-creating company [J]. Harvard Business Review, 1991 (11): 94-104

[64] James J, Buekley, Yoiehi Hayashi. Fuzzy genetic algorithm and applications [J]. Fuzzy Sets and Systems 1994, 61: 129-36

[65] James Speakman, Lynette Ryals. A re-evaluation of conflict theory for the management of multiple, simultaneous conflict episodes [J]. International Journal of Conflict Management, 2010, 21 (2): 186-201

[66] JB Cullen, JL Johnson, T Sakano. Success through commitment and trust: the soft side of strategic alliance

management [J]. Journal of World Business, 2000, 35 (3): 223

[67] Jehn, K. A qualitative analysis of conflict types and dimensions in organizational groups [J]. Administrative Science Quarterly, 2001 (42): 530—557

[68] Jensen, M. C., Meckling, W. H. Specific and general knowledge and organizational science [A] in L. Wetin and J. Wijkander (eds)., Contract Economics [C]. Oxford, Basil Blackwell, 1992

[69] John Oetzel, Adolfo J. Garcia, Stella Ting—Toomey. An analysis of the relationships among face concerns and facework behaviors in perceived conflict situations: A four—culture investigation [J]. International Journal of Conflict Management, 2008, 19 (4): 382—403

[70] John R Darling, W Earl Walker. Effective conflict management: use of the behavioral style model [J]. Leadership and Organization Development Journal, 2001, 22 (5): 230—24

[71] Jonathan Levin. Relational Incentive Contracts [J]. The American Economic Review, 2003, 93 (3): 835—857

[72] José Antonio Varela, Pilar Fernández, M. Luisa Del Río and Belén. Bande cross — functional conflict, conflict handling behaviours and new product performance in Spanish firms [J]. Creativity and innovation Management, 2005, 14 (4): 355—365

[73] K. W. Hipel, L. Fang. A formal analysis of the Canada—U. S. softwood lumber dispute [J]. European Journal of Operational Research, 1990 (46): 235—246

[74] Karen A. Jehn, Elizabeth A. Mannix. The dynamic nature of conflict: A longitudinal study of intragroup conflict and group performance [J]. Academy of management Journal, 2001 (11): 231-254

[75] Karen A. Jehn. Managing conflict in a diverse workplace [J]. Managerial Excellence Through Diversity, 1999 (5):166-184

[76] Katbleen B Cox, RN. The effects of intrapersonal, intragroup, and conflict on team performance effectiveness and work satisfaction [J]. Nurse admin Q, 2003, 27: 153-156

[77] Katz, Michael and Carl Shapiro. Technology adoption in the presence of network externalities [J]. Journal of Political Economy, 1986 (94): 822-841

[78] Kilgour. D. M, Hipel, Fang. L. The graph model for conflicts [J]. Automatic, 1987 (23): 41-55

[79] Kilgour, D. M., De, M., Hipel, K. W. Conflict analysis using staying power [A]. Proceedings of the 1986 IEEE International Conference on Systems, Man, and Cybernetics [C]. 1986, 454-459

[80] Kjell B. Hjertø, Bard Kuvaas. Development and empirical exploration of an extended model of intra-group conflict [J]. International Journal of Conflict Management, 2009, 20 (1): 4-30

[81] KLEIN M. Conflict management as part of all integrated exception handing approach [J]. Artificial Intelligence for Engineering Design, Analysis and Manufacturing, 1995, 9 (6): 259-267

[82] Kuenne RT. Conflict management in mature rivalry [J]. Journal of Conflict Resolution, 1989, 33: 554—566

[83] Kumar P, Ghadially R. Organizational politics and its effects on members of organizations [J]. Human Relations, 1989, 42: 305—314

[84] Lam, A. Tacit knowledge, organizational learning and societal institutions: an integrated framework [J]. organization studies. 2000 (21): 487—513

[85] Lee, D. R. Managing team conflict effectively [A]. Proceedings of IEEE Conference on Management and Technology: Management of Evolving Systems [C]. 1987, 245—248

[86] Leonard—Barton, D. Core capabilities and core rigidities: A paradox in managing new product development [J]. Strategic Management Journal, 1992 (13): 111—125

[87] Long, D. W. D. and Fahey, L. Diagnosing cultural barriers to knowledge management [J]. The Academy of Management Executive, 2000 (14): 113—127

[88] Lorna Doucet, Karen A. Jehn, Elizabeth Weldon. Cross—cultural differences in conflict management: An inductive study of Chinese and American managers [J]. International Journal of Conflict Management, 2009, 20 (4): 355—376

[89] Lundvall, B. — A. Innovation as an interactive process: from user—producer interaction to the national systems of innovation [A]. in Dosi et alii (eds): Technical change and economic theory [C]. Pinters Publishers, London and New—York, 1988: 349—369

[90] M Granovetter. The strength of weak ties [J]. American Journal of Sociology，1973，78 (6)：1360—1380

[91] M. Afzalur Rahim. Managing conflict in organization [M]. Praeger Publisher，1992 (4)

[92] Macneil L R. The new social contract [M]. New Haven，CT：Yale University Press，1980

[93] Macnneil. I. R. The many future of contracts [J]. Sourthern Califorlia Law Review，1974 (47)：691—816

[94] March，J. G.，Simon，H. Organizations revisited [J]. Industrial and Corporate Change，1983 (2)：299—316

[95] Mari Sako.，Susan Helper，Determinants of trust in supplier relations：Evidence from the automotive industry in Japan and the United States [J]. Journal of Economic Behavior & Organization，1998 (34)：387—417

[96] Maria De Paola，Vincenzo Scoppa. Task assignment，incentives and technological factors [J]. Managerial Decision Economics，2009，30：43—55

[97] Mark Jenkins，Steven Floyd. Trajectories in the evolution of technology：A multi—level study of competition in formula 1 racing [J]. Organization Studies.，2001，22 (6)：945—962

[98] Markus Vodosek. Intragroup conflict as a mediator between cultural diversity and work group outcomes [J]. International Journal of Conflict Management，2007，18 (4)：345—375

[99] Masao Nakamura. Joint venture instability，learning and the relative bargaining power of the parent firms [J]. International Business Review，2005 (14)：465—492

[100] McMillan, Woodruff. Interfirm relationships and informal credit in vietnam [J]. Quarterly Journal of Economics. 1999 (114): 1285-1320

[101] Moroz P, Kleiner BH. Playing hardball in business organizations [J]. IM, 1994, 122: 9211

[102] Mowery, David, and Nathan Rosenberg. Paths of innovation: Technological change in 20th - century America [M]. New York: Cambridge University Press, 1998

[103] Myers P S. Knowledge management and organization design [M]. Boston: Butterworth-Heinemann, 1996

[104] Nahapiet J, Ghoshal S. Social capital, intellectual capital, and the organizational advantage [J]. Academy of Management Review, 1998, 23 (2): 242-266

[105] Nathan Rosenberg. On technological expectations [J], The Economic Journal, 1976, 86 (343): 523-535

[106] Nelson, R., Rosenberg, N. Technical innovation and national systems [A]. in Nelson, R. (Eds), National Innovation Systems, A Comparative Analysis [C]. Oxford University Press, Oxford, 1993: 3-21

[107] Niki Panteli, Siva Sockalingam. Trust and conflict within virtual inter - organizational alliances: a framework for facilitating knowledge sharing [J]. Decision Support Systems, 2005 (39): 599-617

[108] Nonaka, I. A dynamic theory if organizational knowledge creation [J]. Organization Science, 1994 (5): 4-37

[109] Nooteboom., V A Gilsing. Density and strength of ties

in innovation networks: A competence and governance view [J]. Ecis, 2004 (1): 1-44

[110] Parkhe, A. Strategic alliance structuring: A game theoretic and transaction cost examination of interfirm cooperation [J]. Academy of Management Journal, 1993, 8 (4): 794-829

[111] Paul W. Beamish, Andrew C. Inkpen. Keeping international joint ventures stable and profitable [J]. Long Range Planning, 1995, 28 (3): 26-36

[112] Peng M. W., Shenkar O. The meltdown of trust: A process model of strategic alliance dissolution [R]. Academy of Management Annual Meeting, Boston, 1997

[113] Philip Cooke. Regional innovation systems, clusters, and the knowledge economy [J]. Industrial and Corporate Change, 2001, 10 (4): 945-974

[114] Polanyi M. The tacit dimention [M]. New York: M. E. Sharp Inc, 1967

[115] Polanyi, M. The logic of tacit inference [J]. Philosophy, 1966 (41): 1-18

[116] Pondy L. Organizational conflict: concepts and models [J]. Administrative Science Quarterly, 1967 (12): 296 - 320

[117] PondyL R. Organizational conflict: concepts and models [J]. Administrative Science Quarterly, 1967, 12: 296-320

[118] Powell, W. W., Koput, K. W., Smith-Doerr, L. Interorganizational collaboration and the locus of

innovation: Networks of learning in biotechnology [J]. Administrative Science Quarterly, 1996, 41: 116-145

[119] Pruitt D G, Rubin J Z, Kim S H. Social conflict: escalation, stalemate and settlement [M]. New York: McGraw-Hill, 1994

[120] R. J. Lewicki, B. B Bunker, Trust relationships: a model of trust development and decline [A], in: B. Bunker, J. Z. Rubin (Eds.), Conflict, Cooperation and Justice [C], Jossey-Bass, San Francisco, 1995: 133-173

[121] R. J. Lewicki, B. B Bunker. Developing and maintaining trust in working relationships [A], in: R. M. Kramer, T. R. Tyler (Eds.), Trust in Organizations: Frontiers of Theory and Research [C], Sage Publications, Thousand Oaks, CA, 1996: 114-139

[122] Rahim M A, Bonoma T V. Managing organizational conflict: a model for diagnosis intervention [J]. Psychological Reports, 1979, 44: 1323-1344

[123] Rahim M A. Empirical studies on managing conflict [J]. International Journal of Conflict Management, 2000, 11 (1): 5-8

[124] Rex B. Kline. Principles and practice of structural equation modeling [M]. New York: the Guilford Press. 1998

[125] Richard A. Spinello. The knowledge chain [J]. Business Horizons, 1998 (November-December): 4-14

[126] Richard Cosier A, Thomas Ruble L. Research on

conflict－handling behavior：An experimental approach [J]. Academy of Management Journal，1981，24（4）：816－831

[127] Rodermann，M. Strategisches synergie management [M]. Wiesbaden，1999

[128] Roger C. Sehank. Dynamic memory [M]. Cambridge：Cambridge University Press，1982

[129] Rohlfs，Jeffrey. A theory of interdependent demand for a communications service [J]. Bell Journal of Economics，1974，5（1）：16－37

[130] Rosenberg，N. Inside the black box [M]. Cambridge University Press，1982

[131] Rubin J Z. Models of conflict management [J]. Journal of Social Issues，1994（50）：33－45

[132] Saaty T. L. Decisions making for leaders [M]. California：Wadsworth，Inc，1982：291

[133] Saaty T. L. Modeling unstructured decision problem：A theory of analytical hierarchies [J]. Proceedings of the First International Conference on Mathematical Modeling，University of Missourerolla，1977（1）：352－358

[134] Seiler J A. Diagnosing interdepartmental conflict [J]. Harvard Business Review，1963（41）：121－132

[135] Spender，J－C. Making knowledge the basis of a dynamic theory of the firm [J]，Strategic Management Journal，1996，(Winter Special Issue)（17）：45－62

[136] Steve Spinelli，Sue Birley. Toward a theory of conflict in the franchise system [J]. Journal of Business

Venturing, 1996 (11): 329—342

[137] Szulanski G. Exploring internal stickiness: impediments to the transfer of best practice within the firm [J]. Strategic Management Journal, 1999 (17): 27—44

[138] T. H. Davthport, L. Prusak. Working knowledge: How organizations manage what they know [M]. Boston, MA: Harvard Business School Press, 1998

[139] Telser, L. G . A theory of self—enforcing agreements [J]. Journal of Business, 1980 (53): 27—41

[140] Terje I. Vaaland. Improving project collaboration: start with the conflicts [J]. International Journal of Project Management, 2004 (22): 447—454

[141] Thomas K W. Conflict and conflict management [A]. In: Dunnette M D, Hough L M, eds. Handbook of Industrial and Organizational Psychology [C]. Palo Alto: Consulting Psychologists Press, 1976, 889—935

[142] Ting—Peng Liang, Chih—Chung Liu, Tse—Min Lin, Binshan Lin. Effect of team diversity on software project performance [J]. Industrial Management & Data Systems, 2007, 107 (5): 636—653

[143] Tushman, M., Anderson, P., O' Reilly, C. A. Technology cycles, innovation streams, and ambidextrous organizations: organizational renewal through innovation streams and strategic change [A]. in Tushman, M., Anderson, P. (Eds), Managing Strategic Innovation and Change [C]. Oxford University Press, Oxford, 1997: 3—23

[144] Utterback J M, Abernathy W J. A dynamic model of

process and product innovation [J]. Omega, 1975, (3): 639-656

[145] Uzzi, B. Social structue and competetion in interfirm networks: the paradox of embeddedness [J]. Administrative Science Quarterly, 1997, 42 (1): 35-67

[146] Van de Vliert E. Conflict prevention and escalation [A]. In Drenth P J, Thierry W, de Wolff CJ, eds. Handbook of Work and Organizational Psychology [C]. New York: John Wiley, 1984, 521-551

[147] Van de Vliert, Euwenma M C. Agreeableness and activeness as components of conflict behaviors [J]. Journal of Personality and Social Psychology, 1994, 66: 674-687

[148] Von Hippel, E. Sticky information and the locus of problem solving: Implications for innovation [J]. Management Science, 1994 (40): 429-439

[149] Von Hippel, E. Sources of innovation [M]. New York: Oxford University Press, 1988

[150] Vredenburgh DJ, MaurerJ G . A process frame work of organizational politics [J]. Human Relations, 1984, 37: 47-66

[151] Wall J A J r, Callister R R. Conflict and its management [J]. Journal of Management, 1995, 21 (3): 515-558.

[152] WED Creed, RE Miles. Trust in organizations: A conceptual framework linking organizational forms, managerial philosophies, and the opportunity costs of

controls [A], in Roderick M. Kramer and Tom Ryler (eds.), Trust in organizations: Frontiers of theory and research [C]. Thousand Oak, CA: Sage, 1996: 16—38

[153] Williamson. The economic in stitutions of capitalism [M]. New York: Free Press, 1985: 22—23

[154] Wilson, David T. An integrated model of buyer—seller relationships [J]. Journal of the Academy of Marketing Science, 1995, 23 (4): 335—345

[155] Wlliamson, O E. The economic institution of capitalism: firms, markets, relational contracting [M]. The Free Press. New York/London. 1985

[156] Xu Jiang, Yuan Li, Shanxing Gao. The stability of strategic alliances: Characteristics, factors and stages [J]. Journal of International Management, 2008, (14): 173—189

[157] Zajac E J, Olsen C P. From transaction cost to transaction value analysis: implications for the study of interorganizational strategies [J]. Journal of Management Studies, 1993 (30): 131—145

[158]〔美〕保罗·A·萨缪尔森，威廉·D·诺德豪斯. 经济学[M]. 北京：首都经贸大学出版社，1998

[159]〔美〕理查德·E·沃尔顿. 冲突管理[M]. 石家庄：河北科学技术出版社，1992

[160]〔美〕唐·科恩，劳伦斯·普鲁萨克. 社会资本：造就优秀公司的重要元素[M]. 北京：商务印书馆，2006：60

[161] IT时代周刊. 糟糕的TD试商用[EB/OL]. http://

www. chinavalue. net/Media/Article. aspx? ArticleId = 25106 &PageId=3，2008-06-28

[162] 阿恩特·佐尔格，马尔科姆·沃纳. 组织行为手册 [M]. 清华大学经济管理学院，编译. 沈阳：辽宁教育出版社，1999：315-328

[163] 阿罗. 信息经济学 [M]. 北京：北京经济学院出版社，1989

[164] 安德鲁·坎贝尔，等. 战略协同 [M]. 北京：机械工业出版社，2000

[165] 安东尼·吉登斯. 社会的构成 [M]. 李猛，李康，译. 三联书店，1988：79

[166] 安利平，吴育华，仝凌云. 冲突分析中的联盟确定和策略选择 [J]. 天津大学学报，2002，35 (1)：15-18

[167] 安实，许星剑，郝文杰. 营销渠道冲突根源的博弈分析 [J]. 哈尔滨工业大学学报，2005，37 (10)：1406-1409

[168] 宝贡敏，汪洁. 团队任务冲突与团队领导行为及团队学习的关系研究. 心理科学，2008，31 (6)：1417-1420

[169] 北京大学课题组. 给新技术以应用机会：关于中国自主电信标准的报告 [EB/OL]，http：//www. 1861. com. cn/viewthread. php? tid = 4942 &extra = page% 3D6&page=1，2006-11-27

[170] 彼德·布劳. 社会生活中的交换与权利 [M]. 孙非，张黎勤，译. 北京：华夏出版社，1988：135

[171] 波兰尼. 个人知识 [M]. 贵阳：贵州人民出版社，2000

[172] 蔡建峰，张识宇，薛建武. 两级递阶软对策模型及其在冲突分析中的应用 [J]. 系统工程，2004，22 (4)：95-99

[173] 蔡双立，刘捷. 组织合作关系强度的柔性调节：客户关系动态管理的艺术 [J]. 中央财经大学学报，2006 (10)：71－76

[174] 曹志来. 横向战略联盟的形成与冲突——以北京“7＋1”高科技饲料联合体为案例 [J]. 财经问题研究，2007 (10)：31－36

[175] 常荔，邹珊刚，李顺才. 基于知识链的知识扩散影响因素研究 [J]. 科研管理，2001，22 (5)：122－127

[176] 陈灿. 当前国外关系契约研究浅析 [J]. 外国经济与管理，2004，26 (12)：10－14

[177] 陈涛，程龙. 东风雪铁龙营销渠道冲突分析 [J]. 管理现代化，2005 (5)：44－46

[178] 陈晓红，刘智勇. 群决策冲突管理三维模型研究 [J]. 统计与决策，2008 (3)：13－15

[179] 陈晓红，赵可，陈建二. 员工冲突管理行为对工作满意度和创新绩效影响的实证研究 [J]. 系统管理学报，2009 (2):211－215

[180] 陈旭鸣. 知识密集型企业员工的冲突管理机制探讨 [J]. 科学学与科学技术管理，2008 (8)：177－182

[181] 陈震红，董俊武. 战略联盟伙伴的冲突管理 [J]. 科学学与科学技术管理，2004 (3)：106－109

[182] 陈志祥，陈荣秋，马士华. 论知识链与知识管理 [J]. 科研管理，2000，21 (1)：14－18

[183] 程戈，金海，邹德清，赵峰. 基于动态联盟关系的中国墙模型研究 [J]. 通信学报，2009，30 (11)：93－100

[184] 戴维·贝赞可. 公司战略经济学 [M]. 北京：北京大学出版社，1999

[185] 单子丹，高长元. 基于多主体多目标多阶段的高技术虚拟

企业协商机制研究 [J]. 现代管理科学，2008 (12)：69－71
[186] 邓聚龙. 灰色系统理论教程 [M]. 武汉：华中理工大学出版社，1990
[187] 杜跃平，高雄，赵红菊. 路径依赖与企业顺沿技术轨道的演化创新 [J]. 研究与发展管理，2004，16 (4)：52－57
[188] 郑楠，杜跃平. 合作创新联盟伙伴冲突成因与冲突管理策略的探讨 [J]. 华东经济管理，2005，19 (9)：109－113
[189] 范晓屏，吴中伦. 诚信、信任、信用的概念及关系辨析 [J]. 技术经济与管理研究，2005 (1)：98－99
[190] 方玉红. 冲突管理、团队绩效以及工作满意度的研究 [J]. 浙江金融，2006 (9)：56－57
[191] 冯宗宪，万迪昉，任东升. 90 年代中国地区间利益冲突分析模型 [J]. 数量经济技术经济研究，1996 (9)：52－54
[192] 傅立. 灰色系统理论及应用 [M]. 北京：科学技术文献出版社，1992
[193] 高长元，单子丹. 高技术虚拟企业的冲突类型及其形成机理研究 [J]. 科技进步与对策，2009，26 (13)：61－66
[194] 高阳，周伟. 虚拟企业冲突预防与消解的研究 [J]. 中南大学学报：社会科学版，2003，9 (6)：805－808
[195] 葛龙，李会民. 企业供应链管理中的冲突分析与合作联盟研究 [J]. 生产力研究，2007 (14)：129－131
[196] 顾沈明，刘全良. 一种基于 web 的专家系统的设计及实现 [J]. 计算机工程. 2001 (11)：100 －102
[197] 顾新，郭耀煌，李久平. 社会资本及其在知识链中的作用

[J]. 科研管理，2003 (5)：44-48

[198] 顾新，李久平，王维成. 知识流动、知识链与知识链管理 [J]. 软科学，2006，20 (2)：10-12，16

[199] 顾新，李久平. 知识链成员之间的相互信任 [J]. 经济问题探索，2005 (2)：37-40

[200] 顾新. 基于生命周期的组织之间知识链管理框架模型研究 [D]. 西南交通大学博士后工作报告，2004

[201] 顾新. 知识链管理——基于生命周期的组织之间知识链管理框架模型研究 [M]. 成都：四川大学出版社，2008

[202] 桂良军，赵志明，田志莹. 基于第三方参与的供应链收益分配机制研究 [J]. 会计研究，2006 (10)：56-63

[203] 郭朝阳. 冲突管理——寻找矛盾的正面效应 [M]. 广州：广东经济出版社，2000

[204] 郭瑜桥，和金生，王咏源. 隐性知识与显性知识的界定研究 [J]. 西南交通大学学报：社会科学版，2007，8 (3)：118-121

[205] 郝海，郑丕锷. 基于 Shapley 值的供应链合作伙伴利益风险分配机制 [J]. 哈尔滨工业大学学报：社会科学版，2005，7 (5)：71-75

[206] 郝永平，王崇海，宁汝新，刘永贤. 基于协同环境下的冲突管理机制研究 [J]. 计算机集成制造系统——CIMS，2002，8 (4)：299-302

[207] 何谦，康松林. 渠道冲突的模糊综合层次评价 [J]. 商业研究，2006，482 (10)：50-51

[208] 何新贵. 知识处理与专家系统 [M]. 北京：国防工业出版社，1990：67-93，112-144

[209] 何曜. 作为冲突解决的国际干预 [J]. 世界经济研究，2002 (6)：72-76

[210] 侯贵生，张鹏柱．中外合资企业内部冲突的影响因素［J］．经济理论与经济管理，2002（2）：50－54

[211] 侯杰泰，温忠麟，成子娟．结构方程模型及其应用［M］．北京：教育科学出版社．2004

[212] 胡继灵，方青．供应链企业冲突处理机制研究［J］．科技进步与对策，2004（2）：68－70

[213] 胡继灵，杨丽伟．供应链企业冲突研究［J］．科技进步与对策，2004（9）：97－99

[214] 胡庆松，徐立鸿．冲突多目标相容预测控制［J］．系统仿真学报，2008（9）：2402－2406，2411

[215] 胡永铨．企业战略联盟中的文化冲突与管理策略［J］．科技进步与对策，2002（3）：9－11

[216] 湖南一力股份公司网站．战略是机会与能力的协调［EB/OL］，http://www.apower.com.cn/lq/show.asp?id=733，2008－5－16

[217] 黄有度．冲突分析的状态转移法的收敛性［J］．系统工程理论与实践，1994（10）：33－36

[218] 计世网．知识不对称与知识共享［EB/OL］．http://www.ccw.com.cn/cio/research/qiye/htm2005/20051102_11X4Y.asp，2005－11－02

[219] 科技部专题研究组．外国政府促进产学研结合的政策措施［J］．中国科技产业，2007（7）：85－90

[220] 雷昊．供应链中的权力冲突分析［J］．科技进步与对策，2004（11）：68－69

[221] 李凤莲，马锦生．企业技术创新与营销的界面管理［J］．哈尔滨商业大学学报：自然科学版，2002（5）：593－596

[222] 李怀祖．管理研究方法论［M］．西安：西安交通大学出

版社，2004

[223] 李强，王立宏. 企业内部冲突的协同进化分析办法 [J]. 中国软科学，2003 (10)：71，72—74

[224] 李清，徐志军，黄梯云，汪应洛. 图们江经济区贸易发展投资推动阶段的冲突分析 [J]. 管理工程学报，1998，12 (1)：63—66

[225] 李仁玉，刘凯湘. 契约观念与秩序创新 [M]. 北京：北京大学出版社，1993：78

[226] 李士勇. 工程模糊数学及应用 [M]. 哈尔滨：哈尔滨工业大学出版社，2004：96—107

[227] 李世鹤. TD－SCDMA 更有利于发展 3G [EB/OL]. http://www.cnii.com.cn/20050801/ca340845.htm，2006—03—16

[228] 李祥，袁国华，周雄辉，阮雪榆. 基于集成的协同设计冲突消解系统研究 [J]. 计算机集成制造系统，2000，6 (4)：61—64

[229] 理查德·R·纳尔逊，悉尼·G·温特. 经济变迁的演化理论 [M]. 北京：商务印书馆，1997

[230] 林季红. 跨国公司战略联盟 [M]. 北京：经济科学出版社，2003：49—53

[231] 林金忠. 企业组织的经济学分析 [M]. 北京：商务印书馆，2004：256

[232] 林竞君. 网络、嵌入性与集群生命周期研究——一个新经济社会学的视角 [D]. 复旦大学博士论文，2005

[233] 林莉，周鹏飞. 知识联盟中知识学习、冲突管理与关系资本 [J]. 科学学与科学技术管理，2004 (4)：107—110

[234] 刘国新，闫俊周. 产学研战略联盟的冲突模型分析 [J]. 科技管理研究，2009 (9)：413，417—419

[235] 刘慧敏，王刊良，田军. 虚拟科研团队中的信任、冲突与知识共享的关系研究［J］. 科学学与科学技术管理，2007，28（6）：159－163

[236] 刘冀生，吴金希. 论基于知识的企业核心竞争力与企业知识链管理［J］. 清华大学学报：哲学社会科学版，2002，17（1）：68－72

[237] 刘俊波. 试析第三方国际危机管理的条件性［J］. 外交评论，2007（12）：44－49

[238] 刘明霞. 企业组织冲突行为的动态分析［J］. 外国经济与管理，2001，23（8）：11－16

[239] 刘人境，冯涛，汪应洛，张朋柱. 东北亚区域经济合作的冲突分析［J］. 中国软科学，1999（2）：88－90

[240] 刘仁军. 组织冲突的结构因素研究［J］. 南开管理评论，2001（4）：30－37

[241] 刘颂. 关于现代激励理论发展困境的几点分析［J］. 南京社会科学，1998（4）：29－36

[242] 刘炜. 企业内部冲突管理研究［D］. 北京：首都经济贸易大学出版社，2007

[243] 刘有才，刘增良. 模糊专家系统原理与设计［M］. 北京：北京航空航天大学出版社，1996

[244] 卢俊义，程刚. 创业团队内认知冲突、合作行为与公司绩效关系的实证研究［J］. 科学学与科学技术管理，2009（5）：117－123

[245] 卢向南. 冲突分析——一种新的对策方法［J］. 管理工程学报，1993，7（2）：125－131

[246] 吕铁. 论技术标准化与产业标准战略［EB/OL］. http：//www.standardcn.com/article/show.asp? id＝4679&page＝2，2005－11－15

[247] 罗利，鲁若愚. 产学研合作对策模型研究［J］. 管理工程学报，2000，14（2）：1－5

[248] 马庆国. 管理统计——数据获取、统计原理：SPSS 工具与应用研究［M］. 北京：科学出版社，2002：320

[249] 马新建. 冲突管理：基本理念与思维方法的研究［J］. 大连理工大学学报：社会科学版，2002，23（3）：19－25

[250] 马亚男. 大学一企业基于知识共享的合作创新激励机制设计研究［J］. 管理工程学报，2008，22（4）：36－39

[251] 马玉祥，武波. 专家系统［M］. 成都：电子科技大学出版社，1994

[252] 马云辉，王猛. 传统战略协同理论的主要观点及其评价［J］. 当代经理人，2006（21）：1149－1150

[253] 马云辉，王猛. 战略协同理论综述［J］. 现代企业教育，2006（9）：28－29

[254] 迈克尔·波兰尼. 个人知识［M］. 许泽民，译. 贵阳：贵州人民出版社，2000：37－38

[255] 迈诺尔夫·迪尔克斯，阿里安娜·贝图安·安拖尔，约翰·蔡尔德，野中郁次郎，等. 组织学习与知识创新［M］. 上海社会科学院知识与信息课题组，译. 上海：上海人民出版社，2001：382－400

[256] 孟波. 具有模糊偏好信息的冲突分析方法及应用［J］. 系统工程，1991，9（6）：36－41

[257] 孟秀丽，易红，倪中华，倪晓宇. 基于多目标决策的协同设计冲突消解方法研究［J］. 计算机集成制造系统，2005，11（5）：625－629

[258] 彭本红，罗明，周叶. 物流外包中的契约分析［J］. 软科学，2007，21（1）：26－28，36

[259] 彭艳艳，王济干. 冲突分析理论在我国企业劳资关系中的

应用［J］. 科技管理研究，2005（1）：115－117

［260］彭熠，丕禅. 我国企业组织冲突的动因分析及管理对策［J］. 中国软科学，2002（9）：59－64

［261］彭玉冰，戴勇. 中国企业购并中的文化冲突与整合［J］. 学术研究，2005（8）：31－35

［262］祁红梅，黄瑞华，彭晓春. 基于合作创新的知识产权冲突道德风险分析［J］. 科学管理研究，2005，23（1）：16－19

［263］秦颖，武春友，王茜. 企业组织中跨部门冲突理论研究［J］. 大连理工大学学报：社会科学版，2003，24（2）：67－73

［264］邱皓政，林碧芳. 结构方程模型的原理与应用［M］. 北京：中国轻工业出版社，2009

［265］邱益中. 国内外学者对企业组织冲突问题的研究［J］. 外国经济与管理，1996（5）：3－6

［266］邱益中. 企业组织冲突管理［M］. 上海：上海财经大学出版社，1998

［267］全力，顾新. 知识链间组织冲突的三维动因模型［J］. 科学学和科学技术管理，2008（12）：92－96，132

［268］全力，顾新. 知识链组织之间冲突的模糊综合评价［J］. 软科学，2010，24（5）：26－30

［269］全力，顾新. 专家系统在知识链组织间冲突的应用［J］. 科学学与科学技术管理，2010，31（8）：172－177

［270］冉茂瑜，顾新. 我国产学研合作冲突分析及管理［J］. 科技管理研究，2009，29（11）：454－456

［271］任传祥，李松林，刘法胜，窦振飞. 城市公共交通智能调度专家系统的研究［J］. 山东科技大学学报：自然科学版，2007，26：83－87

[272] 任志安，毕玲. 网络关系与知识共享：社会网络视角分析[J]. 情报杂志，2007（1）：75－78

[273] 荣泰生. AMOS与研究方法［M］. 重庆：重庆大学出版社，2009

[274] 陕西日报. 通过2G看3G——世界主要国家发展2G的策略［EB/OL］，http：//www.sxdaily.com.cn/data/kjxw/02/20031121_8866592_6.htm，2003－11－21

[275] 尚涛，樊增强. 制度变迁理论视角下的技术标准联盟分析[J]. 中国科技论坛，2007（6）：96－99

[276] 石纯一. 人工智能原理［M］. 北京：清华大学出版社，1993：126－148

[277] 石贵成，王永贵，等. 对服务销售中关系强度的研究——概念界定、量表开发与效度检验［J］. 南开管理评论，2005，8（3）：74－81

[278] 斯蒂芬·P·罗宾斯. 组织行为学［M］. 北京：中国人民大学出版社，1997

[279] 斯蒂芬·P·罗宾斯. 组织行为学精要［M］. 北京：机械工业出版社，2000：251－257

[280] 宋华. 供应链管理中企业间的冲突和合作机制分析［J］. 中国人民大学学报，2002，3（4）：65－71

[281] 宋建元，张钢. 组织网络化中的知识共享——一个基于知识链的分析［J］. 研究与发展管理，2004，16（4）：25－30

[282] 苏世彬，黄瑞华. 合作联盟知识产权专有性与知识共享性的冲突研究［J］. 研究与发展管理，2005：17（5）：69－74，86

[283] 孙刚. 合资企业中的关系资本、知识冲突与知识转移效能的关系研究［D］. 浙江大学硕士论文，2008：76

[284] 孙国岩. 供应链成员创新投资协调研究 [D]. 西南交通大学博士学位论文，2007：28
[285] 孙连荣. 结构方程模型（SEM）的原理及操作 [J]. 宁波大学学报：教育科学版，2005，27（2）：31－34
[286] 汤发良. 我国企业内部冲突状态的评价测度模型 [J]. 中国管理科学，1998，6（2）：40－51
[287] 汤世强，季建华. 基于关系合约的供应链合作伙伴关系建模及其可自执行性分析 [J]. 上海交通大学学报，2005（3）：479－483
[288] 万涛. 项目团队的冲突协调机制及其博弈分析 [J]. 科技进步与对策，2007，24（3）：172－176
[289] 汪应洛. 系统工程理论、方法与应用 [M]. 北京：高等教育出版社，2004：170－176
[290] 王安宇，司春林，骆品亮. 研发外包中的关系契约 [J]. 科研管理，2006，27（6）：103－108
[291] 王方华. 知识管理论 [M]. 太原：山西经济出版社，1998
[292] 王开明. 论知识的转移与扩散 [J]. 外国经济与管理，2000（10）：39－43
[293] 王玲. 供应链联盟：作为一种新的企业合作模式 [D]. 南开大学硕士论文，2006
[294] 王明琳，周生春. 家族企业内部冲突及其管理问题探讨 [J]. 外国经济与管理，2009，31（2）：58－64
[295] 王琦，杜永怡，席酉民. 组织冲突研究回顾与展望 [J]. 预测，2004（3）：74－80，26
[296] 王蔷. 战略联盟内部的相互信任及其建立机制 [J]. 南开管理评论，2000（3）：13－17
[297] 王水雄. 结构博弈——互联网导致社会扁平化的剖析

[M]. 北京：华夏出版社，2003
[298] 王新，王娟. 软件工程案例教学法探讨 [J]. 计算机与信息技术，2006，6：114－115，118
[299] 王意冈，申金升. 动态冲突分析及其在微观决策中的应用 [J]. 管理工程学报，1994，8 (1)：58－63
[300] 王意冈，汪应洛. 冲突分析的动态方法及探讨 [J]. 系统工程理论与实践，1991 (4)：41－48
[301] 王意冈，席酉民. 事态预测的冲突分析方法 [J]. 预测，1989 (2)：28－33
[302] 王永超，李原，张杰. 基于模糊综合评价的协同环境下冲突量化研究 [J]. 计算机应用研究，2007，24 (6)：45－47，51
[303] 温有奎，徐国华. 知识链管理研究 [J]. 情报学报，2004，23 (4)：476－479
[304] 温有奎. 个人与组织知识转化的知识链机理 [J]. 情报科学，2004，22 (3)：286－29
[305] 吴明隆. SPSS 统计应用实务——问卷分析与应用统计 [M]. 北京：科学出版社，2003：13－19
[306] 吴泉源，刘江宁. 人工智能与专家系统 [M]. 长沙：国防科技大学出版社，1995：143－158
[307] 吴绍波，顾新，彭双. 知识链组织合作创新的技术轨道的形成——一个有关我国 TD—SCDMA 创新的案例分析 [J]. 科学学与科学技术管理，2009，30 (5)：79－84
[308] 吴绍波，顾新，彭双. 知识链组织之间的合作契约的功能 [J]. 情报杂志，2009，28 (5)：107－110，18
[309] 吴绍波，顾新. 知识链组织之间合作的关系合约研究 [J]. 科技进步与对策，2009，26 (15)：138－141
[310] 吴绍波，顾新. 知识链组织之间合作的关系强度研究

[J]. 科学学与科学技术管理，2008，29（2）：113－118
[311] 吴绍波，顾新. 知识链组织之间合作的知识协同研究 [J]. 科学学与科学技术管理，2008，29（8）：83－87
[312] 吴绍波，顾新. 知识链组织之间合作与冲突的稳定性结构研究 [J]. 南开管理评论，2009（3）：54－58，66
[313] 吴绍波，顾新，等. 知识链组织的冲突与信任协调：基于知识流动视角 [J]. 科技管理研究，2009，29（6）：325－327
[314] 吴育华，程德文，刘扬. 冲突与冲突分析简介 [J]. 中国软科学，2000（6）：117－119
[315] 吴育华，程德文. 冲突分析的三维模型 [J]. 系统工程理论与实践，1995（8）：30－36
[316] 吴育华，程德文. 信息不完备冲突分析的研究方法及应用 [J]. 系统工程学报，1994，9（2）：36－42
[317] 武波，马玉祥. 专家系统 [M]. 北京：北京理工大学出版社，2001
[318] 武春友，南方. 企业国际竞争力评价系统研究 [J]. 中国软科学，1997（11）：98－102
[319] 席酉民. 管理研究 [M]. 北京：机械工业出版社，2000
[320] 徐凤琴. 企业联盟及联盟竞争的博弈分析 [D]. 中国农业大学博士论文，2004
[321] 徐贵宏. 非政府组织与中国政府部门间的信任与合作关系实证研究 [D]. 西南交通大学博士论文，2008：17
[322] 徐建锁，王正欧，李淑伟. 基于知识链的管理 [J]. 天津大学学报：社会科学版，2003，5（2）：133－136
[323] 徐建锁，王正欧. 基于知识链和 DEA 方法的管理策略研究 [J]. 情报科学，2003，21（7）：688－690，706
[324] 徐玖平，胡知能，王绥. 运筹学 [M]. 2 版. 北京：科

学出版社，2004：265－273

［325］徐磊. 如何建立有效的界面——关于技术创新界面管理的探讨［J］. 科研管理，2002，23（3）：79－83

［326］徐全军. 企业并购后无形资源冲突整合的知识分析［J］. 南开管理评论，2002（4）：7－11

［327］徐文胜，熊光楞，钟佩思. 并行工程冲突管理总论［J］. 计算机集成制造系统，2001，7（1）：2－6

［328］徐雨森. 企业研发联盟三维协同机制研究［D］. 大连理工大学博士论文，2006：16

［329］许碧芬. 组织结构与跨部门冲突关系之研究——营造业之实证分析［A］//第四届两岸中华文化与经营管理学术研讨会论文集［C］. 北京：中国人民大学与成功大学联合出版，2000（7）

［330］许英强，彭岩，张伟. 基于案例推理的在线答疑系统设计［J］. 计算机工程与应用，2008，44（27）：226－228

［331］杨东升，张永安. 冲突分析理论在产学研合作中的应用［J］. 研究与发展管理，2007，19（6）：134－137

［332］杨乃定，李怀祖. “现代商战”冲突分析［J］. 系统工程，1994，12（6）：14－18，22

［333］易宪容. 合约经济学导论［M］. 北京：社会科学出版社，1997

［334］尹朝庆，尹皓，人工智能与专家系统［M］. 北京：中国水利水电出版社，2002

［335］于兆吉，姚秀敏. 企业并购人力资源层次性冲突及其对策. 科技咨询导报，2007（30）：186－187

［336］袁健红，施建军. 技术联盟中的冲突、沟通与学习［J］. 东南大学学报：哲学社会科学版，2004，6（4）：56－61

[337] 曾德明，周青，秦吉波. 高新技术企业R&D团队柔性冲突管理机制研究 [J]. 管理评论，2005，17 (2)：22-26
[338] 曾晓丽，钟书华. 企业技术联盟中的冲突及其化解 [J]. 科技进步与对策，2005 (1)：87-89
[339] 张德平. 企业国际竞争力评价指标研究 [J]. 中国软科学，2001 (5)：54-56
[340] 张钢，倪旭东. 组织中的知识冲突研究 [J]. 科学学与科学技术管理，2007 (1)：106-110
[341] 张钢，倪旭东. 知识差异和知识冲突对团队创新的影响 [J]. 心理学报，2007，39 (5)：926-933
[342] 张钢，倪旭东. 知识冲突管理 [M]. 北京：科学出版社，2007
[343] 张海涛，唐元虎. 企业并购后冲突管理的知识分析 [J]. 科学学与科学技术管理，2003 (5)：91-95
[344] 张后斌. 虚拟企业收益分配冲突的可拓模型及其协调研究 [J]. 广东工业大学学报，2003，20 (1)：95-100
[345] 张杰. 商业生态系统中的知识链 [J]. 决策借鉴，1999 (1)：28-30
[346] 张朋柱，方程，万百五. 组织内冲突的重复对策模型 [J]. 管理科学学报，2002，5 (2)：6-13
[347] 张维迎. 博弈论与信息经济学 [M]. 上海：上海三联出版社，2004
[348] 张延峰，刘益，李垣. 战略联盟价值创造与分配分析 [J]. 管理工程学报，2003，17 (2)：20-23
[349] 张勇，张玉忠，马跃峰. 企业跨国冲突策略三维模型研究 [J]. 运筹与管理，2006，15 (5)：143-148
[350] 张勇，张玉忠. 企业组织间冲突策略选择的影响因素

[J]. 经济管理，2006，17：53－56

[351] 赵斌，李新建. 组织新聘员工与原有员工冲突动因及其消减的实证研究 [J]. 商业经济与管理，2007，185 (3)：27－32

[352] 赵昌平，葛卫华. 战略联盟中的机会主义及其防御策略 [J]. 科学学与科学技术管理，2003 (10)：114－117

[353] 赵昌平，王方华，葛卫华. 战略联盟形成的协同机制研究 [J]. 上海交通大学学报，2004，38 (3)：417－421

[354] 郑称德，吴爱胤. 供应链管理的发展、问题及第三方管理机制 [J]. 南京大学学报：哲学·人文科学·社会科学，2003，40 (4)：152－160

[355] 郑称德，赵曙明. 基于冲突理论的第三方供应链管理机制研究——后成本时期供应链管理研究 (II) [J]. 生产力研究，2003 (4)：241－243

[356] 郑传均，邢定银. 知识型联盟中知识共享效率的影响因素分析 [J]. 情报杂志，2007 (2)：10－12

[357] 郑胜华. 企业联盟能力理论与实证研究：基于动态能力的观点 [D]. 浙江大学，2005：152－162

[358] 中国 TD 联盟网站. TD 联盟简介 [EB/OL]. http：//www.tdscdma － alliance.org/aboutus/index.asp，2008－06－23

[359] 中国大百科全书·自动控制与系统工程卷 [M]. 北京：中国大百科全书出版社，1996

[360] 周晶晶，龙君伟. 虚拟企业的文化冲突与共融 [J]. 科学与管理，2007，27 (10)：50－52

[361] 周晓玲. 冲突分析及其在市场决策中的应用 [J]. 数理统计与管理，1995，14 (6)：5－8

[362] 周竺，黄瑞华. 产学研合作中的知识产权冲突及协调

[J]. 研究与发展管理，2004，16（1）：90－94

[363] 朱青松. 员工与组织的价值观实现度匹配及其作用的实证研究 [D]. 四川大学博士论文，2007

[364] 庄贵军，周筱莲. 权力、冲突与合作：中国工商企业之间渠道行为的实证研究 [J]. 管理世界，2002（3）：117－124

[365] 邹国庆，徐庆仑. 核心能力的构成维度及其特性 [J]. 中国工业经济，2005（5）：96－103

后　记

本书是教育部新世纪优秀人才支持计划项目“知识链组织之间的冲突与冲突管理研究”（NCET－06－0783）的最终研究成果。

从2006年至今，在项目组成员的共同努力下，圆满完成了研究工作，项目组成员为课题的顺利完成付出了大量心血。顾新作为项目的申请者和负责人，负责本研究的总体设计、研究报告总撰、全部文稿的修改和审订以及研究工作的组织和管理。吴绍波和全力博士承担了大量的具体研究工作。本书各章节的执笔人员为：顾新（第1、2、5、15章）、吴绍波（第7、8、9、10、11、12章）、全力（第3、4、6、13、14）。四川大学工商管理学院的石娟和唐承林参与了项目调研和成果的推广应用工作。博士生何铮、王涛、肖冬平、彭双、万君、杨红燕和硕士生王克华、肖志鹏、张舰、廖杰、冉茂瑜、周彬、王实等参与了部分研究工作。本书是项目组成员四年多努力的结晶。

感谢上海交通大学谢富纪教授、浙江大学宝贡敏教授、湖南大学曾德明教授、上海复旦大学骆品亮教授、厦门大学计国君教授、内蒙古大学郭晓川教授、浙江工商大学李靖华教授、西南交通大学郭耀煌教授、四川省科技厅副厅长杨起全研究员、电子科技大学邵云飞教授、四川大学贺昌政教授和杨永忠教授、西南财经大学张宁俊教授、四川省社会科学院蓝定香研究员等对本研究提出的宝贵意见。

感谢四川省软科学成果评审专家四川大学杨德荣教授、西南交通大学郭耀煌教授、西南财经大学赵国良教授、电子科技大学曾勇教授和成都市公共交通集团公司董事长陈蛇研究员对研究成果的肯定与鼓励。感谢四川省科技厅政体处赵新处长、杨光垚副处长以及科技成果处雷小川和史擎同志的支持。

在研究过程中，得到四川大学工商管理学院、科技处、社科处领导和同志们的大力支持。

四川大学工商管理学院为本研究提供了良好的条件和配套支持，在此深表谢意。特别要感谢李贻伟老师长期不懈的支持和帮助。

感谢四川大学科技处为本项目获得教育部新世纪人才支持计划资助所提供的帮助。特别要感谢蔡兵副处长，杨榕、杨青、张麟、查之琳、刘福华老师的大力支持。

感谢四川大学社科处将本研究成果列入四川大学哲学社会科学学术著作出版基金丛书项目，特别要感谢曹萍处长、蒋永穆副处长、王金友副处长和龙慧拓老师的大力支持。

感谢四川大学图书馆李久平副研究馆员为本研究的文献检索和查新所付出的努力。

感谢四川大学国家大学科技园舒大勇副总经理和成都中贝元科技有限责任公司刘炯总经理为本研究成果的推广应用提供的便利。

从 2003 年 9 月至今，以顾新为项目负责人的研究团队所从事的知识链管理研究先后得到四川大学中流与喜马拉雅研究发展基金、四川大学工商管理学院青年科学基金、国家自然科学基金（项目名称：基于生命周期的组织之间知识链管理框架模型研究。编号：70471069）、教育部新世纪优秀人才支持计划（项目名称：知识链组织之间的冲突与冲突管理研究。编号：NCET－06－0783）、国家自然科学基金（项目名称：基于知识链的知识网络的形成与演化研究。编号：70771069）的资助。在此谨向国家自然科学基金委员会、教育部新世纪优秀人才计划、四川大学工商管理学院和四川大学社科处表示衷心感谢！

感谢四川大学出版社陈忠林副社长、张晓舟总编辑、李川娜副社长对本书出版的支持，感谢责任编辑陈克坚老师在本书的编辑工作中所付出的艰辛劳动。

感谢所有参考文献的作者，他们的研究给了我们很多启发。书中引用的标注若有遗漏，还望海涵。

由于自身的局限性，本书所构建的知识链冲突管理理论体系还存在诸多不足之处，对具体问题的分析尚不够全面和深入，有待于进一步完善，请大家批评指正。

顾新、吴绍波、全力

2010 年 10 月于四川大学工商管理学院